遇见美好

YUJIAN MEIHAO

ZUO XIN SHIDAI HAOLAOSHI DAXIANSHENG

做新时代『好老师』『大先生』

祁门县教师发展中心◎编著　胡来宝◎主编

安徽师范大学出版社

ANHUI NORMAL UNIVERSITY PRESS

·芜湖·

图书在版编目(CIP)数据

遇见美好:做新时代"好老师""大先生" / 祁门县教师发展中心编著;胡来宝主编.—芜湖:安徽师范大学出版社,2024.5

ISBN 978-7-5676-6628-3

Ⅰ.①遇… Ⅱ.①祁… ②胡… Ⅲ.①教师—职业道德 Ⅳ.①G451.6

中国国家版本馆 CIP 数据核字(2024)第 029622 号

遇见美好——做新时代"好老师""大先生"

祁门县教师发展中心◎编著　　胡来宝◎主编

责任编辑:盛　夏　　　　　　　责任校对:吴俊瑶

装帧设计:王晴晴　姚　远　　　责任印制:桑国磊

出版发行:安徽师范大学出版社

　　　　　芜湖市北京中路2号安徽师范大学赭山校区　邮政编码:241000

网　　址:http://www.ahnupress.com/

发 行 部:0553-3883578　5910327　5910310(传真)

印　　刷:安徽联众印刷有限公司

版　　次:2024年5月第1版

印　　次:2024年5月第1次印刷

规　　格:700 mm × 1000 mm　1/16

印　　张:20.25

字　　数:322千字

书　　号:ISBN 978-7-5676-6628-3

定　　价:48.00元

凡发现图书有质量问题,请与我社联系(联系电话:0553-5910315)

序

　　祁门县教师发展中心胡来宝主任嘱我给祁门县"学陶师陶研陶做陶""走进经典·精品阅读"活动教师作品集《遇见美好》作序，本人欣然应许。因以上活动与自己从事教育工作二十年来，始终坚持的通过阅读涵养教师，通过教师阅读实现学校品质与内涵提升的办学理念和目标一脉相承。

　　认真读完眼前这凝聚着祁门县城乡教师心血和汗水的《遇见美好》，对祁门县乡村教育近些年发生的变化于无奈中感受到一丝欣慰。无奈的是祁门地处皖南山区，乡村学校日渐式微，其中既有全国大背景下城镇化加速发展带来的农村人口减少等共性问题，又有人民群众对美好教育的向往带来的新的期盼与需求。欣慰的是当下依然有一批"麦田的守望者"。近十年来，县委、县政府和县委教育工委高度重视教育工作，学前教育普惠发展，义务教育总体平稳，职业教育提质增效，高中教育多样发展。

　　《遇见美好》收录的文章，反映了祁门县教师乐教爱生、甘于奉献的精神风貌，折射出了祁门县教师的勤学笃行、求是创新的躬耕态度，体现了祁门县教师胸怀天下、以文化人的弘道追求。在"我的教育故事"中，祁山小学程静芬的《接纳，让成长成为可能》、阊江小学陈奇玉的《静心学习，培养创造力》、祁门一中金智华的《引导者》等，向我们展现了人民教师的人性之美。在"我的教育案例"中，胥岭学校程夏姿的《慢点，再慢点，你会听到花开的声音》、新安学校计云的《"含羞草"也能昂起头》、永泰技术学校章贤芳的《学生才是班级的主人》等，向我们传导着让教育回归本真的理念。在"我的管理故事"中，历口中心学校倪媛的《做一名幸福的乡村教育接力者》、祁门县实验学校武威的《我在教育管理中成长》、志和教育集团城北学校郑健的《以高质量党建引领学校高质量发展》等，向我们展示了教育工作者的管理智慧。

这些优雅的文字令人赏心悦目，令人感慨万千，令人见贤思齐。文字的背后是一群教育"志于道"者。我为祁门有这样一群以教育家精神为引领、践行陶行知教育思想的教师而由衷感到高兴。

从2003年开始，我一直耕耘在教育领域，也曾担任过祁门县教育系统"第一责任人"，对教育工作的艰巨性、复杂性有一定认识，特别是任祁门一中校长以来，对教育工作规律的认识有了进一步提高。此次活动是在"教育内卷"的复杂环境下一次勇敢的尝试，必将对祁门县教育事业产生积极而深远的影响。顾明远先生说："没有爱就没有教育，没有兴趣就没有学习，教书育人在细微处，学生成长在活动中。"顾明远先生的话与陶行知先生的"生活即教育"理念高度契合。这本文集记录了祁门教育人现阶段的所思、所想、所悟和所盼，是祁门教育人"学陶师陶研陶做陶""走进经典·精品阅读"阶段性成果的集中展示，也是祁门教育在新时代吹响的一次新的集结号。

与一群用心、用情、用力、用智慧做教育的人结伴而行，是我的荣幸。

是为序。

张进球

2023年10月11日

目　录

我的教育故事

我的教育案例

我的管理故事

我的教育故事

擎一盏明灯，照亮前行的路

——践行陶行知教育思想的感悟

祁门县阊江小学　　叶慧玲

近期，我读了由长江文艺出版社出版的《教育的真谛》一书。该书汇集了近代教育家、思想家陶行知先生的教育教学研究与实践精髓，由实践、创新、求真、育人、民主、儿童教育等篇章组成。读着这些朴实的文字，一个伟大的教育家形象在我脑海中浮现。陶先生"捧着一颗心来，不带半根草去"的赤子之忱令我感动和钦佩，"教学做合一""生活即教育""社会即学校"等教育思想让我觉得陶先生伟大而又亲切。读着这本书，反思自我，仿佛擎了一盏明灯，照亮了前行的路，让我对教育教学有了新的理解。

一、师爱，须广博深沉

正如书中所说，陶先生心中牵挂的是国民的教育事业，是国家和民族的未来与希望。只有大爱之人，才会把国家、民族、人民系于自身。他有仁者大爱，所以他甘愿抛却个人的精致生活。作为曾师从杜威的留洋学生，他本来已是一位大学教授、教务主任，但他为了"要使全中国人民都受到教育"，便毅然决然脱下西装皮鞋，穿上布衣草鞋，奔走在乡村。他有仁者大爱，所以他反对"少爷""小姐"等有钱人的小众教育，他要让"知识变成空气，人人得而呼吸；知识是变成甘霖，处处得其润泽；知识是变成太阳光，照着广大的群众，向前进行"。他有仁者大爱，提出"教育为公以达到天下为公"。陶先生的教育思想固然有时代的印记，但正是他那为教育求真的举动凸显其伟大。

陶先生是伟大的教育家，像他那样拥有仁者大爱，可能是我辈无法企及的。但作为一名教师，我们是不是也应该像陶先生那样，爱得更广博深沉一些呢？参照陶先生，我们扪心自问，优秀的学生，我们爱了；伶俐的学生，我们爱了；有缺陷的学生、学困生、留守儿童，我们爱了吗？在关注学生显性的生活、学习的同时，我们是否关注了学生更为隐性的心理健康呢？

作为一名教师，我以为要爱得广博深沉，就要有一颗敏锐的心。这让我想起"含"的故事：四年级的女孩"含"因为父母关系出现危机，母亲远走他乡务工而深受影响。在一次作文中，"含"叙述了家庭的矛盾，写下了"爸爸，我恨你！"这样的文字。看了"含"的习作，我敏锐地联想到她在周记中曾传达的消极情绪。我想孩子偏激的语言已经反映了她认知的偏离、心理的阴影，我必须及时地给予帮助和引导！

但"解铃还须系铃人"，仅仅靠我的力量显然是不够的。我一边和她外出务工的母亲沟通，让她多跟孩子通话交流，正面引导，让孩子感受到"爱"；一边与孩子父亲面谈，让他了解女儿近期的心理状态，并注意自己的教育方式，更理智地去爱自己的孩子，用实际行动让孩子感受到父亲的"爱"。为了女儿，父亲母亲也暂且抛却了矛盾，都很配合我的工作。后来，母亲又回到了孩子的身边，这个孩子也比以前开朗了。课堂上，从她一次次举起的小手，我感受到了她对自我的挑战和积极进取的学习态度。

对于这个孩子，假如当初我对她所表现出来的问题置之不理，我不知道她现在会怎样。但我想，她一定没有现在这么阳光向上，我庆幸自己没有丧失这份"敏锐"。

"父母之爱子，则为之计深远。"教师是学生的"第二父母"，理应为学生"计深远"。当我们立足孩子的长远发展时，我们就会爱得更广博深沉。

二、师者，育人须有方

无论是面向群体的教育，还是面向个体的教育，陶先生无疑都是有切实可行的方法和策略的。陶先生说："教育是必须普及的。"但在那个时代，如果普及教育仅靠师范生，是不可能做到的。他认为："师范生乃至整个知识阶级不是教师唯一的源泉。小孩子最好的先生是前进的小孩。大众最好的先生是前进的大众。知识分子的使命，在于帮助前进的孩子和前进的大众取得现代知识以同化他们的伙伴。"在陶先生的教育实践中，小学里的小孩可以做小先生，认字的大众也可担任传递先生，即知即传，修钟表的师傅、卖手工花的妇女都可以成为先生。

对国民的普及教育，陶先生有独到的见解和实践，普及有方。面对个体教育，陶先生亦如此。陶先生用"四颗糖"唤醒一般人眼中的"坏孩子"；以招牌为书，点着一群要饭孩子好学的火焰；想出画图法教小孙女写乳名中的难写字"黑"。利用现有条件，找到适宜而有智慧的方法，无疑会令教育效果事半功倍。

这让我想起了"洁"的故事，对于这个顽皮的高个男孩，老师们都头疼。对他来说，学习不是"智力问题"，而是"态度问题"。有一次布置背书作业，但对他来说等于没有作业。和他面对面站在教室外的走廊上，怒火在我心中燃烧，真想狠狠地批评他一顿！但是这样有用吗？以前苦口婆心的劝导也不少，但他似乎都"免疫"了。

我沉默着，一边在心里不断告诫自己淡定，一边在想该如何处理……

突然，我灵光一闪：他背不下来书，我就给他做示范，让他听我背诵！想到这里，我把手中的书递给他，说："我背给你听，你帮我看看有没有错。"他似乎没料到我会这样说，瞪大眼睛看了我一眼，又迅速收回目光。

"《伯牙鼓琴》——伯牙鼓琴，锺子期听之……"我把在课堂上示范朗读的功力使上了，不过不是读，而是背。"我背的有没有错的地方？"背完后，我问他。"没有……"他嗫嚅道。见他终于开口，我趁热打铁，问他明天能否背出来，他很肯定地回答："能！"

对于这个孩子，我知道，我背书给他听比批评他更让他难忘。

三、教学，须教学生学

"我以为好的先生不是教书，不是教学生，乃是教学生学。"陶先生在"教学合一"理念中，对"好的先生"提出了这样的标准。的确，"教学生学"这一教育理念，值得我们每一位教师不断践行。回顾过往，反思自己，在教学之路上，我们常常走着走着就偏离了方向和目标，变成了"教书匠"。有什么好方法不会让我们偏离"教学生学"这一教学之道呢？用陶先生的话来说："教学做是一件事，不是三件事。我们要在做上教，在做上学。"就语文这门学科来说，这不正跟国家倡导的"强化课程综合性和实践性，推动育人方式变革，着力发展学生核心素养"理念不谋而合吗？

记得讲授五年级语文最后一个主题时，我就较好地践行了"教学做"的理念。结合单元主题"走近毛泽东"，在教学的过程中，我引导学生搜集关于毛泽东的故事，一方面让学生进一步了解毛泽东，另一方面为口语交际部分开展"毛泽东故事会"做好充分准备。"故事会"当然得在"讲故事"中进行。为避免少数人唱主角，多数人当观众的局面，我先让学生在小组内讲故事，使每位同学都获得"讲"的机会，然后小组推荐同学参加全班故事会。开展班级故事会时，为营造气氛，选择主持人主持故事会，选手通过抽签排序，有序讲故事，最后引导学生相互评议。学生就这样在"讲"中"学"。结合"勿忘国耻，振兴中华"的单元主题，我通过开展"演讲比赛"来进行教学，学生在"赛"中"学"。学习口语交际"辩论"时，则引导学生选择辩题，开展辩论会，在"辩"中"学"。

引导学生做起来，在做中学。实践证明，孩子们也喜欢这种方式。无论是资料的搜集还是整理，无论是"听"还是"说"，学生在"做"中实现了"真学"，教师的教也实现了"真教"。

总而言之，陶行知先生的教育理论和教育实践是现代教育思想的活水源头，是指引我们在教育之路前行的明灯。作为教师，学陶、师陶，让他的教育思想和爱国情怀世代流传，熠熠生辉，是我们对这位文化先贤最好的怀念。

走进经典，与大师对话

——读苏霍姆林斯基《给教师的建议》有感

祁门县教师发展中心　汪新生

　　全县教育系统正在开展"走进经典·精品阅读"活动，我花了三周时间，认真拜读了苏霍姆林斯基的经典著作《给教师的建议》。尽管我是一个有着近40年教龄的教育工作者，但在阅读过程中，心灵仍受到了强烈的震撼！苏霍姆林斯基热爱教育的情怀、坚守课堂的情愫、潜心研究的精神，值得我用一生去追求和学习。

一、热爱教育是最美的师德

　　苏霍姆林斯基年轻时曾参加过卫国战争，因为身负重伤回到家乡，先后在家乡小学、中学当了老师，后来做了中学校长。苏联人民经历了战争的创伤，国家百废待兴，特别是乡村教育条件差，孩子上学难。苏霍姆林斯基怀着对祖国和人民的满腔热忱，一辈子坚守乡村教育，一辈子没有离开课堂，一辈子乐于做"孩子王"。他是好老师，是好校长，更是孩子们最好的朋友。他是一个百科全书式的老师，语文、数学、物理、历史、音乐、体育……几乎所有的课程都教过，并且都取得了卓越的成绩。他和孩子们一起唱歌，和孩子们一起打球，和孩子们一起去地里浇水……和孩子们在一起，是他一天中最幸福的时光。

二、阅读是师生成长的必经途径

　　"谁不善于阅读，他就不善于思维。"苏霍姆林斯基在《给教师的建议》中，用大量篇幅阐述了阅读之于扩充知识、培养思维、陶冶情操的重大意义。苏霍姆林斯基反对教师一味地灌输知识，一味地要求学生背诵规则、定律，他认为教师要指导学生广泛阅读，根据不同年龄提供适合的阅读书目。孩子读得多了，对大千世界具体的事实、事物的认识丰富了，就会激起学习的愿望，就不会将教师布置的作业当成任务去敷衍了事。要将死的知识转变为活的思维和能力，还是要加强阅读。孩子的阅读量增大了，他对知识的来龙去脉就逐渐清晰了，他对教师的讲解就有深入理解了，经过自己的思考，融会贯通，思维水平就会不断提升。

三、"劳动"可以改变孩子的一生

以前限于知识视野狭窄，我对劳动课程的认识处于比较模糊的阶段，总是认为"劳动"只不过叫学生扫扫地、拔拔草而已，没有深刻领会"劳动"对学生成人成才的重要作用。怎样激起每一个孩子的学习愿望？怎样实现教育公平？苏霍姆林斯基在几十年的教育实践中摸索出一个好办法，那就是把孩子们带出教室，带到农村、工厂、实验室，指导孩子们开拖拉机、开汽车，指导孩子们种菜，指导孩子们观察光合作用发生的过程。有一个特别懒惰的孩子，其他教师想尽办法也无法激起他的学习欲望，每次他的考试评价都是两分。苏霍姆林斯基将其带到植物园，指导他细心观察、操作，他创新了果树嫁接方法，他的技术和成果超过了生物教师，后来这个孩子考上了农学院，毕业后做了农学工程师。近年来，我国部分学校学生的"劳动课"实际上演变为在校园里打扫卫生，不利于培养孩子的动手能力和坚强的意志力。基于此，我国的学校教育强调劳动的重要性，倡导"德智体美劳"五育并举教育理念，以此来落实立德树人根本任务。希望更多的校长、教师、家长摒弃"唯分数论"，让孩子走进自然，在丰富的劳动实践中健康成长。

走进经典，与大师对话。苏霍姆林斯基终其一生从事教育，研究教育，他将爱国、爱人民的炽热情怀化作真实的教育行动，其博大精深的教育思想永远值得我们学习。

接纳，让成长成为可能

祁门县祁山小学　程静芬

2019年9月，我来到安凌中心学校支教，承担六年级语文教学任务。

初到学校，我便听说班上有三个男孩是全校公认的"刺头"，他们不但不学习，还故意扰乱课堂秩序。尤其是"大宝鑫"，从不写作业，考试基本是零分，上课还经常搞小动作，故意和老师唱反调。同学讨厌他们，老师们更是头疼。他们却引以为荣，还戏称自己为"三宝"。我了解到"二宝轩"和"三宝恒"的父母都在外务工，他们跟着爷爷奶奶生活，"大宝鑫"虽跟着母亲，却被他母亲宠坏了。三十年的教育经验让我明白，教育这样的孩子不能硬来，得有技巧。

我决定从欣赏他们入手。听说他们干活是一把好手，初次见面后，我就邀请他们三个帮我打扫宿舍。在这期间，我不停地表扬他们不怕脏，不怕累，活干得细致周到。还和他们"套近乎"，说自己初来乍到，让他们多帮忙。通过观察，我发现他们其实是因为自卑而故意做出一些举动来引人注意。我就经常主动找他们聊天，用微笑去面对他们，不断地激励他们。抓住他们"要面子""讲义气""要人哄""要人捧"的特点，一旦犯错误不是直接批评，而是用语言激励他们。渐渐地，三个孩子总往我办公室跑，和我关系很亲密，时不时还丢点小零食给我。

第一次考试，"大宝鑫"考了零分，大家都习以为常，但我观察到他是在仔细看完题目，皱眉想了一会儿才扔笔不做的，且表情中明显有着不甘。第二次考试，我就提前把填空题、看拼音写汉字的考试范围告诉他，让他复习，他考了20分。以后，每次考试前，他都会主动复习。针对"三宝"各自的情况，我分别制定了补习方案，每天利用课间和午休的时间为他们补缺补差。尽管效果不明显，但他们每天坚持，甚至主动问我如果我周末不回城能不能教他们做作业，这让我很欣慰。

一次，大个子的"二宝轩"因为调皮把拇指摔骨折了，又不敢跟在建筑工地干活的爷爷说，我发现后，赶紧带他去卫生所治疗，给他买药。事后，我听见他对另外两个孩子说："我以后坚决不在程老师的课堂上捣乱了，我要好好学习。""大宝鑫"也在一篇作文里写道："她知道我们三个学习基础不好，每天都会叫我们去她那里写作业，下课我们也会去她那背书。在我心中，她是一个美丽又温柔的老师。每天只要是她的课，我都会认真地听。"虽然字写得歪歪扭扭，但我能感受到他希望好好学习的心了。渐渐地，三个孩子往我办公室跑得更勤了，开始主动问作业，还找我背书，尽管磕磕绊绊好多次也过不了，但一直不懈地坚持着，甚至干脆坐在我办公室地上背。他们的作业还是常犯错误，可是我总是给他们机会，总是惋惜地说："哎呀，这里错了一点哎！""这个如果这样就好了。"他们就一遍一遍地订正给我看。不怕错，就怕不做。不怕订正次数多，就怕失去信心，没有兴趣做。我坚信，他们三个人如果能这样坚持，毕业时即便学习情况改变不大，人生观和价值观也会改变的。

最后的冲刺阶段，我和孩子们一起努力着。在进考场前，"三宝"都向我承诺会考出自己最好的成绩。从没及格过的"大宝鑫"信誓旦旦地保证："我一定要考及格！"看着眼前这张写满了认真与坚定的脸，我不由心头一暖：这还是初次见面时那一脸无所谓的孩子吗？

这段经历让我明白了，教育从来就不是件容易的事，接纳学困生、调皮学生需要一点教育的智慧。"三宝"的转变让我更深刻地认识到无条件接纳在孩子成长中的重要性。

那些生活懒散、学业落后，或者是不服管教的孩子，恰恰是最需要被关爱的群体。作为教师，除了关注他们的学习成绩之外，更要关心他们的身体健康和生活状态，接纳他们的不优秀，接纳他们的缺点和错误。在很多人的眼里，像"三宝"这样的孩子是"问题"孩子，甚至可能是无可救药的。但他们的内心其实也有着向上、向善的愿望，渴望被接纳，渴望变得优秀。作为教师，我们只有包容他们的不足、宽容他们的错误，在他们最慌张、最无助、最恐惧、最无所适从的时候，无条件接纳他们，激发他们的信心和力量，那可能是他们重新认识自我，接纳自我，承担责任的开始。

"卖"桑叶

祁门县小路口中心学校　叶国芳

每到养蚕季节，看到熟识的家长或孩子养蚕，说桑叶难找，我就忍不住想起多年前自己"卖"桑叶的事。

那是在一所封闭式寄宿制学校上班时，有一天，我正在上课，突然发现一个孩子低着头紧盯着抽屉。我走到他身边半天，他才发现，他抬起头惊恐地看着我，一双手下意识地紧紧护住抽屉里的小盒子，那盒子里是几只白白胖胖的小蚕。这时，全班三十多个孩子的眼睛都齐刷刷地盯着我。这是一件很棘手的事情，因为从孩子们的眼神中我猜测到班上肯定不是只有这一个孩子养蚕，而且他们已经是五年级的学生了，对事情已经有了自己的想法。一时间，我的头脑在高速运转，我该怎么处理这件事情？如果什么都不说，就接着上课，那以后我的课堂上小蚕就会泛滥。可如果我没收了他的蚕，对我反感的就不会只有他一个，今后我的课堂就可想而知了。突然我想起了不知在哪本教育书籍里看到的一句话："千万别抹杀了孩子的天性。"于是我很平静地返回讲台，用平常聊天的语气说："班上养蚕的同学请举手。"孩子们你看看我，我看看你，像商量好了似的谁也不举手，显然他们已心照不宣地结成了同盟。见此情景，我心里暗自庆幸：幸好刚才我没有鲁莽地处理那个偷看蚕的同学。我微笑着对孩子们说："同学们别怕，老师不会没收你们的蚕，因为老师小时候也喜欢养蚕。不过老师要向你们提两点要求：第一，不可以在课堂上玩蚕；第二，功课没完成以前不可以玩蚕。你们能做到吗？"孩子们又你看看我，我看看你，然后异口同声地喊："能！老师万岁！"看着孩子们开心的样子，我也轻松地笑了。

后来我发现许多孩子为桑叶犯愁，于是我又突发奇想：利用桑叶来引导孩子。我先在办公室打听谁能弄到桑叶，很巧，一位同事家里就有一棵桑树，并且她隔三岔五就会回家一趟。于是我把我的计划告诉她，央求她每次回家替我摘些桑叶回来。她很爽快地答应了，并且打趣地说："你真是个天才，亏你想得出这样的主意，冲你这份爱心，桑叶你要多少我给你摘多少！"有了她这个强有力的后盾，我底气十足地在班上宣布"卖"桑叶。我"卖"桑叶不要钱，但还是"明码标价"：背一篇课文几片桑叶、默写一首古诗几片桑叶、背一小段好词佳句几片桑叶……

孩子们正在为桑叶犯愁，为了替自己心爱的宝贝换粮食，都拼命地背书，经常会有孩子来问："老师，上过的课文背完了，没上的课文可不可以背?"过一段时间又有孩子问："语文书背完了，可不可以背课外书?"为了保证孩子们的蚕不断粮，同事每次都是整大袋地弄来，而且为了防止桑叶干枯，她每次都等早上要返校时才采，为了赶时间，她经常连枝带叶一起折了带来。而我要做的事情还有很多：必须把桑叶一片片地摘下来，用干净的干布擦干桑叶上的露水，再用塑料袋密封保存好，有时一忙就是好几个小时。

不过所有的忙碌都是有回报的，我这一举动不仅让孩子们主动看了许多书，长了许多知识，更让他们在我的有意引导中培养了观察能力，写出了许多精彩的观察日记，还换来了孩子们对我的喜欢和尊敬。自从"卖"桑叶之后，对于我说的话，班里孩子几乎是毫不犹豫地听从。这在我以后的教育生涯中都极为受用。

等一等 "慢孩子"

祁门县小路口中心学校　徐　瑛

近期，我阅读了苏霍姆林斯基的《给教师的建议》这本书。书中苏霍姆林斯基说："一个好教师意味着什么？首先意味着他是这样的人，他热爱孩子，感到跟孩子交往是一种乐趣。相信每个孩子都能成为一个好人，善于跟他们交朋友，关心孩子的快乐和悲伤，了解孩子的心灵，时刻都不忘记自己也曾是个孩子。"他告诉我们，那些特别的孩子正是从犯各种各样的错误中学习到正确的知识的；我们永远都不要绝望，只要我们充满期待，他们就会满怀希望。从这些话中我深深地感受到用爱心去开启学生心灵的窗户，走进学生的心灵世界，成为他们良师益友的重要性。

我想起自己从教的经历。自1994年从徽州师范学校毕业后，弹指一挥间，从教已三十年了。打开珍藏的记忆，这里有我与我的学生们共同书写的故事，每一个故事都真实记录着我和他们的过去。蓦然发现，在这么多年的教学中，他们留给我的有无数的烦恼，也有无尽的欢乐，是他们的顽皮与活泼、疑问与好奇、成长与进步，让我体会到了职业的魅力和工作的快乐！

2018年9月，我接手一年级，还没开学就听到幼儿园的老师说："你今年带一年级啊，那个小冯要让你头疼咯……"果不其然，上课问她话，小冯大眼睛茫然地盯着我一言不发，忍不住说了她一句，她居然尿裤子了，这让我束手无策，不知如何是好。11月，学校组织去溶口乡奇岭研学，她和另一个女生小潘坐在我旁边，一开始她俩很拘束，小声地聊着，渐渐地又说又唱，她一改往日木讷之态。我心想：今天看到她活泼的一面，不像平时那"呆滞"的模样，小潘唱一句她马上接着唱，不笨啊！更让我想不到的是，在去奇岭的路上有一群白鹅，去的路上她没看见，回来的路上她又没看见，她失望地对小潘说："真可惜，我今天与大白鹅错过了。"听到她的话，我内心一震：她居然会说"错过"一词，这还是我眼中那个"笨学生"吗？我想到苏霍姆林斯基的那句话：让孩子从赏识、夸奖中体验成功的快乐，激励孩子挖掘自身的潜力，拿出更好的表现，争取更大的成功。我又想起一句话：等一等慢孩子。作为教师的我是不是应该反思自己的行为了，是不是对她太着急了，要耐着性子，让她慢慢来。

研学回来后，面对她的"发呆"，我不再不耐烦，一节课上无论她能认识几个字，我都对她说："不错，不认识的字自己想想办法，可以去问同学，也可以来问我。"一次考试，她考了七十多分，我对她说："这次考得不错！"（其实全班她考得最少）她兴奋地对同学说："老师说我考得不错。"看着她那高兴的样子，我也忍不住笑了。

教育是一种"慢"的艺术，在教育过程中，学会宽容"慢孩子"，学会善待"慢孩子"，学会等待"慢孩子"，学会欣赏"慢孩子"的闪光点，发自内心地去爱他们，从生活点滴中去关心他们，让他们感受到你的关爱与呵护。等待生命的慢慢成长，是对学生的一种期待和拯救。

让我们静待花开，让教育之爱闪耀智慧的光芒！

遇见是最美的时光

祁门县祁山小学　李利英

　　每一次的遇见都是上天最美好的安排。老师在自己的职业生涯中会遇见很多学生，学生十几年的求学路上也会遇见很多老师，谁又会成为谁心中那抹不去的记忆呢？谁又会对谁说一句："我不是在最美的时光遇见你们，而是因为遇见你们才让我拥有了最美的时光。"

　　如何做一名学生喜欢、信赖的老师？前辈的故事中，那句"老师好，老师最好"给我的感触最大。"老师好"三个字我们常常能够听见，可是"老师最好"中的一个"最"字，包含了太多学生的爱！我不禁在想，什么时候我也能得到那个"最"字呢？

　　记得那一年春天，学校组织学生到杨家寨研学，奈何天公不作美，我们刚到研学地就下起了小雨。孩子们一天下来，既不能回家又没有多余的换洗衣服。没办法，晚上我只能多借几个电火桶，帮他们把衣服和鞋子烘干。那天夜里，我一直烘到半夜才睡，后来这些孩子在上初中后将这件事写进了作文。两年后，我怀孕了，可是学校的条件比较艰苦，教师房间没有通自来水，需到几十米外的水房去提。这群已上初中的孩子们每天总会在我不注意时，将我房间水桶里的水灌满。每每想到此，我都会开心地笑出声来，因为它证明了孩子们也是爱我的。

　　对待学困生，他们最怕的是被"看扁""看低"，也就是我们常说的"一好应百事，一错变百错"。我们要努力寻找他们身上的"闪光点"，要奉行"沙里淘金"的精神去挖掘，并悉心扶持，让这些"闪光点"发扬光大。只有这样，学生才会有进步的动力。

　　我现在的班上，有位"南哥"，全年级都认识他，并不是因为他的成绩好，而是因为他干出的一件事。去年研学，因临近清明节，社区在小北路那里放置了许多菊花，为大家祭祀所用。我们班的"南哥"看到菊花后，把所有的花抱在手中，拿到我面前，开心地对我说："李老师，送你。"那时我真的不晓得是该笑还是该哭。活动结束，整队回学校，似乎知道做错了事情的"南哥"手提塑料袋，将一路上的垃圾全部捡干净。我夸他，他则不好意思地笑了。如此有趣的"南哥"，虽然成绩垫底，但是班上的脏活累活总是抢着干，他说自己也要为班级做出贡献。

　　班上几十个孩子，有很多难以预见的挑战，但我相信用爱和责任必定能攻克这道道难关，收获感动和欣慰。

　　每种色彩都很耀眼，每个孩子都应该被宠爱，每个梦想都值得被浇灌。我将守住自己的初心，用自己全部的爱、最真的情，守望这段"最美的遇见"。让我们走过的路上开满鲜花，让我们相遇的时光成为学生心中最美的时光，为了那一句"老师最好"而不懈努力！

向阳花开，才是我们

祁门县安凌中心学校　周美琴

群星闪烁，更要看到无声黯淡的那一颗；向阳花开，更要发现背对阳光的那一朵。行走在爱育协同的路上，我脚步轻轻，满心憧憬，唯恐惊扰了那些稚嫩而可爱的梦，唯恐辜负了那颗育人路上行行复行行的心。靠近光、追随光、成为光、散发光，也逐渐成了我不变的初心与永恒的使命。

一、星辰自有光，育人细思量

2016年9月，我接手的是一群三年级的孩子，他们是我的第一届学生。每一位新老师，初遇那群孩子时，想必总是在欢喜中带着几分犹疑，期待中带着几分无措。

在这有30个孩子的集体中，特别"活泼"的孩子不在少数，其中就有3名学生，被我们班其他学生誉为"吉祥三宝"。其中三宝之首是家中独子，经常在家和妈妈"对战"，从其妈妈口中得知她每天都得小心翼翼的，不然一不小心孩子就生气了，闹到最后就是爆发"战争"。每次他妈妈跟我说的时候都很无奈，让我帮着管管，说实话我也不知道如何去教育他。

记得那是六年级下学期的一天，他妈妈急匆匆地跑来找我，说早上来上学时也不知道说了什么不该说的，孩子都到学校门口了还跑了，她找了很久都没找着，只能来求助我。于是我就陪着她一起找，我们在路上来来回回找了十来趟，他就躲在暗处看着我们，最后我们在一处新建的毛坯房里找到了他。他看到我们就跑，我们骑车跟着，他就往山上跑，这可把我气坏了，他妈妈急得直骂人，我一想这时候再生气也不能骂，于是我跟他妈妈商量让她先回家，她不放心地一步一回头，但也无可奈何，只能听我的。看到他妈妈走后，我一股劲冲上山，他又立马往山下跑，跑了两个来回，我真跑不动了，但没办法，还是使出吃奶的劲去追，最终他也跑不动了，蹲在地上，我也在他身边站着。我问他怎么办，他说还想读书，这时候我们开始了真心的交谈。我问他事情的起因，他也不隐瞒，这倒出乎我的意料。理清事情的缘由后，我当着他的面给他妈妈打了电话，一来想报个平安，二来想让他明白老师是帮他撑腰的。一路上我们谈了很多，包括他为什么成绩差，从什么时候开始失去了学习的动力，还有他喜欢做什么，等等。那一刻我们就像朋友一样，不知不觉走到了学校，他还很害羞地跟我道了谢。

那句"谢谢"让我意识到，或许每一个孩子都是夜空中的一颗星星，有时候我们多一些沟通，多一些引导，他们总会发光的。

二、师心如春雨，向阳是花开

那天的收获很多，虽说跑得很累，但也值了。随后的日子里，他竟主动来找我给他补数学，我很开心。有时候他想放弃，其实我也能理解他的有心无力，我鼓励他：做任何事都会遇到困难，坚持才会有所收获，不要给自己后悔的机会。很欣慰的是，在毕业考试中他的成绩虽不算很好，但也取得了质的飞跃，可见我们的努力没有白费。我向他祝贺，他有些诧异，我告诉他："你已经很不错了，只要继续保持好的学习态度和学习习惯，你就会不断进步的。"他的家长向我道谢，我也很开心，一切付出都是值得的。

或许是一颗不曾闪光的星星，或许是一朵背向阳光的花，或许是因为那一场"赛跑"，我们的距离近了。星辰有梦，我自怀馨，靠近光、追逐光、成为光、散发光，向阳花开，才是我们，每一朵花开，都值得期待。

在小学数学课堂中践行陶行知教育思想

祁门县平里中心学校　潘莉莉

作为一名一线教师，我特别崇拜和敬仰陶行知先生，因此在闲暇之余常去读关于他教育思想的书。没有过多华丽的辞藻，但那一句句朴实的语言，却能深深地触动我的心灵。我也努力将他的一字一言，融入自己的教学实践中。

一、数学教学要回归生活

"生活即教育"是陶行知先生生活教育思想的核心。他认为，真正的教育是"以生活为中心的教育"，是"供给人生需要的教育"，是"生活所必需的教育"。教育以生活为前提，不与实际生活相结合的教育不是真正的教育，陶行知先生坚决反对没有以生活为中心的死教育、死读书。数学本身所涉及的都是一些具体问题，这些具体问题都离不开学生的日常生活，丰富多彩的生活实践是数学教学的源头活水，数学学习不能"死读书""读死书""死做题"，要密切联系生活实际，在大量鲜活的情境中教，让学生充分地感受到：数学，就在我们生活中，数学是有用的、有趣的！同时，还要体现在学习方式的生活化上，反对正襟危坐地听讲，倡导主动愉快地实践等。生活即教材，生活中的许多内容都可以作为学生学习的内容。

如：在教学"百分数的意义"时，我先让学生找找生活中见到的百分数，并引导他们探究这些百分数的意义，接着出示一组信息：一次性筷子是日本人发明的。日本的森林覆盖率达65%，我国的森林覆盖率是22.96%，但日本不砍伐自己国土上的树木做一次性筷子，我国却是一次性筷子的出口大国。学生阅读后各抒己见："65%"表示日本森林面积占国土面积的65%；"22.96%"表示中国森林面积占国土面积的22.96%；我们要注意保护森林，不能过度砍伐树木……

二、数学课堂要"以学定教"

陶行知先生说过："教的法子要根据学的法子。"他将"教授法"改为"教学法"。这告诉我们在教学的过程中必须根据学生的实际情况制定不同的教学方法，让学生主动参与，积极进行自主探索，调动学生发现问题、研究问题的积极性，这样不仅可以加深学生的印象，还极易让学生掌握问题的内在规律和联系。教师要善于创设情境，让学生在本身的知识水平、能力经验的基础上大胆地提问和猜想；给予他们充分表达的机会，提高他们动手操练的能力等。如果说，每个孩子都是一朵美丽的花，那么，我们教师就必须蹲下去，静静地聆听花开的声音，听懂孩子内心的需求，真正地"以学定教"，让数学课堂更坚实地迈向实效、高效。

三、享受学习过程中的乐趣

我与不少同学交流时发现，有的同学认为数学是枯燥乏味的代名词，如果一味地要求学生为了考试而机械地去学习、记忆一些知识内容，这样的数学学习还有什么乐趣可言呢？

想要让学生自觉地学习，能享受数学学习的乐趣，必须让他们对数学产生兴趣。小学生天真、稚气，好奇心强，喜爱艳丽、动态的景物，一旦他们对某种事物产生好奇，便会唤起他们的探索精神和求知欲望。在新课教学中，运用现代信息技术，创设学生乐学、爱学的学习情景，把学生的注意力迅速集中到课堂教学的内容上去，激发学生浓厚的学习兴趣和强烈的求知欲，使学生的学习状态由被动变为主动，在轻松愉悦的氛围中更加喜欢数学学习。

"生活、工作、学习倘使都能自动，则教育之收效定能事半功倍。所以我们特别注意自动力之培养，使它关注于全部的生活工作学习之中。自动是自觉的行动，而不是自发的行动。自觉的行动，需要适当的培养而后可以实现。"

让德育教育在语文课堂中生根发芽

祁门县第二中学　徐礼鹏

　　韩愈《师说》开篇提出："古之学者必有师，师者，所以传道受业解惑也。"从教13年，当了10年的班主任，我始终坚持做到课上是老师，课下是朋友，和学生始终保持严师益友的关系；我要求孩子们不要叫我老师，私底下就叫我老班或老徐，这样的称呼我觉得更亲切、温暖。接手每一届学生我都会告诉他们：先做人，再学习。因为做人是学习之本，有德方能成学，立德树人便是我的教育初心。

　　我记得无为中学原校长刘萍曾有一篇文章《教师的最大师德是把课上好》引起全网关注。作为一名语文老师，立德树人的首要任务是用心上好每一堂语文课。

　　记得在教授《秋天的怀念》这篇课文时，我说起自己周末回家割稻子的经历，才割了半天手就起泡没法继续了，周一回校上班后，姐姐发信息告诉我母亲近几日腰疼得厉害，回想她割稻子的画面，我内心愧疚不已。课堂上，我说完这个故事，让学生再读自己喜欢的句子，按照联想生活真实场景的方法进行练习。其中有一位同学在诉说自己与母亲之间的故事时，说道："从小我和母亲相依为命，每次在学校或生活中犯了错，母亲就会重重地打我的手，然后打自己的手，用这种方式告诉孩子母爱的厚重。"那节语文课，许多同学都流下了真挚的眼泪。我们再来读"双腿瘫痪后，我的脾气变得暴怒无常，望着望着……"，帮助孩子们体会母爱的深沉伟大，培养他们做一个孝顺父母的好孩子，让德育在语文课堂中生根发芽。

　　想起《卖炭翁》这首诗，它陪我从县级优质课到市级优质课再到省级优质课，最终获得省奖。这节课，对我的人生影响极大！课中我叙说了自己小时候烧炭的经历：我永远忘不了星期五放学回家，爬上高高的山坡去看自家炭窑出烟口冒的是白色的烟还是蓝色的烟，是选择继续扇火还是闭炭；第二天凌晨一家人去出炭，我永远记得下山的路比上山的路要难走得多，肩上扛着一袋几十斤的炭，在那条长长的坡道上我跌倒过无数次；甚至回到学校后，嘴巴里、鼻子里还有黑色的炭屑。我让孩子们课前搜集有关烧炭的方法，自己改编课本剧录制短视频，结合我的烧炭、卖炭故事，再来读"伐薪烧炭南山中……"，培养孩子们的同情心，培养他们吃苦耐劳的坚毅品格，让德育在语文课堂中生根发芽。

记得当初在屯溪六中参加市级"教坛新星"评选时，各区县参赛选手指定的课题是《中国人失掉自信力了吗》。看到这篇课文，在场所有选手纷纷无奈摇头，这个课题确实难上。闭眼思索后，我把这节课设计为发展型学习任务群中的思辨性阅读与表达，在讲解文体知识的同时，通过人物、事例、简评加以指引，再插入《觉醒年代》和祁门籍脑瘫励志青年陈祁龙事迹的短视频，不仅提升了孩子们进行思辨性阅读与表达的能力，而且让他们深深地感悟到究竟谁才是"埋头苦干的人，拼命硬干的人，为民请命的人，舍身求法的人"。举完生活中具有这些精神品质的人的例子后，再来读这句话，引发孩子的心中强烈的爱国主义情感，让德育在语文课堂中生根发芽。

在教授《最后一次讲演》这篇慷慨激昂的讲演词时，除了引导学生学习讲演词的特点外，我还播放了电影《建国大业》中闻一多的演讲视频。在时代背景的缓缓讲述中，在教师一次次慷慨激昂的讲演的引导下，在一次次不同配乐的烘托下，我要求同学们自己配乐，选择自己最喜欢的段落，激情再现这篇演讲词，并上台模拟演讲。然后设置情境，假如你也是参加李公朴追悼大会的一名爱国青年，听到了如此慷慨激昂的演讲，你有什么想说的？请说说自己的心里话。并在结尾的教师寄语环节，结合党的二十大的主题词和奋斗目标鼓励学生，珍惜当下来之不易的学习生活，生逢其时，我们更应不负时代，坚定不移跟党走，怀抱梦想又脚踏实地，敢想敢为，善作善成，努力学习，将来报效祖国，帮助孩子们理解爱国主义的真谛，培养他们的爱国情怀，让德育在语文课堂中生根发芽。

我记得在长津湖战役中，年仅16岁的宋阿毛是"冰雕连"的一名小战士，为了守住自己的阵地，三天三夜用雪水充饥，最后被活活冻死在荒原之上。宋阿毛的衣袋里放着一首绝笔信："我爱亲人和祖国，更爱我的荣誉，我是一名光荣的志愿军战士，冰雪啊！我绝不屈服于你，哪怕是冻死，我也要高傲地耸立在我的阵地上！"

我记得李大钊在27岁的时候写的《青春》："吾愿吾亲爱之青年……进前而勿顾后，背黑暗而向光明，为世界进文明，为人类造幸福！以青春之我，创建青春之家庭，青春之国家，青春之民族，青春之人类，青春之地球，青春之宇宙，资以乐其无涯之生。"

在课堂上，我会把一个个我喜欢的故事、一篇篇我喜欢的文章分享给班上的每个孩子，激励他们向这些中国脊梁学习，立志不在早晚，不分年龄。

我希望我的每一个学生都要常怀敬畏之心、感恩之心、宽容之心、平常之心，爱自己、爱同学、爱朋友、爱亲人、爱老师、爱班级、爱学校、爱社会、爱祖国，永葆初心，肩负责任，勇毅前行，一路向阳。

最后我想说，如果有下辈子，我还要当老师！我还要当语文老师！我还要当班主任！坚持用语文课践行立德树人的育人理念，做爱的使者。

教育，需要真诚

祁门县小路口中心学校　王玉琴

秋日的中午，独自坐在办公室等待值班铃声响起的我，看着窗外那枝快蹿上二楼窗户的柏树梢在随风摆动。

"老师——"一个轻轻的声音在耳旁响起。

我扭头一看，一个皮肤黝黑、瘦弱的男孩怯生生地站在门口。顿时，我大脑里像幻灯片似的一张张地搜索记忆……对，是他——小超。

"咦，小超！还在读书吧，几年级啦？"我记得他小学毕业也才五六年。

"嗯，是的！读高二！"他不好意思地低着头，同时把手中的方便袋放到了我的办公桌上，说："老师，这是送给你吃的！"在红色的袋中有几根黄灿灿的香蕉。

……

白驹过隙，距离第一次见到这个孩子已经有十年了，而今再一次见到，如同平静的水面泛起了层层涟漪。

记得那是一个热闹的开学季。金秋九月，暑热还未褪去，坐在西晒的教室里还能感觉到阵阵热浪，加上许多带着孩子来报名的家长，场面混杂，显得更加燥热。

"老师，三年级是在这里报名吗？"一位瘦小的男士小声问道。

"是的，"我看了一眼他身旁又黑又瘦的男孩，男孩低垂着眉眼，差不多只有一年级孩子的身高，"准备把孩子转到中心校来读书吗？"

"嗯，我们家离学校远，还要住校。可以不？"

从此，我班上就来了一位腼腆、瘦弱的小男孩。

在班上，他算是"学困生"之一。不但父亲没有文化，而且母亲也有些智力障碍，在这样一个家庭中长大的孩子，极度缺乏自信。孩子胆小，不敢与人交流，不合群，有社交恐惧症。又由于缺少父母的有效监督，孩子学习习惯不好、基础极差。三年级是很重要的转折期，如果不赶紧改掉他身上的"缺点"，后面的学习他会更困难。

课堂上，我经常把期待的目光投向他，而他多数时候以"低头"回应我。就连朗读课文，他也表现得战战兢兢、磕磕绊绊。但是我发现：当我的关注点不在他身上时，他总是笑眯眯地听我上课。由此看来，他并不是不喜欢我的课堂，而是不喜欢表现自己。课后，我找他谈心，他告诉我，他怕出丑。原来，以前的他从来没有当着那么多人的面读过书或站起来回答问题。一个三年级的孩子就有如此沉重的心理负担，他经历了什么？为了消除他的心理负担，我和他之间有了一个秘密的约定：每节课都站起来回答一个简单的问题或读一小段课文。当然，前提是我事先告诉他需要回答的问题或朗读的课文段落，让他提前准备好。渐渐地，从朗读简短的段落到回答简单的问题，他找到了自信，再也不是那个贴着墙壁悄悄地溜到走廊尽头，默默地看着同学们欢呼雀跃的小超了。

苏霍姆林斯基说："尽可能深入了解每个学生的精神世界——这是教师和校长的首条金科玉律。"对学生的实际情况缺乏了解，心中不明，就不能从思想、学习、生活上全面关心学生，爱护学生，也就不能很好地教育学生。因为他是住校生（我也住校），所以我有了更多的与他接触的时间。通过一段时间的接触，我发现他其实是一个很爱表达、很想与人交流的孩子。可能是家庭的原因，从小不被关注，甚至受人歧视，造成了他孤僻、害羞的性格。晚饭后，我经常会带他一起在校园内散步，和他聊天。开始他只会一直听我说，后来也会蹦出一两个词儿。再后来，渐渐地有几个孩子一起加入了我们散步的队伍，说着他们感兴趣的话题，他也很乐意参与。

有一次，大家兴高采烈地谈论着"过生日"的事，而他却显得很失落。不用说，父母没给他买过生日蛋糕，甚至很少记起他的生日。于是，我就计划着等他生日那天，给他买个蛋糕，在班上给他庆祝一下。记得那天下午，几个班干部把班级稍稍装饰了一下，他还帮忙打扫、排桌子……可是，当写有他名字的专属蛋糕出现时，他很惊讶，激动得用双手捂住了嘴。这时，我看到了一个仿佛有千言万语却不知如何表达的小超，他一直微笑着，眼睛里泪光闪闪。

　　一学期下来，他不仅学习上有了起色，性格上也有了变化，开始变得合群、主动与人交往。我住的房间离学生宿舍很近，有时几个调皮的六年级孩子会闻着香味跑过来，问我："老师，今天菜真香！什么好吃的？"每次都能看见一个瘦小的身影远远地跟在这群"捣蛋鬼"身后，我故意提高嗓门："腊肉炒豆干，很下饭！"然后，假装站起来，无意中看到了他，惊讶地说："咦！小超，你要不要也来尝尝？"开始他只是笑着对我点点头，表示愿意尝尝我烧的菜。过了一段时间，大家已经"混"得很熟了，他会告诉我，他妈妈会烧什么菜，烧什么菜最好吃……有时，他还会把从家里带来的菜分享给大家。

　　"丁零零……"一阵仓促的铃声打断了我的回忆。看着桌上的六根香蕉，我感动了。这么多年过去了，他还能够想到自己的小学老师。我想，这是埋藏在他内心的一颗感恩的种子萌芽了。北京大学教师钱理群说过，中小学教师工作的意义和价值，就在于成为学生童年和青少年记忆中美好而神圣的瞬间。是的，我的工作很有意义，因为在某个时刻会让学生想起曾经与我度过的欢乐时光。我的工作也很快乐，因为在每个特殊的日子，QQ里总会有一个头像在跳动："老师，生日快乐！""老师，节日快乐！"学生学会了成长与感恩，我收获了幸福与快乐！其实，你与学生交流，并不需要讲深奥的道理，只需让学生真切地感受到老师一颗真诚的心。

我该怎样来爱你

——"关系户"教育案例

祁门县历口中心学校　叶贞娣

2021年的新学期，我接手一个新班级的数学教学任务，有一个叫桐桐的孩子引起了我的注意。初次批改数学作业，改到她的作业时，我以为她是个有智力障碍的孩子：作业书写涂涂改改，简单的数字写得很潦草，烦琐的汉字写得"分家"，作业质量可想而知。因为刚接班，为更好地了解学生，我把她请来办公室。与我单独交流时，她很拘谨，就像犯了错误一样，小心翼翼地低着个脑袋却站得笔直。看她这个样子，我与她简单交流了一下，就让她先回教室了。

坐我隔壁办公桌的班主任见状，立即向我介绍了桐桐的一些情况。桐桐智力没问题，就是抗压能力不好，一有压力就惧怕上学，睡不着、紧张、肚子疼、身体冒汗等。第一次接触她的家长也是因为这些问题，孩子的奶奶听说换了数学老师，专门跑到学校找到我，千叮咛万嘱咐："千万不要给她太多的压力，孩子体质不好！"并强调这是带她看医生时医生的建议。出于这些原因，这个孩子成了"关系户"。

每当课堂教学时，我总会刻意要求自己对她多点关爱、多点包容，对于她的不足，我也总是"放她一马"。几周过后，我总感觉自己这样做似乎有些不妥。如果对于这个"问题学生"明知有问题还放任不管，她何来改变？何来进步？教师的责任告诉我，对于这个"问题学生"我不能放任不管。如何让"问题学生"在校健康成长而又学有所获呢？

如果可以，没有哪个教师不想让自己的学生快快乐乐地成长，让他们按自己喜欢的方式生活、学习。可他们终归还是孩子，他们的自制力差，缺乏生活经验，经常犯错是不可避免的。作为新时代的教师，我深知教师的职责不仅是"教书"更要"育人"，教师应该成为孩子成长道路上的引路人，指引孩子前进的方向。

为教好书，更为育好人，我主动找到孩子的家人与他们沟通。通过与孩子奶奶交流，了解到孩子父母外出务工，一般要等到过年才能回家。常年外出务工的父母，因缺少陪伴，对孩子心存亏欠，也很宠她；爷爷奶奶更是因隔代亲对她百般溺爱。孩子刚上学那会，帮她扶笔写字，一直扶到三年级；到了四年级，孩子作业多时，还有代写现象。她在家除不爱学习外，其实还是个很听话的孩子，放学、放假在家，从不到处乱跑，让家人很省心。

随后我与班级其他学生交流，了解到桐桐平时很好，与同学相处融洽，从不与其他人发生矛盾。与其他老师交流谈论到桐桐时，得到的反馈信息是：听话、胆子小、字写得差、不能按时完成作业……

我想要帮助桐桐勇敢地面对压力，只有走进这孩子的内心世界，和她共同战胜自己软弱的个性。为此，我对班上的孩子做了一个调查，班上32人，只有5人和父母在一起生活，有16个孩子是留守儿童（留守儿童中，有5人是离异家庭），还有11人是家长一方在外务工。了解班上这些情况后，我坚持每天抽出10至20分钟与孩子们聊天，聊些班级、校园内外发生的事情，聊些家庭中的新鲜事，聊些他们感兴趣的故事，聊些自己内心的想法与感受……有时还会通过写作、朗诵的方式在班级中分享自己对一些事情的想法，让同学们更好地敞开自己的心扉。从聊天中，我了解到作为留守儿童的辛酸，了解到他们心目中好老师的特点，了解到他们心中那些难以说出口的困惑、小秘密……与此同时，我还间接地向学生渗透感恩教育，学会理解父母的不易，理解老师的良苦用心；向学生渗透尊重教育，学会团结同学，诚实守信；向学生渗透热爱大自然、热爱生活的教育，努力做一个对家庭、对社会有用的人；鼓励孩子学会照顾好自己，学会悦纳自己，正视自己的不足……

渐渐地，班上多数孩子喜欢上了我，喜欢与我交流，同学间有矛盾时也会主动告诉我，请求我的帮助，有时连班主任解决起来都很棘手的问题，到了我这也都能迎刃而解，这让我切实感受到"亲其师，信其道"的道理。

桐桐也有了一些微小的变化，她远远地见到我，不会绕道而行。平时偶遇和她打招呼后，她也会说声"老师好"。关于文化课的学习，我给她安排了一个"一对一"的小辅导老师，一两周更换一次小辅导老师，这样她不仅学习进步了，朋友也越来越多了。

虽然是数学老师，跨学科教学也是别有一番趣味。写字课上给学生展示我的书法作品，鼓励学生写好汉字；音乐课上给学生小唱一段，学生很喜欢，我主动向学生坦白自己不是专业的，但老师敢唱喜欢唱，于是音乐课也成为孩子们展示自己的一个舞台。作为数学老师，我感觉到不仅应帮学生提高文化课成绩建立自信，还应多给学生提供多方面展示才艺的舞台，让学生在除学习外也能找到属于自己的自信。有的孩子书写字迹工整，有的孩子画画充满灵气，有的孩子朗读声情并茂，有的孩子唱歌节奏感很强、声音婉转动听，有的孩子劳动积极，有的孩子思考问题很全面……

我想每一个学生都有自己的优点，作为老师不要戴着有色眼镜看待自己的学生，每一个学生都是独一无二的孩子。在班上我从不以成绩论英雄，让每个学生由衷意识到自己的优秀。对于桐桐，我总是夸她笑起来很甜，笑起来很好看，让她多笑一笑；夸她做事细心，有耐心、有包容心、有爱心。

以心交心的育人方法，效果是显而易见的。现在的她，虽然数学成绩依旧不是很好，书写还有待提高，但是她不再拒绝来学校，与老师交流时目光也不再躲闪，有自己的朋友，不再形单影只，忧愁、沮丧的小脸上偶尔也会露出幸福的微笑。

我和你爸爸是朋友

祁门县大坦学校　郑自胜

　　我们常说孩子是娇嫩的花朵，花朵是需要精心照料、悉心呵护的。在我们班上，每个同学的家庭都不一样，每个同学的成长经历也会有所不同。我们要想去帮助他们健康成长，就必须最大限度地对每个学生背后的家庭有所了解。在日常教学中，有时我们看似不经意的一个举动或一句脱口而出的话，可能会触及他们心灵深处的伤痛，处理不好会让孩子留下心理阴影，让他们变得自卑。

　　"我和你爸爸是朋友。"这句话是多年前我在课堂上对小贝说的。小贝是个腼腆文静的女孩。她出生在一个比较特殊的家庭里，爸爸妈妈都是聋哑人。妈妈在她一岁半大的时候，离开了这个家，再也没有回来。小贝是在八十多岁奶奶含辛茹苦的照料下，在伯伯婶婶们的悉心帮衬下长大的。她家附近有一所村级小学，早些年还有些规模，后来许多年轻人走出了大山去外面务工，很多孩子也都随父母去外面学校读书了，生活在家乡的孩子一年比一年少，学校只留下一位年迈的教师在教一、二两个年级。她就是在这所学校接受启蒙教育的。等到三年级的时候，刚满八岁的她不得不去三十多里外的乡中心校读书，就这样她来到了我的班上。

　　20世纪90年代中期，我曾经在小贝出生的那个小村子教过几年书，对她家的情况非常熟悉。她爸爸虽然是个聋哑人，但是人很机灵聪明，会写自己的名字，能做加减法，干活更是一把好手。她奶奶待人很热情，在那儿教书的日子里没少吃她种的时令新鲜蔬菜，过年杀年猪，老人家更是不忘邀请我去吃杀猪饭。现在小贝来到我班上，基于对她的了解，也是基于对她家人的感激，我一直都对她关爱有加，同学们待她也很好。小贝学习很用功，上课专心听讲，作业都能按时完成，特别是她的书写总是工工整整的。她偶尔和同学们一起去操场上玩闹，但大多数时间都是在教室里，静静地在座位上写写画画。

一转眼，两年过去了，小贝读五年级了。

那天，我们正在学习《地震中的父与子》。这篇文章讲述的是1994年洛杉矶大地震，一个父亲凭着坚定的信念——我儿子还活着，我一定要救出我儿子，历经近三十八个小时，终于救出了儿子和儿子的十四名同学的故事，表现了父爱的伟大。讲完这篇课文，同学们都为这一对父子最终能够相聚感到欣慰，都被这位父亲伟大的爱深深地感动着……看着孩子们的表现，我意犹未尽，想借机拓展一下，让这些孩子也从自己父母日常平凡的小事中感受他们对自己爱，便说道：“孩子们，地震中的父亲以永不放弃、信守承诺表达了对儿子的爱。而更多的时候，父母的爱并不一定都是惊天动地的，它常常就藏在平凡的小事中。”我顿了顿说：“请你们回忆一下生活中父母所做的看起来微不足道但却饱含深情的事情，然后分享给同学们，好吗？”

原本安静的教室顿时热闹起来。孩子们一个个兴奋地谈论着爸爸妈妈带他去了哪儿玩，去了哪里吃了什么好吃的食物，买了哪些自己喜欢的玩具、漂亮的衣服……他们热烈地交流着。我正准备请一位同学起来说说，忽然瞥见坐在前排的小贝正趴在桌子上，埋着头。这孩子课前很正常啊，我突然意识到或许是我的这个问题触动了她那敏感的内心。

我轻轻走到她跟前，对着所有同学，更是对着她说：“我们同学的爸爸都是很棒的，其他同学的爸爸我不是很了解，但是小贝的爸爸我是很清楚的，他虽然比一般人不幸，一出生就听不见声音，不能像我们一样正常说话交流，但是他很聪明，他通过自学能够认识家人的名字，能够书写自己的名字，还学会了做加减法；他很有力气，做事勤快，特别是挖笋，别人挖不到，他却能轻松地挖许多；他还乐于助人……”我一边说着一边用眼角余光观察着小贝，原先趴在桌子上埋着头的她渐渐直起了身子，仰起了脸。我俯下身看着她的眼睛微笑着说：“我在你那儿当过老师呢，我和你爸爸是朋友！”她闪着一双乌黑的大眼睛看着我，脸上露出了浅浅的笑容。

“小贝，你能起来和同学们分享一下爸爸为你做过哪些在你看来充满爱的事吗?"我不失时机地鼓励她先来说。她没有犹豫,自信地站了起来,用响亮又清晰的声音开始讲述着去年爸爸带她爬齐云山、坐缆车,去游乐园坐转盘、玩滑梯,去吃了许多好吃的东西……她还说她和爸爸一起拍了好多好多的照片。她讲得很认真、很仔细,仿佛沉浸在当时快乐的场景中,脸上洋溢着幸福的笑容。

这一幕已经过去几年了,小贝现在已经是读初三的半大姑娘了。或许她已经忘记了,但是在我的脑海中那幕场景却依然清晰,尤其是当时她那双乌黑的充满信任的、感激地望着我的大眼睛。

伟大的人民教育家陶行知先生以睿智的目光、博大的胸怀倡导并实践了爱的教育,他爱教育,爱学校,爱学生,他称学校和学生为"爱人"。教育的真谛是什么?教育给予学生最重要的不是知识,而是对知识的热情,对成长的信心,对生命的敬畏,对美好生活的向往。

"生活即教育"在小班区域活动中的实践

祁门县幼儿园　胡惠娟

陶行知先生主张"生活即教育",强调教育在幼儿生活中的重要地位,生活无时无刻不包含着教育。从幼儿一日活动来说,来园、晨练、教学、游戏、进餐、散步、午睡、离园等,每一个环节都是幼儿学习的过程,也是教师开展教育的机会。陈鹤琴先生的游戏教育思想认为:儿童以游戏为生活,儿童好玩是天性,他们在游戏中会不知不觉地将全部精力拿出来。在幼儿园开展最多的就是区域游戏,游戏区域包括益智区、美工区、阅读区、生活区等。也就是说,幼儿天生就喜欢做游戏,他们通过游戏认识这个世界,认识这个社会,从而进行学习。

一、在区域游戏中丰富幼儿的生活经验和知识经验

小班幼儿无论是生活经验还是知识经验都比较匮乏,教师可以通过区域游戏丰富幼儿的知识经验。幼儿特别喜欢玩角色游戏,我请一名幼儿当"菜市场"小老板,他总是很兴奋地跑来跑去,我轻轻提醒他跑来跑去菜可能会被别人拿走的,你可能就赚不到钱了,他知道了要看管好自己的摊位。这时有一位幼儿顾客来买菜,顾客还没开口,"老板"就拿了好多菜给她。我也假装来买菜,我问:"老板,你这都有些什么菜呀?这个多少钱?那这个呢?"在我的引导下,幼儿知道了原来买菜是需要交流的。这个区域游戏不仅能帮助幼儿掌握一些菜名,还能丰富幼儿买菜的生活经验。这都是幼儿在无形中学会的,没有老师的填鸭式教学,是在和老师一起做游戏中学习到的。

二、在区域游戏中培养幼儿的规则意识

孟子曰："不以规矩，不能成方圆。"如今的幼儿在家都是"小王子""小公主"，一家人围着他（她）转。在幼儿园，他们需要通过游戏学会遵守幼儿园的规则和日常生活的规则。建构区是小班幼儿最喜欢去的区域之一，所以经常人满为患。游戏刚开始时，我经常都是指定好哪些幼儿去玩，一段时间后发现，有些幼儿很想去玩，可往往因为表现不好而被拒绝。经过反思，我觉得这样做剥夺了幼儿游戏的权利。区域游戏本就是幼儿可以自主选择的游戏，那怎样解决这一问题呢？我在建构区贴了五个点，并告诉幼儿："以后老师不指定谁去建构区玩，任何人都可以去。但是，你们发现建构区有什么不一样了吗？"孩子们很快就发现了有五个点。我告诉孩子们五个点代表建构区每次只能有五个孩子进入，如果已经有五个小朋友在里面，你就不能再进去了。这样既满足了幼儿自主选择游戏的需要，也解决了因幼儿太多而导致的拥挤的问题。经过一段时间，我发现幼儿在不知不觉中学会了排队，喝水、上厕所拥挤的现象也减少了。

三、在区域游戏中渗透幼儿的一日常规

"娃娃家"也是小班幼儿特别喜欢的一种区域游戏。在"娃娃家"中，幼儿玩"爸爸""妈妈"照顾"宝宝"的游戏。一日我去"娃娃家"做客，"妈妈"正在喂"宝宝"吃饭，不小心菜掉在地上了，"妈妈"继续喂"宝宝"，忽略了那个掉在地上的菜。"小主人，饭菜掉地上如果不捡起来，你家地板会变脏，会有小蚂蚁等小虫子找上门，脏兮兮的，没人愿意来你家做客了。"幼儿听了，立即捡起菜。我顺势说道："这样地就又变干净了，我们每天吃饭的时候如果饭菜掉在地上要捡起来，不然我们班就会变得脏兮兮的，其他老师和小朋友都不愿意来我们班做客了。"喂完"宝宝"，幼儿就随意地把餐具丢在一边准备去玩别的游戏，我开始收拾，幼儿看见我在收拾就回来帮着我一起收拾。我告诉她，最后都要把玩具宝宝送回

"家"，不然它们找不到自己的"家"会丢失的，幼儿似懂非懂地点点头。

　　陶行知先生说："生活即教育。"一日常规，如果教师每天都强调的话，教师会很累，幼儿也不一定会听，这就需要我们换个方式对幼儿进行教育。区域游戏是社会生活的缩影，我们可以通过游戏来引导幼儿捡起掉在地上的饭菜、学会收拾玩具等，在游戏中渗透一日常规，毋庸置疑，区域游戏就是一种很好的教育方法。

　　教育要通过生活的检验才能成为真正的教育。好的生活就是好的教育，认真的生活就是认真的教育，有计划的生活就是有计划的教育。区域游戏中，教师寓教于乐，幼儿乐在其中，区域游戏对幼儿成长的影响远比我们想象的更加美好。

每一颗星都是最闪亮的星

祁门县安凌中心学校　江莉莉

　　三年前，我中途接手了三年级的语文教学工作。与这班学生相处久了，我也慢慢熟悉了这帮天真活泼的孩子。

　　有个特殊的男孩一开始就引起了我的好奇。他个子矮小，皮肤黑黑的，单坐在教室后面，课堂上不太发言，课后也较少说话。当我询问他时，他睁着大眼睛，支支吾吾，想说却又不知道怎么表达。我只当他是内敛、不善交流，后来通过别的老师的介绍，我才明白原来他患有先天性唇裂，即使后来通过手术矫正，也难以与常人相同。他的语言和智力发展都慢于常人。他的父亲长期在外务工，母亲离家未归，他从出生便是由爷爷奶奶一手拉扯大。所幸在贫穷的家庭里，他很乖巧。虽然他不善言辞，但能收获班上所有同学对他的关心与照顾。我想这不仅仅是同学们单方面关心弱小，更是因为这小男孩的憨厚善良吸引着同样一群善良热心的同学们。这是纯真心灵的互相召唤，同时也是班级凝聚力与人性真善美的体现。

　　他学习有些差，但字迹却很工整。有一次写字课上，我在指导学生书写生字，看到他时，那端端正正、四四方方的汉字一个一个地出现在他的笔下。我很惊讶，于是驻足观察。他虽不懂这些字的含义，但却认真观察这些字，然后拿起铅笔一笔一画地模仿。说实话，他的字比班上大部分人的字都要美观。这时，他那憨憨的脸上似乎浮现出一丝害羞的笑意，不明显却又很耀眼。我想，这是他的小成就，值得他骄傲自豪！

　　我一直以为那一手端正的字是他学习中最大的长处，可当五年级我兼任本班的美术课的教学任务时，他又一次给我个巨大的惊喜。

　　同学们对于上美术课是很积极的，早早地便将绘画用品准备好了，兴致勃勃地端坐着。我也不太擅长画画，便在网上找了一幅儿童画投放在大屏幕上，给他们讲解完画画的注意事项和基本步骤后，便让他们对着范画临摹。依稀记得那幅儿童画画的是一头卡通狮子，背景复杂，颜色丰富，若是没有一点绘画经验，比较难画好。第二天课代表将美术本交给我批改时，果不其然。大部分的"狮子"要么瘦瘦的，要么矮矮的，要么留白太多、背景空洞，要么色彩搭配不当、涂色不均匀。只有几个女生心思细致，布局匀称、色彩鲜明，凸显了小狮子的可爱。改到最后一幅画时让我眼前一亮，色彩搭配讲究，布局也很合理，小狮子也很萌，唯一缺点便是没有背景，只有一头狮子，我便评了个"良"。可当看到本子封面上的名字时，我震惊极了，连忙拿着他的画给他班主任和其他老师看。这孩子画画还真是不赖呀！于是，我又重新把他的本子打开，在"良"旁边用红笔又画了个大五角星，表示赞扬和喜欢。当本子发下去时，只听见有人惊呼："你有颗红星！"其余同学纷纷围过来看他的画，都对他发出真心的赞扬。虽然我没看到他当时脸上的表情，但我知道他一定是开心的，因为从之后的绘画作业中都能看到他的认真与进步。

每个孩子都能成功，只是他们成功的方式不相同；每个孩子都很优秀，只是他们的闪光点不一样。正如美国著名学习问题专家托马斯在《每个孩子都能成功》一书中所言，没有天生学习不行的孩子，绝大部分是世人戴着有色眼镜看待的结果。世界上没有两片完全相同的树叶，也没有完全一样的孩子。每个孩子，或健康、或残疾，或优秀、或平庸，或家庭富有、或家庭贫困，他们身上都有着各自不同的特性与美好。无论哪个学生，即使身有不足，他的内心深处，最渴望的是得到他人的赞美和认同。这就犹如在他的内心撒下一颗积极向上的种子，告诉他"你可以，你能行"。这颗种子一旦播下，即使以后不开花，也肯定会枝繁叶茂，向阳而生。

爱的力量

——如何转化后进生

祁门县祁山小学　龚家秀

从教第一年，我接管了二年级四班的班主任工作。班上有个学生叫小航，虽然才二年级，但长得人高马大。上课自己不听课也就算了，还总是故意招惹前后左右的同学，不让其他同学认真听课；下课喜欢打架、骂人，能不来教室上课就不来上课，甚至躲到男厕所里不出来；课外作业从来不写，还联合高年级学生欺负低年级学生……反正学校里能想到的违反校规校纪的事，没有他不干的。如果班主任都不管他，还会有谁管他呢？于是我暗下决心一定要转化他。

小航的爸爸常年在外务工，很少回家，小航的妈妈一个人一边上班一边带他读书。我和他的妈妈沟通后了解到，她根本管不住这个孩子，说话他也不听。于是我就想办法让小航自己管自己。他上课喜欢和同学讲话，不好好听课，我就把他安排到最前边的位子，坐在我的眼皮底下；他不喜欢上数学课，我就让他做最简单的数字游戏题；他打架骂人，我就让他担任小组的纪律委员，让他以身作则。早上，我发现他没有吃早饭，就专门给他买来早点。中午吃完饭，我在办公室里陪他一起学习。课后主动和他下象棋、掰手腕，与他谈心。无论在学习上还是纪律管理上他取得了一点点进步，我都会在全班同学面前表扬他，还在班级的"红星榜"上加上一颗进步星，以此帮助他树立自信心。孩子因为受到了我的关注，在班级中找到了存在感，也有了获得感，和我也亲近了许多。

一天中午，他像往常一样在办公室里写作业，突然想起了什么，放下笔从书包里拿出一个袋子走到我面前，有点害羞地说："龚老师，这是我家桃树上结的桃子，不好看，但很甜，您尝尝。"我看着这几颗咧开嘴的桃子心里乐开了花，眼睛也不禁湿润了。这还是以前那个"坏学生"小航吗？他不仅改掉了许多毛病，而且还成了我的小助手。期末考试有几门课程的得分也从以前的十几分进步到六十多分，虽然和其他同学的成绩相比还相差甚远，但这个孩子已经发生了质的变化。我想，这不就是坚持的成果吗？我更有信心管理好这个班级了！

　　小航的改变只是我班的一个缩影，也有其他的孩子发生了很好的改变。经过两年不懈的努力，我们这个曾经全校公认的"差班"已经变成了"红旗班"，班级面貌发生了翻天覆地的变化。我觉得我曾经所有的付出都是值得的、有意义的。

　　爱的力量是巨大的。转化后进生是一个长期的过程，需要老师和家长挖掘他们身上的"闪光点"，帮助他们建立自信心；因材施教地制定独特的教育方法；要给予他们更多的关爱和付出更多的耐心。当我们选择了教师这个职业时，就注定了我们必须永不停歇地追求更好的方式来完成我们的使命。

与伟人相遇

——读《给教师的建议》有感

祁门县幼儿园　廖金珠

非常惭愧，教育名家的著作只是零零散散地读过。伴随"走进经典·精品阅读"活动的开展，自己终于能静下心来阅读著名教育家苏霍姆林斯基的《给教师的建议》。读着读着，仿佛看见了伟人的身影，书里的事例是那样真实。教育家也曾是课堂上的一名普普通通的教师，只是他能比我们想得多、做得多，真让人叹服。

苏霍姆林斯基作为一名普通教师，他的经验、他的理论都来自他的亲身实践。我无比惊叹于一个教师能把一个班的孩子从一年级一直带到十年级（相当于我们中国的一年级到高三），而且这个教师教过许多门课，数学、生物、语文、物理……更让人钦佩的是他还对所教的每门课都投入了百分之二百的热情，不愧对任何一个学生，他的时间、精力从哪里来？秘籍在哪里？

苏霍姆林斯基在书中提到，一位出色的历史老师说过："对这一节课，我准备了一辈子。而且，总的来说，对每一节课，我都是用终身的时间来备课的。不过，对这个课题的直接准备，或者说现场准备，只用了大约15分钟。"苏霍姆林斯基讲的就是知识储备。做教师就是要多读书，我继续品读《给教师的建议》后，更加坚信这一点。正如苏霍姆林斯基曾提到："教师应当知道的东西，要比他教给学生的东西多10倍、20倍。"教师面对学生的时间绝大多数是在课堂上，课堂教学是个非常复杂的过程，教师的教是一条线，学生的学是另一条线，每个学生的学又自成一条线，最后要汇成一条线，百川汇海，达成一致的目标，是件多么不容易的事。所以教师不能只管自己教，头脑里只想着我下一步该怎样讲、讲什么，甚至讲着讲着把自己绕进去了，自己也不明白了，只得悻悻停下。想象一下，你教的那些知识对于你就是最基础的，你会用很多种方法来讲清楚，课堂上，你不用去考虑自己的课该怎样讲，而是时刻关注你的学生，看他们是怎样思考的，是怎样学习的，时刻调整自己的教学方式，引导他们一步步走向豁然开朗。这样的教学效果无疑是好的，处在教学中的教师一定是轻松的，学生也应当是享受的。

《给教师的建议》里的每个章节，每个他和孩子在一起的事例里都有爱在闪闪发光，直接触及你的内心。他的爱不是庸俗的爱、简单的爱，不是流于形式的爱；他的爱深沉、深刻、睿智、公平、公正。他既关心儿童的生活和健康，又关心他们的成长和幸福，从不忍心去伤害任何一个孩子的心灵。他不放弃任何一个学生，他深刻体会到"儿童不会做功课，没有收获，是真正的痛苦"，他想尽办法让孩子看到自己的进步。他尽自己最大的努力，花费大量的精力，建立师生间的友谊。他用他的力量、思考、明智、信念和情操去鼓舞儿童的思想和情感。他的精神是多么丰盈！

在读书时，我的眼里出现最多的字眼应该是"思考"二字。粗略统计了一下，书里有一半以上的章节都强调了要教会孩子动脑筋，让孩子学会思考问题。要求记忆的、固定在学生头脑中的知识应该是基础知识，但这些知识的掌握，不是靠背诵得来，而是要经过学生自己的思考、加工，变成主观的东西存储下来。这些知识可以作为获取其他知识的工具。教师要避免学生把知识变成客观的存在，只有在考试时才拿出来用一下。我们的工作是使学生变聪明，一个不会思考只会死记硬背的人怎么算得上是聪明人呢？苏霍姆林斯基给我们最直接的建议就是教师要善于给孩子制造思考的机会，让孩子做个善于思考的人，不要让大脑老闲着。

面对这样一位伟人，我要追随他的足迹，用心、用情在教育天地里辛勤耕耘，收获成长。

信任，让教育大放异彩

祁门县第一中学　汪淑凌

一、初识，芥蒂

2018年9月，我被学校安排接任高一七班的班主任工作。开学的日子是忙碌的，早晨7点我就来到了学校，开始接待接踵而至的新生及家长。快到中午时，来了一对父子：父亲个头不高，但很精神；孩子带了一副黑框眼镜，身着黑色短袖衫，中等身材，微胖。父亲说孩子是留级生，我心中一惊，不免忧心，留级生肯定不好管。第一次"自我介绍"，这孩子就坦白了自己留级的事实，并说了自己做暑期工的心得，以及重新开始的决心。说实在的，他口才很好，擅长表达，我一下子就记住了这个男孩。为此，我特意询问了他上届的老师，得知他不仅是留级生，而且还是理转文的学生，在上届文科班时没少犯错误。顿时，一股不祥之感油然而生。

后来，班委会成立，因其出色的个人表现，他当选为班级组织委员。学校活动多，像艺术节、运动会、辩论赛、朗诵比赛等，他都出力不少。学业上，高一的前半学期表现不错，大考在班级前10名；后半学期也许是"翘尾巴"，也许是"露尾巴"，期末考试他考了班级第21名。我与他的家长沟通，他父亲历数了孩子的劣习，如抄作业、不诚实等。结合其成绩，我觉得他父亲的评价总不会错，于是芥蒂又生一层。

二、再识，近一点

临近第一学期期末，我和语文老师闲聊，得知他写了一篇作文，竟和我有关，题目叫《向日葵老师》，其中有一段是这样的："无力地抬头叹气，忽然就看见了汪老师的笑容。映着夕阳的暖色调，温和地绽放在教室浑浊的空气里，让一切变得柔软而明亮。她的眼角有些细碎的笑纹皱在一起，微微地颤动，如同两只曼舞的蝴蝶。"读完，我很感动，也很惭愧，原来我的学生早已信任老师，而他的老师却在不断地给他贴"坏小孩标签"。自那以后，对我而言，心中的芥蒂少了，信任多了，关系近了一点。

第二学期伊始，他成绩起伏，坏习惯也反反复复。此时，孩子萌生了学播音主持，走艺考之路的想法。2019年5月5日，孩子离家出走了。原来前一天晚上，父子"大战"，孩子生气就离家出走了。我很着急，生怕出事。多次微信联系，要求他回电话给我。最终，电话没有接到，但收到了一段长长的文字。文字中，一来表达对我的歉意，说给我添麻烦了；二来申诉父亲的"暴力"及其对播音主持专业的偏见；三来表明态度，要求父亲不要再插手自己的决定，否则自己就"废"了。三段式的文字条理清晰、感情真挚，说明他是个有主见和有思想的人。但离家出走总归不对，微信中，我极力劝导，以回来后父子俩到祁门一中心理咨询室进行咨询为条件，换取其"和平"解决问题。后来在学校心理老师的协助下，父子俩签了份"协议"，约法三章。半个月之后，他又递交了份请假条，原因仍是家长管得过紧，过于注重分数并动手。再后来，孩子又陆续出走了两次。三次离家出走，虽给我的工作带来了麻烦，但我不怪他，反而能理解他，对过于顽固、爱子心切的家长，这也许算得上是一种方法。都说父母和孩子的"战争"，妥协的总是父母。的确，他胜了，他如愿地学了自己喜欢的播音主持专业。

三、相知，信任与期待

2020年5月，高二下学期，他在家长的支持下开始了为期半年的艺考备战之路。那段日子，他很辛苦，既要抓文化课，又要准备专业课。他起步晚，艺考压力很大。12月初，艺考结束，他回到班级学习文化课。12月24日，艺考成绩揭晓，他的排名相当理想。1月份，他又给我写了封信，有一段是这样写的："学生愚笨，三年来犯了很多错误，吾师受累，还请原谅。

日后定谨遵教诲，不忘师恩，以友善待人，以真诚视人，以责任明己……"多好的孩子，懂感恩，有理想。之后半年，他付出了巨大的努力，我也时常开导他，劝他不要过于焦虑，仍然要注重身体，并且教给他政治学科的学习方法。那时的他，早已褪去了高一时的心浮气躁，变得沉稳踏实。高考成绩出来后，孩子喜极而泣，这是成功后欣慰的眼泪。他果然兑现了诺言，顺利考取了心目中理想的大学，成了班级里最闪耀的那颗星。

这是一个极其特殊和复杂的学生：首先，他的学习履历比一般同学复杂；其次，他屡次离家出走和父亲对抗，非一般孩子所能为；最后，他善于表达，无论是言语上还是文字上，比一般孩子强，与其沟通不难。因为先入为主，开始我对他多成见，少欣赏。如果不是发现他在文章中表达出对我的信任，如果不是发生离家出走的事情，我想我们也就止于相安无事的关系了，又怎会发展成为互相信任、教学相长的亦师亦友关系呢？每次离家出走，他总会和我表达歉意并拜托我帮忙调解。这也是我理解他，不站在他对立面的原因。因为有信任，所以托老师调解；因为要自主，所以去抗争；因为不得已，所以有歉意。逆反心理，可能是青春期孩子普遍存在的问题，只不过他表现得更激进，方式欠妥。相比于那些无理取闹的孩子，至少他目标明确，有上进心。这样的冲突，何尝不是给大家上了一节生动的"亲子关系"课？做家长的至少也要学着去理解和改变，而他成功之时，定然也会感恩父母当初的"良苦用心"。为此，我和他父母进行了无数次交流，有线上的也有线下的，最终取得了他们的理解和支持。最后，就是期待了。信任，让他成了天边那颗最闪亮的星，也成就了一段美妙的师生缘。

"做老师"是一份良心活、耐心活、智慧活。无良心不暖，无耐心不久，无智慧则不顺。

做有良心的老师。良心是做人的基本底色，于老师更是必备品质。它表现为日常教学中的尽职尽责、亦师亦友，更表现为有冲突时的换位思考，情感共振。

做有耐心的老师。学生心智尚不成熟，如果此时还夹杂家庭矛盾，那更是剪不断理还乱。问题也许不能一次解决，教育也许不能一次成功，千万次的付出和努力也可能才稍有收获。所以，老师要有不怕麻烦、不厌其烦的品性。

做有智慧的老师。班主任工作千头万绪，仅凭一腔热情不足以成事。学生面对人生岔路口的抉择需要教师理性的引导，亲子矛盾需要教师聪慧的调解，学业信心不足需要教师坚定的支持。

苟日新，日日新。每一个特殊案例的处理都是一次教育反思和自我职业成长的契机。愿你我永远做一个时省时新的合格教师，帮助孩子们走向人生成功的彼岸。

每一朵花都会绽放

祁门县祁山小学　张慧奇

　　时光荏苒，岁月如梭，不知不觉从教已七年有余。还记得初到学校时，在铺满石子的操场上带领学生进行体育训练、开展各种体育游戏，怀揣着一颗充满爱意的心，活力四射，与学生同欢笑，共成长。

　　高尔基说过："谁不爱孩子，孩子就不爱他，只有爱孩子的人，才能教育孩子。"乡村学校的孩子，他们的父母大多远离家乡，用自己的汗水撑起一个家庭的未来。这些孩子在最需要父母呵护的成长阶段，遭遇了亲情的缺失：行为上缺人引导，学业上缺人辅导，他们大多和爷爷奶奶一起生活，性格上多少有些孤僻、任性。面对这样的一群孩子，我认为心与心的交流是打开他们心门的钥匙。

　　有这样一个女孩，年幼时父母便离异，母亲走了，父亲为了家庭生计在外务工。孩子自小就跟着爷爷，她有许多不良的生活习惯，班上同学总爱数落、排挤她，不爱和她玩，连体育课站队也都远离她。我询问他们原因，同学们都说女孩不爱干净，头上有虱子，一个礼拜都不洗澡，大家都不愿和她玩。我听后便看着她，她忙争辩说："没有，我洗澡的。"生怕我也像同学们一样不理她、嫌弃她。我便对同学们说："我看她挺干净的，身上又不脏，怎么会有虱子呢？同学之间应该团结友爱，我都愿意和她站在一起，你们也一定愿意吧。"经过我的调解，虽然同学们对她的态度没有彻底改变，但也缓和了些，愿意接纳她了。之后我也常找她谈心，叮嘱她要注意卫生，学习上也要下功夫，学习上、生活上有困难，要告诉老师。她和我抱怨同学们总是欺负她，我了解情况后知道她性格上有些小气、任性，不愿吃亏，我便开导她，和同学相处不要斤斤计较，要多关心同学，帮大家做一些力所能及的事情，付出了，大家就会喜欢你了。随着时间的推移，她性格开朗了许多，慢慢地融入了班级的大家庭中。

　　因为有住校生，我们每天都需要值班。有一位四年级的女同学，经常和值班教师说自己肚子疼。有一天恰逢我值班，学生跑来和我说这个女同学肚子疼得不行了。和我搭班的老师说她经常这样，带去检查又说没事，估计都是装的。我听后随口附和了一声，还是急匆匆地跑去寝室，一进门，只见她抱着肚子躺在床上，我便上去询问情况，她说自己疼得吃不消，要回家。她家离学校大约8千米，我一想便骑上电瓶车载着她往她家里赶，约莫二十分钟，到了她家所在的村。她家住在山腰的一间板石房中，一回家奶奶就关切地询问是不是饿得肚子疼，说完便忙弄饭给她吃。爷爷邀我坐下来喝些水，我便坐下和他聊了起来，得知孩子父母离异，父亲在外务工。爷爷说她肚子疼都带去医院看了好几回了，医生说正常，没有什么问题。我便说是不是她不愿住校才故意说自己肚子疼，可能她是缺乏关爱，如果她不愿住校还是每天回来住好些。爷爷听后点点头，又聊了一会，夜幕降临，我便告别返回学校去了。之后女孩便很少住校，也再没听她叫过肚子疼了。在校期间我也常关心和询问她的学习与生活情况，鼓励她参加集体活动，她的身体协调性非常好，舞蹈学习能力也很强，学校的六一文艺汇演，她可是班级的顶梁柱。

　　我时常想起读高中时，带我们进行体育训练的那位老师，在人生迷茫的时候，他告诉我们一些为人处世的道理。时光流转，初为人师，我提醒自己时刻怀揣一颗爱心，保持一颗初心，去呵护每一个孩子的健康成长。

"变形记"

祁门县城北学校　　凌　静

陶行知先生说过："你的教鞭下有瓦特，你的冷眼里有牛顿，你的讥笑中有爱迪生。"我非常同意先生的观点。一方面，他的话说明了一个事实：学习成绩不好或者不听话的学生未必是坏孩子，有时候他们可能会作出很大的贡献！另一方面，他的话给教师们一种提醒：教师应该从更多的角度去评价孩子，综合客观评价一个孩子，努力发现孩子的优点，并且给予鼓励。

作为一名平凡的教育工作者，走过了二十几个春秋，我深知教育就是"一切为了学生，为了一切的学生，为了学生的一切"。身为教育工作者，我们要做到"不抛弃、不放弃"，与每一个孩子携手并进。

开学第一天，一个个刚从幼儿园毕业的小朋友，高高兴兴地背着新书包来到教室，从孩子们的表情中可以看出，他们已经对小学生活充满了期待。当我走进教室，准备排座位时，一个小男孩走到我身边，拽着我的衣角一直不肯松手，笑眯眯地望着我。我并没有理会他，继续组织孩子们在教室走廊上按个子高矮排成两列，心想：大家都排队，你应该去找自己的位置了。可小男孩并没有松开我的衣角，依然拽着我，待我把所有孩子的座位安排好，他依然跟着我站在讲台上。此时，我意识到小男孩是孩子们当中的特例。于是，我蹲下身来问他："你叫什么名字？同学们都有座位了，你不想跟他们坐在一起吗？"他弱弱地说："我叫小盛，我想跟您坐在一起。"他的回答令我诧异，这还是我从教以来见过的最特殊的一个孩子，可我还是答应了他的要求。我从总务处要来一张单人桌，让他坐在离我最近的地方。此后，我发现每到下课，他从来不与同学一起玩耍，而是跑到办公室来，非要亲我一下才肯离去。看着这么可爱的孩子，我每次都答应他的要求。之后，他也有事没事故意亲近我：作业从来不交给组长，总是交到我这儿来，这样就可以跟我说上两句话；春游时，也不与小伙伴们一起玩耍、游戏，而是黏着我，跟我聊天；值日时，他也只打扫讲台跟他自己的座位，其他地方一律不扫……一个小男孩长此下去可不行，于是，我决定对这个孩子进行一次家访。

在和他父母交谈中得知，小盛同学自幼生了一场大病，吓坏了家人。病愈之后，爷爷、奶奶什么都依着他，娇惯着他，每天寸步不离地照顾着他。这样一来，孩子就养成了依赖、依恋的心理，喜欢与大人交流成了他的生活习惯。

长期离群，不利于孩子的心理健康。小盛同学就是这样，每天沉浸在自己的世界里，除了老师，不喜欢和别人交流。为了让他更快地融入集体，我经常鼓励他，多给他创造与同学交流的机会。

小盛同学上六年级时，已经是一个性格开朗、乐观活泼的少年。他是我们班的"小雷锋"，几年来，他坚持每天最后一个离开教室，为班级关灯、关门；他是我们班的"爱心小使者"，每次有献爱心活动，他总是走在最前面；他是我们班的"活动达人"，只要班级开展活动，他总是积极参加；他是我们班的"小暖男"，有一次，我因感冒不能大声讲课，便让班长带着大家学习，下午上班的时候，发现办公桌上放着一盒感冒药，上面还附着字条："祝老师早日康复"，最后落款写着"小盛"，顿时一股暖流沁入我的心田……

想想当初，如果我无视了这个孩子，现在的他会是怎样呢？所以，陶行知先生说的"你的教鞭下有瓦特，你的冷眼里有牛顿，你的讥笑中有爱迪生"这句话正确至极。

一个特殊生的转变

祁门县彭龙中心学校　王　岚

苏霍姆林斯基曾说过："教育技巧的全部诀窍就在于抓住儿童的这种上进心，这种道德上的自勉。要是儿童自己不求上进，不知自勉，任何教育者就都不能在他的身上培养出好的品质。可是只有在集体和教师首先看到儿童优点的那些地方，儿童才会产生上进心。"诚然，教师看待学生的态度十分重要，它不仅是对学生的一种认可，还可以促进学生行为的转变。

作为一个刚刚从事教学的"新人"，经验是我最欠缺的。从担任四年级班主任开始，我就想方设法寻找好的教育方法，我向一些有经验的老教师请教和学习，这使我受益匪浅。

记得开学初，我对班级是那样陌生，班上的学生我一个都不熟悉，如何教育他们我无从下手。经过了解，我逐渐清楚了每个学生的个性和家庭环境。当时令我印象深刻的是刘同学："人小鬼大"的刘同学活泼开朗，乐于助人，可是一到上课，他的注意力就不集中了，做作业很慢，磨磨蹭蹭，别人的作业写了一大半，他却只写几个字，做事也懒惰，不肯动脑筋；家庭作业几乎不做，即使偶尔做了，也不完整，几乎全错，书写相当潦草；于是，我找他谈话，告诉他完成作业的重要性，要他知错能改，争取进步，做一个人见人爱的好孩子；他当面答应得好好的，可转过身还是我行我素。很多次我真的想放弃他，但又觉得身为班主任，不能因一点困难就退缩，我要尽最大的努力去改变他。

其实，我发现他身上有许多闪光点。比如：他十分勤劳，轮到他打扫卫生时，教室里整天都是干干净净的。在班委选举中他顺利地当选了劳动委员，他感受到了同学的认可和老师的关爱。从那以后，他每天早上都是第一个到教室，傍晚放学最后一个离开教室。他和我说，他既然当了劳动委员，他就必须负起这个责任。

为了培养他良好的学习习惯，我特意安排了一个责任心很强、学习成绩好、乐于助人、耐心细致的同学跟他同桌。因为他学习基础差，帮助他的同学也经常表现出不耐烦和不高兴。这个时候，我就会把帮助他的同学找过来，跟他说："无论做什么事情都不是一蹴而就，我们要有耐心，慢慢来。"后来每次考试，刘同学都能取得进步，自信心也慢慢提高了。

一学期下来，看到刘同学的转变，我感到由衷的高兴。我想：只要教师善于发现孩子的闪光点，只要孩子自己肯上进，肯去学，就没有教不好的学生。

一个也不能少

——读《教育的真谛》有感

祁门县胥岭学校　程卫娟

2020年9月，三年的挂职学习结束了，我又回到了胥岭学校，担任三年级语文教学和班主任工作。

开学第一天，家长带着孩子陆续来报名。最后走进教室报名的是一对父子。爸爸穿着朴素，看上去憨厚老实。我说："孩子暑假作业拿过来，我看看完成得怎样。"他听后不好意思地笑笑，说："老师，我孩子不会做作业的。"我听了觉得奇怪，连忙问："一题也不会做吗？"孩子爸爸眉头紧锁，接着说："学习一点不行，读了两年书了，连名字也不认识，也不会写。真不知道该怎么办。"我听后知道了这个孩子大概是有学习障碍，也就没再说什么了。再仔细看看孩子，看上去也没有什么问题。

第二天，我从原班主任那里了解到这个孩子的一些情况：父母离异，孩子跟爸爸生活；爸爸在街上做小工，早出晚归；老家离学校还很远，所以在学校附近租了一户人家的房子，放学上学都是奶奶接送；孩子接受能力差，当天学习的生字，第二天就忘了。

看来教这个孩子可不能用一般的方法了。人民教育家陶行知曾经说过："要蹲下来和学生说话，要和学生做朋友，要尊重学生，走进学生的心灵，和学生沟通。"于是，我私下找到他，征求他的意见，问他愿不愿意跟随我从一年级开始学语文，他点点头答应了。我把这一想法告知家长，让家长意识到虽然孩子接受能力差，但学习还是重要的，不能一直让孩子玩。我们可以换一条路走，重新给孩子定下目标。在学校里，会认识简单的字，会简单的计算，为以后走上社会做准备。家长非常赞成，对我感激不尽。

我给孩子学习语文设定了目标：一天会认、写3个生字，一星期能认、写15个生字。按这样计算，在他剩下的小学四年里，会认、写简单的常用字是没有问题的。于是，从三年级上学期开始，我每天利用中午半小时的时间，拿着一年级的语文书，带着图文并茂的卡片，一边指导他看图，一边教他读生字，他会读后，我再手把手地在田字格中教他写。由于他遗忘太快，第二天就忘了第一天认的字，只能继续复习第一天学的。刚开始，一星期结束后，他只能认识3个生字，与设定目标差距很大。我心想：他是学习"困难户"，着急是没有用的，只能慢慢来吧。我不断鼓励他，让他继续保持学习的积极性。一学期很快结束了，他认识了30个生字。这个学习成果对他来说，已经很不错了。第二学期依照惯例还是中午半小时的教学，不同的是已不再是我一个人教他，而是全班总动员了。班上同学轮流教他学生字，人人都是他的小老师。同学们很自觉，轮到自己教时都很认真。两年过去了，一年级课本上的字，他已经全部认识了。虽然离目标还差得很远，但是只要不断努力，就会离目标越来越近。

小男孩今年上五年级了，出乎我意料的是，上语文课时他竟然动笔做笔记了。对于他来说，只能依葫芦画瓢，自己也不知道写什么，因为太多的字不认识，但最起码可以证明他正在努力。看着他在学习上态度的变化，我觉得之前做的一切都是值得的。

陶行知主张"生活即教育"，"教学做合一"，"手脑并用，教育同生产劳动相结合"。确实，像他这种学习有障碍的孩子，需要更多的关爱。每次学校组织实践劳动课，他总是不怕脏不怕累。每次值日，他把教室打扫得干干净净，桌椅摆放得整整齐齐。我经常在班上表扬他，要求其他同学向他学习，他还当选了班级劳动委员，这使他变得自信了。

这学期开学不久，他在操场上捡到十元钱交给校长，还得到校长的表扬呢！这样的孩子，是能用学习成绩去评价的吗？

教育是什么？当代儿童作家秦文君认为，教育是一扇门，推开它，满是阳光和鲜花，它能给孩子带来自信和快乐。德国哲学家雅思贝尔斯认为，教育是人的灵魂的教育，而非理性知识和认识的堆积。所以，教育并不是仅仅教给孩子知识，更重要的是关注他们的快乐成长。

　　天空中光芒四射的太阳只有一个，而星星却不计其数，它们照样能熠熠生辉。大千世界，"天之骄子"少之又少，更多的都是普普通通的我们。只要心向阳光，热爱生活，勤劳善良，每一个孩子同样能活出精彩。

信任是教师与幼儿沟通的桥梁

祁门县雷湖中心学校　胡　艳

马卡连柯认为："尊重人、信任人是教育人的前提，只有尊重和信任孩子，才会采取合理的教育措施，才会取得良好的教育效果。"

作为幼儿成长第一阶段的领路人，我们首先要给予幼儿足够的信任。如果我们不相信幼儿在未来会成为一个优秀的人，我们就会伤害他们的身心，给他们的童年带来阴霾，给他们的人生埋下阴暗的种子。去年的一次午休中，小朋友跟我的一次对话，让我真正认识到了教师和幼儿之间需要相互信任。那天，午休前，小朋友们挨个上完厕所，我提醒小朋友们要盖好被子，避免感冒。话刚说完，鑫鑫小朋友就走到我的身边。我蹲下去，问她有什么事。只见她从口袋里掏出几颗闪闪的塑料制品，说："老师，我这里有几颗漂亮的公主宝石，放在你这里吧。"因为日常我们都会反复强调，小朋友要把自己身上的玩具、珠子等一些细小、危险的东西交给老师保管，以防误入口腔，或者被其他小朋友捡到塞进耳朵、鼻子里。可是换个角度想，这几粒被她称为"公主宝石"的珠子对她来说是很"贵重"的东西，完全可以放在口袋里藏起来自己保管。但是因为她信任我，也知道老师之前说过不能将一些细小的物品带到学校来，所以她才没有藏起来而是交给了我。我问她这些"公主宝石"哪来的，她指了指鞋子说："是鞋子上掉下来的。"于是我说："好的，你放到我这吧，我一定给你保管着，放学的时候再还给你。"当着她的面，我小心翼翼地将她的"公主宝石"放进了我的口袋里。

这是一件很平常的事情，但孩子的这个举动感动了我。她愿意把自己心爱的东西交付给我，那是对我的信任。作为教师，要珍惜孩子对我们的这份信任。在刚进入幼儿园的孩子们的眼中，老师就是他们的依靠。我们必须给予他们足够的关爱，让他们有安全感，让他们信任我们，愿意和我们交流沟通，这样才能建立平等和谐的师生关系。平时小朋友口袋中的珠子、纽扣等一些有潜在危险的小东西，老师要暂时替他们保管，保管的时候要告诉他们这些有潜在危险的小东西以后不许带进幼儿园，这一次东西就先放老师这儿，放学的时候再让你们带回家。教师也要说到做到，一是能够在孩子们面前树立威信，二是有利于培养孩子们对老师的信任。

在《教师，要爱护幼儿对你的信任》一书中，苏霍姆林斯基告诉我们，要像爱护最宝贵的财富一样爱护幼儿对你的信任。信任就像一朵娇嫩的花儿，它是很容易被摧残、被晒枯的。儿童信任你，因为你是教师，是他们的榜样。我相信只要我们真诚地去尊重每个孩子，我们一定可以赢得他们的信任，成为他们最好的朋友。

什么样的语文课才有趣

祁门县平里中心学校　高冬祁

陶行知先生曾说过："与其把学生当天津鸭儿添入一些零碎知识，不如给他们几把锁匙，使他们可以自动去开发文化的金库和宇宙之宝藏。"先生的这段表述，与我们今天所提倡的"以生为本"的教育理念不约而同，也为我解决"什么样的语文课才有趣"这个困惑提供了很好的思路。

首先，有生本的课堂才有趣。

生本教学，有的教师看似也是这么做的，课堂上有自主学习、小组交流，可是学生自主学习还不到几分钟，小组交流才刚刚开始，成员还没有发言完毕，教师就拍手示意停下，接着开始提问，点几个人回答，然后给出自己的答案。这是一种蜻蜓点水式的自主、合作学习，本质上还是"以师为本"。所以，教师要学会等待，并鼓励学生表达自己的想法，这样才能让学生真正成为课堂的主人。

课堂上，学生回答得不够精彩，教师等不及，就抛出自己所谓"精彩"的答案。有的时候，学生的回答是教师事先没有预料到的，于是教师竭尽全力把学生拉回自己预设的答案里，或者干脆敷衍了事，更有甚者不予理睬或是直接否定。最后课堂看似顺风顺水，然而学生的个性化学习并没有得到真正的落实，这显然与当今新课程理念是背道而驰的。其实，教师要舍得放下自己的表演、放下自己的预设、放下自己的精彩，把课堂还给学生，让学生去发现文本的秘密，同时为学生的发现而鼓掌，把学生在课堂上的创造当成宝贵的财富。这样的"以生为本"的课堂才有趣。

其次，有情境的课堂才有趣。

语文源于生活，教师可凭借语文与生活的密切联系，创设情境，将教学活动置于真实的生活场景之中。比如，我在教学《落花生》这篇课文时，就从地里挖了一把花生带到课堂上，让学生观察花生的形状、色泽等；然后又拿出苹果、石榴，让学生观察它们与花生有哪些不同点。学生通过自己的观察，很快能说出它们的不同，再结合文本，体会到作者运用对比手法，突出花生的默默无闻、朴实无华。再如，我在教学《地震中的父与子》一课时，先让学生观看电影《唐山大地震》片段，然后用一组真实的数据列出汶川大地震所带来的巨大伤亡，让学生真切地感受到地震带来的危害。在这样的情境下走进文本，去体会在突如其来的灾难面前，父爱所迸发出的巨大力量，信赖所创造出的伟大奇迹。

最后，融入社会实践的课堂才有趣。

陶行知先生极其重视让学生参加社会实践，他提出"行是知之始，知是行之成"的口号，并将"知行"之名改为"行知"。语文教学就应该开展多种多样的社会实践活动，让学生走出课本，走进生活。

比如，在教学综合性学习活动"有趣的汉字"时，我先让学生自由组成学习小组，制订活动计划，围绕"汉字的有趣"开展以下活动：搜集或编写字谜，开展猜字谜比赛；搜集体现汉字谐音特点的歇后语、古诗、对联、笑话等；搜集有关汉字来历或演变的资料。学生对这样的学习方式表现出浓厚的兴趣，他们分工合作，利用网络、图书馆等资源，搜集了很多资料，并进行汇总，最后采用手抄报、办展览等形式展示学习成果。整个过程，学生不仅学习了知识，更懂得了怎样从生活中获取知识、怎样与他人合作。

在日常教学中，我除了带领学生通过文本感受语言表达的艺术外，也会引导学生从生活中，发现、积累并学习运用语言，有针对性地开展一些语文实践活动。如，搜集富有情趣的广告语、提示语，并试着自己写一写，或是搜集相声并和同学试着演一演。除此之外，我还结合口语交际板块，创设情境，让学生选择一些场景进行表演，让学生学以致用，学习用得体的语言进行表达。通过生活实践来教学，学生获得更多的生活能力，这才是真正的"生活即教育"。

爱是最好的教育

祁门县祁山小学　汪海琴

这是发生在五年前的一件事情。班上有个胖胖的小男孩，憨厚可爱。有一次考完试，我利用上午两节课评讲了试卷，中午作业就是在试卷订正本上订正错题。下午，我发现他的订正本一字未动，着实恼火，喊他来询问原因，他只是睁大双眼看着我，一句话也不说。

以他的能力，这次不应该考出这个成绩。虽说试卷有点难，但是他考八十多分是绝无问题的，可他作文几乎没写，这一题就扣了他二十分。上午，我是用投影仪逐题评讲的，还用红笔写下答案。看他的试卷，错题还是错题，空题还是空题，原封未动，真不知那两节课他干什么去了。这孩子平时憨憨的，有点磨叽，也有点小懒，但不至于如此明目张胆跟老师对着干。我心里寻思着，莫非他家里发生什么事了？于是，我给他妈妈打了电话。他妈妈说，家里一切很好，只是拿这小家伙没辙。中午，他妈妈看到我在群里发的信息，才知道考试了，找他要了很久才看到试卷，叫他去书房订正试卷，还是一字未写。在家里，他妈妈说什么他都不听，甚至扬言要去跳楼。我听了，心里"咯噔"一下，十岁的孩子，怎会有如此想法！

挂断电话，我深吸一口气，决定要和孩子好好聊聊。在和孩子的聊天过程中，得知他心里一直有一个疙瘩——他总认为，父母偏爱妹妹。好吃的先给妹妹，买东西也是先照顾妹妹，他总是那个"挨批"的对象。他流着眼泪说，在外地上班的爸爸每周和妈妈视频时，总是跟妹妹聊天，从来都不关心他。每天，一回到家，妈妈就是要他读英语背英语，他没有一点自己的时间。因为自己成绩不是很好，爸爸妈妈总是批评他。他向我罗列了父母的许多"罪状"，他甚至怀疑自己是不是爸妈生的。我让他说说妈妈的好处，他寻思良久，却一条也说不出来。

很显然，这是一个缺爱的孩子。他的父母在添了女儿后，忽视了他的情感需求。他看似憨憨的，实则敏感，内心情感丰富，每次进行课文延伸时，他总能准确捕捉到主人公内心深处的想法，他的回答总是让人耳目一新。他妹妹三岁多了，他是否就在这样的环境里生活了三年多？在渴盼父母的关爱中生活了三年多？这让我心疼不已。

为了抚慰孩子受伤的心灵，我蹲下身子抱着泪流满面的他，轻轻告诉他："心里有委屈想不通时，可以到我这来倾诉。"并告诉他："妹妹年幼更需要父母和哥哥的爱，你是男孩子，要有勇气和担当，父母永远都是最爱你的人。"在孩子内心稍微平静一些之后，我再次打电话给他妈妈，把他的情况委婉地告诉了她，同时告诉她有了妹妹千万不能冷淡了哥哥，每一个孩子都渴望父母的爱！他妈妈也意识到了自己的疏忽，说要好好跟儿子谈谈，要改变自己的一些做法。

此后的三年，我经常和他妈妈聊聊他在家、在校的表现，并有针对性地提一些教育的建议和方法。后来，这个孩子一直乐观向上，学习认真，小升初时还考进了"智慧班"。

这件事让我明白了，爱才是最好的教育。爱是一种伟大的力量，没有爱就没有教育。教师要在每天的教学工作中，留意每一个孩子，关注他们的反常之处，找到问题的症结，并及时解决，让每一个孩子快乐健康地成长。与此同时，家庭与学校的联系与合作，对孩子的成长也至关重要。

一次旅程，一次成长

祁门县安凌中心学校　刘雪香

第一次当班主任就中途接手了小学高年级，而且还是个被认为是"最难带"的班级。当接到学校通知时，说实话，我心里是在打退堂鼓的。因为之前带过这个班的小学科，还见过班里学生跟班主任起冲突的样子，也见过其他同事说起班里学生时头疼的样子。毕竟我没有任何当班主任的经验，真担心自己管不了这帮"皮孩子"，但不管心里是如何想的，我最终还是接下了这个班。既是班主任又是数学老师，从五年级带到六年级毕业，这群"皮孩子"成了我教师生涯中的第一届毕业生。回首这不短不长的两年时光，它是一次我和学生共同成长的幸福的"旅程"。

还记得我以班主任的身份与他们第一次见面时，他们热情洋溢的笑脸，他们一声声的"老师好"，我想这就是他们给我的最大善意吧。那时，我就在想，如何才能不辜负他们的这份善意，让这份善意一直保持下去。直到有同学问："老师，你会带我们到毕业吗？""会不会又是带一年就不带了？"这时我才知道，其实他们也很忐忑，多次换班主任的经历让他们内心充满纠结。于是我说："你们想我带你们到毕业吗？如果你们想，那么我非常愿意陪你们到毕业。"听我这样说，他们立马就欢呼起来了。

事后我就在想该如何去对待这帮"敏感"的孩子。记得陶行知先生曾说过："爱是一种伟大的力量，没有爱就没有教育，真教育是一种心心相印的活动，唯独从心里发出来的，才能打动心灵的深处。"这帮孩子现在需要的是老师的真爱和关心，更需要的是尊重。第一次班干部评选，我就把选择权交给了他们，大到班长，小到组长，有学生问："老师，他在我们班上是最调皮的、最不爱学习的，为什么您都会同意他当选呢？"我就回答："如果他这不行，那也不行，为什么还有那么多人选他呢？既然是你们选的，那就证明他身上有让你们觉得值得的东西，所以老师为什么要反对呢?"其实，与其说相信他们，不如说我相信自己的判断。尊重是相互的，信任也是。在随后与他们相处的日子里，我始终不断提醒自己，要以平等、尊重的态度去对人待事，想办法让自己融入他们，信任他们，成为他们的朋友。因为我坚信，只有真正成为学生能"交心"的朋友，才能知晓他们内心真实的想法，从而更好地去组织教育教学，更好地陪同他们一起成长。事实证明，以平等、尊重的态度为基础所构建的和谐师生关系才是一个班集体能走得更远的基础。

跟他们相处久了，我才发现，只要从心出发，用对方法，他们其实并不"难带"。班上有个刘同学，看着很机灵，就是不自律，上课喜欢动来动去。他的作业时常需要三催四请才能见到，而且那龙飞凤舞的字迹让我头痛，但细看又都是对的。为这事，我多次找他谈话，他每次都保证得好好的，但下一次保准会忘。直到后来的一次考试，不太听课的他竟然考出了90多分的成绩，把我惊到了，甚至把他也惊到了。过后我将他叫到办公室，问他怎么做到的。他说:"我自己都没想到能考这么多分，我在四年级时数学考试成绩都是不及格的，不过您上的课我都能听懂，卷子上的题就能写出来了。"我就问了:"那为什么四年级考不及格呢? 照理说五年级的内容更难点呀!"他想了想说:"或许是因为之前的老师动不动就罚我，我不想学习，就懒得听了，而您不是一味地批评、惩罚我，而是跟我做朋友，但我还是不喜欢写作业。"我说:"之前的老师批评你也是为你好，只不过每一个老师的教育方式不一样，而你刚好喜欢我这种，但是你得学会适应他人，而不是让别人来适应你。作业可以不写，但是要保证，作业中的题我抽查任何一题你都要会。"从这之后他反而每次都交作业了，只是作业中完成的是他觉得有挑战性的、有难度的，基础题还是做得少。课堂上他也认真很多，不再跟同学交头接耳，不再无精打采，有时还能等来他问问题。

刘同学的变化也引发了我的思考，没有爱就没有教育，我相信刘同学之前所遇到的老师对他的批评一定是出于爱和关心。师者仁心，我们倡导爱和关心的同时，却常常忽略了更重要的"尊重"。要说爱，孩子的父母应该说是这个世界最爱他们的人。以"爱"为名的责罚，缺少的不是爱，而是生命对生命的尊重。我想作为老师也需要换位思考，站在学生的立场想问题，要有仁心、爱心，更需要一颗智慧之心去找到"病症"的根源。

为期两年的"旅程"，说长不长，说短不短。毕业典礼那天，他们偷偷地抹眼泪。翻看他们留给我的贺卡，我泪目了。我想，这两年的时光无论对我还是对他们都是幸福的。一次旅程就是一次成长，希望在往后的旅程中，他们能成长得更快，收获得更多。这或许就是当老师的幸福吧！

生活是作文教学的源头

祁门县阊江小学　汪凌丽

　　"教学做合一""生活即教育""社会即学校"是陶行知先生的三大主张，也是陶行知先生教育思想的精华，至今依然适用。教育来源于生活，服务于生活，没有了生活这股活水，教育便会失去活力。

　　作文教学一直是语文教学的重点，也是难点。很多孩子写作时，常常不知道写什么，迟迟下不了笔。为了应付老师，有些学生只好生搬硬套，作文内容空洞，缺少真情实感。巧妇难为无米之炊，对此教师也只能是干着急，因为写作技巧教师可以传授，但写作素材的积累与感悟只能靠学生自己完成。与此同时，有些老师评判学生文章的标准也只停留在文章立意与结构布局是否明确合理上，并没有考虑学生的习作是否抒发了真情实感。凡此种种，均显示了我们今天的写作教学出现了与"生活"脱钩的情况。

　　《全日制义务教育语文课程标准（实验稿）》明确要求："写作教学应贴近学生实际，让学生易于动笔，乐于表达，应引导学生关注现实，热爱生活，表达真情实感。"作文的背后是生活。要学生在作文中能表达真情实感，必须让学生走出教室，走进生活，鼓励学生在生活中寻觅写作素材。叶圣陶先生说："作文这件事离不开生活，生活充实到什么程度，才会做成什么文字。"这句话精辟地论述了作文教学与生活的紧密联系。教师要引导学生在实践中感悟生活，把每一次劳动、每一回教训、每一次开怀、每一次观察都变成感悟生活的机会。让学生懂得在生活的体验与感悟中，有取之不尽的写作素材。教学生睁大发现美的眼睛，做生活的有心人。

　　在四年级的作文教学中，为了让学生掌握点面结合的写作方法，我带着学生来到操场，让学生观察课外活动时同学们在操场活动的画面，然后我采用点面结合的方法介绍自己看到的场景。先写操场上同学们分别在进行哪些体育活动，用上"有的……有的……"这样的句式介绍活动，然后重点描写其中一项活动，写清楚同学们的动作、表情以及心情。在这样的指导下，同学们写得有模有样。例如："下课铃响了，同学们一窝蜂似地拥到了操场上。有的在老师的带领下练习爬竿，一个个就像灵巧的猴子；有的在打篮球，有的在踢足球……但最引人注目的还是那些踢毽子的同学。只见踢毽子的同学一脸严肃，神情紧张，两只眼睛睁得大大的，目不转睛地盯着眼前的毽子。脚当然是最忙的了，两只手则非常自然地下垂，好像是闲着，但其实是在维持身体平衡。当然，除了踢毽子的人，在一旁观看的同学也不少。只见他们一个个目不转睛，都注视着那只上下翻飞的毽子，感觉观众比踢毽子的同学更加紧张。上下翻飞的毽子似乎成了魔法棒，让在场的每个人的每个细胞都充满了活力！啊，多么欢腾、热闹的操场呀！"

正如陶行知先生所说："我们要以生活为中心的教学做指导。"写作能力要想提高，必然是要多写才行。如果教师能将作文教学与学生生活充分联系起来，引导学生做到言之有序、言之有物，那么学生能写出生动有趣、有真情实感的作文也就不会是纸上谈兵的事了。

实践出真知，教育更鲜活
——学陶研陶，读陈鹤琴《活教育》有感

祁门县柏溪中心学校　程　琢

医者治百病，师者育桃李。工作不同，事业不同，生命也会有不同的光彩。在"学陶师陶研陶做陶"学习活动中，我拜读了陈鹤琴先生的著作《活教育》。他的教育理念我牢记在心中，并且多次尝试运用在平时的实践教学里。

很多时候老师的集教活动都是自己在说，幼儿只负责接收。这样的教学可能对老师来说是高效的，但是对孩子来说是枯燥的。陈鹤琴先生却强调孩子的"做"，就是让孩子自己操作，多去亲身经历，这样更能加深孩子对知识的理解和印象。就像这次新型冠状病毒流行期，班上的孩子会对口罩、核酸检测感兴趣，甚至还会开展类似的角色游戏，这就是生活中所经历过的体验的泛化。他们把经历带入平时的生活，才能让他们有自己的认知，远远比老师只在课堂上讲述好。没有亲身经历，印象就不深刻；不去动手操作，就永远学不会。

我作为一名幼儿教师，对于孩子在生活中养成规则意识或者塑造品格也是很重视的，但是也让人很苦恼，到底如何才能让幼儿知道该怎么做呢？陈鹤琴先生的教育观念深深吸引了我：积极的暗示胜于消极的命令。为了抓好班级常规，我设计了奖励墙，拟定了表彰条文，如果在生活中有表现得很棒的小朋友，都会在奖励墙上体现出来，并赢得"兑换券"，最后他们会用"兑换券"换取到自己喜欢的小礼物。这样也激励了班上其他的小朋友，他们原本可能不清楚该怎么做，但是看见其他做得好的小朋友得到了表扬，就能主动地去改变自己的行为，这也是一种榜样的力量。不得不说，积极的暗示改善了孩子们的行为习惯，培养了孩子们的规则意识，促使孩

子们养成了良好习惯。

　　前段时间，我班许多小朋友都来说自己的水杯不见了，甚至有时候家长还来找老师反映孩子在校没有喝到水的情况，原因就是有的小朋友拿错杯子，将别人杯子放在自己位置上，等杯子的主人到自己的位置上拿水杯时就找不到了。一开始出现这种情况，我都会问谁拿错了杯子？没有小朋友站出来说自己拿错了，都害怕被批评（更多的是他自己根本就不知道拿错了）。我在想应该用什么方式来解决时，想起了陈鹤琴先生说的"积极的暗示胜于消极的命令"这句话。既然没法找到做这件事情的人，就可以让孩子做好自己的事情来杜绝这种情况发生。于是我在奖励墙上又加入新的表彰条文：拿对自己水杯的小朋友表扬一次。这时小朋友们拿杯子时就会多留意一下自己是否拿错，拿对了也会主动寻求老师确认。这样过了一个多星期的时间，班上的水杯再也没有出现拿错的情况。水杯的问题虽然过程很曲折，最后终究完美解决了。

　　在"学陶师陶研陶做陶"活动中，我学习了陈鹤琴先生的教育理念。在之后的工作中面对问题时，我会换一下思路，结合"活教育"理念，在实践中更好更快地找到正确方法，让教育变得更加鲜活、更加生动。

读陶行知，做创新人

祁门二中教育集团凫峰中学　吴媛媛

谈起陶行知，我总会想起我的大学生活。穿梭在大学校园里，总有一种先生就在身边的感觉：他的名言警句、他的雕像、以他的教育思想命名的小路，每天都伴着我们一起学习和生活。还有每年的"行知学堂"暑期社会实践活动也让我记忆犹新。众所周知，陶行知是伟大的人民教育家、思想家、民主主义战士、爱国者，但是我更觉得他是一位教育创新家。

一、四颗糖的故事

若你是一名校长，有一天，你发现有一名男生用泥块砸自己班上的学生，你会怎么做？会奖励他糖果吗？可能有些人会觉得不可思议，但是陶行知先生却奖励了这个男孩四颗糖。第一颗糖奖励他遵守约定，准时到达校长室；第二颗糖奖励他听了校长的劝阻，及时住手；第三颗糖奖励他维护被欺负的女同学，为人正直；第四颗糖奖励他及时认错，知错就改。一般人很难想象，为什么一个做错事的小孩竟然还能得到老师奖励的四颗糖，可也正因为这四颗糖，让那位学生哭着承认了自己的错误，真心诚意地想要改过，可见陶行知教育孩子有自己独特的方法。面对犯错误的孩子，他并没有体罚孩子，而是以他自己独特的、创新的教育方法来引导学生发自内心地悔过。这也让我想到了前不久经历的一件事情：有一天我发现杨同学没有及时晨扫，一问同学，得知他在补英语作业，当时我火冒三丈，直接对着杨同学一顿批评，即使他很委屈地看着我，我也无动于衷。后来通过了解才知道，原来不是杨同学值日，他莫名其妙挨了一顿批评。现在想起这件事，我非常懊悔，教育学生时应该创新教育方式，不应该一味地训斥、苛责，而应该心平气和，换位思考，了解真相。

二、陶行知喂鸡

有一次，陶行知先生在武汉大学演讲。走上讲台，他不慌不忙地从箱子里拿出一只大公鸡，台下的听众全愣住了，不知陶行知先生要干什么。陶先生又掏出一把米放在桌子上，然后按住公鸡的头，强迫它吃米，可是公鸡只叫不吃，他又掰开公鸡的嘴，把米硬往鸡的嘴里塞，公鸡拼命挣扎，还是不肯吃。于是陶先生松开手，把公鸡放在桌子上，自己退后，只见公鸡就自己吃了起来。其实不难看出，这种不顾学生感受硬往学生脑子里塞知识的行为是很不适用的。回想起自己刚当老师时，我感觉自己有很多时候都是在逼着学生学习。有时候为了提高学生的成绩，我会取消他们的体育课，会让他们在午休的时候去我办公室写作业，或者直接向副科老师要课来讲作业。但是后来我发现，这样的方式其实根本没什么效果，最后的结局也无非是自我感动罢了。满堂灌的教育就像陶先生"喂鸡"，强迫学生去学习，把知识硬灌输给他们，即使学了也是"食而不化"，但是如果给学生时间，让他们自由地去学习，充分发挥其主观能动性，那效果一定会好得多。

三、五大解放

陶行知先生曾在《创造的儿童教育》一文中指出："解放学生的头脑，使他们思想；解放学生的双手，使他们能干；解放学生的嘴巴，使他们能问；解放学生的空间，使他们能到大自然大社会里增加知识和开阔眼界，获得丰富的学问；解放学生的时间，使他们有时间学一点他们渴望要学的知识，干一点他们高兴干的事情。"相信大家对这段文字都不陌生，这便是陶行知先生著名的"五大解放"思想。不论何时，做一名学生都不是一件容易的事，上课时，老师要求我们不准动，不准讲话；下课后，父母要求我们把作业一字不落地写完；周末，我们又得去上自己不感兴趣的辅导班。

最近，教育部为了减轻学生的学习压力，促进学生的全面发展，出台了"双减"政策，倡导学校进行"课后服务"并开始注重"思政课教育"和"劳动教育"。把教育部出台的这些新政策和陶行知的"五大解放"思想对照一下，其实不难发现，它们是有许多共同之处的。其实这也更充分说明了，陶先生的思想是前卫的，他的思想是具有创造性的，他的思想是经得起时间检验的。

　　陶行知先生的创新思想还有很多，我所知道的也只是冰山一角。在今后的日子里我将更深刻地去读陶行知，做教育创新人！

教育从心开始

祁门县幼儿园　权佳媛

陶行知先生认为幼儿教育的内容应贴近幼儿生活实际，从幼儿身边就近取材，课程内容应全面。因此，在选择教育内容时，我们就以幼儿的社会生活为基石，抓住幼儿身边的事和物来组织活动，从而体现陶行知理论中的"生活即教育"思想。

一次孩子们户外活动时，我发现地上有一张废纸，于是弯腰捡了起来。这时一个孩子看到了问我："权老师，你为什么把纸捡起来啊？"我故意大声说："因为垃圾会影响校园的美观啊！如果不把废纸捡起来，幼儿园多脏啊！小朋友要爱护自己的校园呀！"这之后，我发现孩子们主动弯腰捡垃圾，便及时给予表扬。孩子们在平时的观察中学会了维持周围环境的整洁，可见随机教育的重要性。

还有一次，我整理好孩子们的作业正准备组织户外活动时，忽然几个孩子跑过来大声嚷嚷："不好了，不好了，权老师，有人在砍树……"我忙朝外望去，只见一群孩子正围着两个修剪树枝的工人。我立刻放下手中的玩具，来到孩子们中间，孩子们看见我就七嘴八舌地嚷了起来："老师，他们在破坏树木……""老师，他们是坏人，我们赶快叫警察叔叔来抓他们……"胆大的乐乐则一把抓住一位工人师傅的衣角大声质问："老师说要爱护树木，你们为什么要砍树？"弄得两位师傅哭笑不得。看着孩子们气愤的表情，望着两位师傅尴尬的样子，我忽然灵机一动：不如借机请师傅给孩子们讲讲为什么要修剪树木，这样既化解了孩子们与师傅间的矛盾，又增长了孩子们的知识。于是，我大声说："小朋友们请安静，工人叔叔修剪树枝是为了让树长得更好。"我话音未落，孩子们都用奇怪的眼光看着我，我微笑着说："现在我们欢迎工人师傅给我们讲讲为什么要修剪树木。"

工人师傅从修剪树木的作用讲到常绿树和落叶树的修剪时间，小朋友们一个个瞪大眼睛听得津津有味。不知什么时候，乐乐紧紧抓住工人师傅衣角的手已经松开了。此时一个关于园林美化的科学活动正在我的脑海里构建……

有一天午饭后，我和孩子们外出散步，天天小朋友透过院墙看见校外焚烧树叶的烟，便大叫起来："着火了，权老师！"我弯下腰问他："你怎么知道着火了？"我们的交谈吸引了其他孩子的注意，有的孩子呈现紧张的表情，有的孩子忽然大叫（这说明他们已有初步的自我保护意识）。我灵机一动，这不就是一次很好的进行安全教育的机会吗？我立刻蹲下来问孩子们："如果着火了，我们该怎么办？"有的说找消防叔叔，有的说打110，有的说……

这件事告诉我们：第一，平常的安全教育是有效的；第二，安全教育联系实际不够，需要在随机教育中加以强化。我便带领孩子们仔细观察火源，他们看到枯叶还在燃烧并冒出大量的烟，提出了很多问题，例如：烧后黑黑的地方怎么办？周围的草还漂不漂亮？柔软不柔软？我在随机教育中引导他们明白随意玩火的危害。

幼儿的思维是感性的、形象的，幼儿又是具有很大自我发展潜力的个体。对幼儿来说，对感兴趣的东西他们会学得积极主动，是最有效的学习。在幼儿丰富多彩的一日活动中，处处都隐藏着知识和道理。我们要树立"时时处处有教育"的观念，善于捕捉生活中的教育契机，有效组织各项活动。

正如陶行知先生所说："全部的课程包括全部的生活，一切课程都是生活，一切生活都是课程。"用陶行知先生"生活即教育"思想和新课程理念指导教学实践，不仅可以克服传统教学中只注重知识传授的弊端，还可以激发学生参与学习的主动性。我们立足本真，从心开始，教会学生热爱生活，创造生活，从而真正把以创新精神与实践能力为核心的素质教育落到实处。

让爱心、耐心、恒心伴你成长

祁门县祁山小学　谢青青

2018年9月，我来到祁山小学担任一年级七班的班主任。开学报名那天，孩子们穿得美美的，背着新书包，脸上洋溢着灿烂的笑容。遇到幼儿园的老同学，那就更加兴奋了，一张小嘴叽叽喳喳地说个没完。在教室一角，有个小男生，他一会看看这，一会望望那，独自憨笑着。他时而站起来跳一跳，时而高兴得双手直拍桌子，给我留下了深刻的印象。在后续的相处中，我得知他患有语言障碍，从不与人交流，坐不到三分钟就站起来跳一跳或者直接离开座位走出教室，要么就是"啊啊啊"地大叫，要么就是拍桌子或者打自己的头，根本静不下来，别说遵守课堂秩序认真听课了。

从教以来第一次接触这类学生，这样下去可不行呀，既不利于班级的教学，更不利于他的健康成长。特别的他，要给予特别的爱，让他感受到集体的温暖。

一、用爱心、耐心包容特殊

世界上没有两片完全相同的叶子，学生亦是如此。由于遗传、环境、生活习惯等因素的影响，在学生身上存在很多差异。我们应该承认差异，尊重差异，在教育教学过程中要讲究方法，要善于抓住孩子的闪光点，要因材施教。作为教师应当给予他们更多的教育引导和关爱，最大限度地理解、宽容、善待每一位学生。一、二年级时，我带着他一起做些简单的数学小游戏，如开火车、比大小等。每当轮到他时，我放慢速度，耐心地等待他数手指，只要他开口说话就及时给予鼓励并认真倾听。但到了中高年级，教学的内容越来越多。起初我还是希望他能参与课堂学习，一次次尝试，一次次失败。这时四十分钟的课堂时间对他来说是非常枯燥乏味的，他也容易急躁，不愿坐在座位上。我平常观察到他喜欢涂涂画画，跟他妈妈商量后，让他在临摹本写写字，以及给美术本上的小动物们上上色，他还挺喜欢的。课下，我带着学生跟他一起玩耍，在操场上跑一跑、跳一跳。

二、用集体的力量融化特殊

教育不只是给孩子们传授知识，还需要带领孩子们走进集体生活，去感受集体的力量以及温暖。秋游、春游，与他共享美食，一起捡落叶拼成画，一起做老鹰捉小鸡的游戏，每次出行都能看到他开心的笑脸。研学也少不了他，四年级我们去体验了微景观造园，一起搭建我们的庭院。今年我们一起参观了行知纪念馆，认真观看了一幅幅照片、一张张图片，领略伟大的教育家陶行知先生"捧着一颗心来，不带半根草去"的献身于教育事业的执着奉献精神；还参观了徽州博物馆，带他感受徽文化的博大精深，欣赏徽文化的绚丽多彩。

三、用劳动记录美好

劳动可以活动我们的筋骨，让我们的身体更加健康；劳动可以磨砺我们的意志，让我们变得更加坚强；劳动能给我们带来丰盛的食物；劳动能为我们提供优美的环境，让我们的生活更加美好。平时我更加注重对他进行劳动教育，鼓励他参与劳动并教会他一些简单的劳动技能，如擦黑板、洗抹布、搬椅子等；教会他整理自己的东西，如整理抽屉以及自己的书包。我们一同去基地种菜，手把手教他刨土、撒种子、浇水。基地里传出了我们欢乐的笑声，在秋天的土地里收获快乐，收获知识，收获不一样的回忆。

时间过得很快，一晃五年过去了。他长高了，虽然他没有全部学会书本上的知识，但让我高兴的是：他结识了同学，还能叫出同学的名字，并且与同学团结友爱；他学会克制自己的情绪，能跟我们进行简单的交流。

有次我问他我是谁？他说："谢老师。"我问他喜欢谢老师不？他腼腆地说："喜欢。"

每个孩子都是一棵会开花的树，每个班级都会有"特殊"儿童，我们不仅要有爱心，还需要细心去发现，带着耐心和恒心去引导，这样才能让学生在爱心的陪伴下健康成长。

潜心浇灌，静待花开

祁门县安凌中心学校　李媛媛

　　每个孩子都是一粒种子，只是花期不同。有的花一开始就灿烂绽放，有的花则需要漫长的等待。不要看别人的花怒放了，自己的花还没动静就着急了，放弃了，或许你的种子永远不会开花，因为他是一棵参天大树。

　　读完这段话，我脑海里立马浮现出那个熟悉的面孔：小小的脸蛋上方顶着一副大大的眼镜，平常说话的声音也特别小，给人感觉十分温柔和乖巧，但看得出来她有些内敛和不自信。课堂上她十分认真，作业反馈也很不错，所以我感觉她的数学成绩应该会很不错，可是在批改完她的课后作业之后，我却蒙了，她的作业字迹不工整，答案和题目也对不上，出现了很多问题。于是，课间我便找她来询问，发现她的思维可能比其他学生慢一些，但也不至于作业出现那么多问题。我和其他任课老师沟通交流后，才知道她比较贪玩，如果没有人盯着，她就会用最快的时间写完作业，然后酣畅淋漓地玩一场。同时我还了解到，她父母长年在外面务工，她和姐姐同姑姑住一起。姑姑把她们的生活起居照顾得很好，却没有精力兼顾她们的学习，以至于回家的作业写得一塌糊涂。于是，我在课堂中开始更加关注她，提问她的次数也明显多了起来，但事实上并不是老师的期望高，提问的次数多，孩子的成长就能按照我的期望发展。第一单元小测验后，我才明白再不采取有针对性的措施，她就会掉队了。根据以往我的经验，一旦孩子掉了队，形成了习惯，高年级再去慢慢捡自己丢下的知识是十分困难的，我必须确保她不掉队。于是，我便在心里谋划如何对她因材施教。

一、课间谈心，严慈相济

她课后作业出现的问题比较多，于是，我便用课间紧抓她的作业，让她重新做一遍之前不过关的作业。这样一来，她心里也会明白，只有把该做的事情认真完成了才能有自主的时间，从而让她以后认真对待每一件事。此外，我还经常与她谈心，告诉她无论做得好与不好，只有认真对待，事情才能真正完成。我要的不是最好，而是她拿出百分之百的态度去对待每一件事。

二、放大亮点，褒奖相辅

每个阶段，我都会给她制定一个小目标，并关注她是否能达到目标。根据她的表现，我会给予她表扬和奖励。比如某一次作业，她的字迹工整，认真思考问题了，我就会抓住这样的机会，表扬她的态度以及她的点滴进步。此后，我发现她连续几次作业甚至十几次作业都进步很大。虽然偶尔会回到从前的样子，但教育学生不就是一个反复抓、抓反复的过程吗？每当反复之时，我会告诉自己，给自己一点信心，给她更多一点耐心，她已经在慢慢蜕变，相信不久的将来她一定会闪闪发光。

在我的一次次表扬和肯定之下，我发现她的性格也发生了很大的变化：比如以前课堂上从不举手的她，渐渐变得爱举手回答问题了；以前不太爱做作业的她，现在无论是课堂作业还是课后作业都能积极主动地完成了。当我看到她的脸上逐渐挂上了自信的笑容，我知道我精心培育的这朵花马上要开了。

三、耐心等待，静待花开

一个学期看起来漫长，实际却是短暂的。在忙忙碌碌中，在反反复复中，锲而不舍，我相信：她能看到我的决心，也能明白"糊差事"在我这是过不了关的，从而让她慢慢地改变自己。在教学过程中，我可以做的是：偶尔浇浇水，偶尔施施肥，时不时打打雷。我要让她知道我一直在关注她，相信不久之后，这颗种子会发芽。

通过这个案例，我深刻地体会到，教育犹如农业，犹如艺术，需要精心培育，慢慢琢磨。在这一过程中，我们需要拿出足够的信心、细心和耐心，找到学生身上的闪光点，开启学生的心门，给学生搭梯建桥，给学生足够成长的时间。我们只需耐心等待，静待花开。

生活即教育

祁门县阊江小学　李玉妹

近期，学校开展了"尊法学法守法用法"的启动仪式，希望同学们增强法律意识，自觉遵守学校的各项规章制度。活动结束，同学们有序排队回到教室。上楼梯时，我突然发觉身后一阵骚动，应该是有人插队或者推搡打闹。回到教室，我询问缘由，竟然没有人承认，直到我再次重申校规并打算去查看监控时，张同学才不服气地说他推人了。由此，我联想到，老师刚讲禁止带零食进校园，就有人在教室里吃零食；老师再三重申进入微机室不能玩游戏，学生却明知故犯；每天值日，也总有人找借口不参加……以上发生的事都迫使我去反思：我们的教育哪里出现了问题？我们到底怎样做才能取得好的教育效果？

处于迷茫中的我阅读了陶行知的《教育的真谛》。阅读的过程中，我想到了很多，也认识到学校教育要想取得好的效果就必须与家庭和社会形成合力。作为一名教育者和一位家长，在每次经历学校教育失败之后，我都会反观自己的家庭教育。

终于，我寻找到一剂良方——生活即教育。

家庭教育得注重规矩。"无规矩不成方圆"，3—6岁是家长给孩子立规矩的黄金时期。

我的女儿是一个脾胃虚弱的孩子，饭量小易挑食，我很担心她养成浪费粮食的习惯，所以一般让她自己盛饭，吃多少盛多少，不能浪费，浪费就得罚站五分钟或者背诵《锄禾》。一次她在姑婆家吃饭，姑婆不了解她的情况，饭盛多了，她吃得很慢，姑婆等着洗碗。我询问她为什么还没吃完，她说吃饱了，肚子都快撑破了，一边说一边做出夸张的动作。在外面我也不好批评她，同意她这次剩饭，但是必须惩罚。她选择罚站，但是不想被其他人看到，于是她站到冰箱的侧面，这样其他人就看不见她了。

女儿还是一个心细敏感的孩子。我因为产后抑郁，和公婆的关系不是很好，偶尔也会和他们吵架拌嘴，和娘家人的聊天中也会抱怨公婆。于是女儿很少表现出和爷爷奶奶亲近，被别人问及爷爷奶奶时也直言他们不好，不愿意去爷爷奶奶家玩。后来我自己也意识到这个问题，逢年过节必带礼物去看望公婆，并带上孩子去团聚。久而久之，不用自己在女儿面前说公婆的好，也不用教育她要尊重长辈，她自然而然地表现出与爷爷奶奶亲近，画的图画上除了爸爸妈妈，还有爷爷奶奶了。与爷爷奶奶分别时，也会主动说："您骑车慢点。"

坏生活即坏教育，好生活即好教育。父母的言行会影响孩子的成长，庆幸的是我认识到了这点并及时改正了。

此外，在女儿学习上，我也立了规矩：坚持做一件事。

女儿三岁以前，多是听睡前故事。三岁之后，就开始背古诗、认生字。有时候我自己工作忙起来就无暇管教，随便她玩。直到有一次我听到育儿专家说3—6岁是培养孩子阅读的黄金期，这时候需要大量识字，培养孩子自主阅读的习惯，错过了就难以补救。于是，我便和女儿一起定下学习的规矩——坚持阅读。从开始每天一首古诗，到现在每天一段《三字经》。刚开始坚持挺难的，上学期间，我和女儿的时间配不上。她晚上放学回来时，我要做饭做家务，有时候还得加班，所以晚上十点多别的小朋友上床睡觉了，她还在背古诗。老公看见了非常不理解，催促我们赶紧睡觉。这也提醒了我要培养孩子合理规划时间的好习惯。为了让女儿自觉坚持下去，我给她找了一个监督人——一个她喜欢的姐姐。两个人每天互相打卡监督，不知不觉中一百多首古诗背完了，《三字经》也快读完了，女儿认识了更多的字，开始读一些绘本故事。我们的坚持有了回报。

有计划的生活就是有计划的教育，同理，教师每日优雅得体的言行举止对规范学生日常行为而言，不就是最好的教育吗？

开学的第一天，我早早来到教室，开始洒水、拖地、消毒。同学们陆续来学校，站在走廊上看着。我没有说一句话，等打扫完之后，我终于有底气地说："我把一个干净整洁的教室还给你们了，希望你们能保持干净整洁。"我从不带水杯进教室，所以我有理由要求学生课堂上不喝水；我从不穿拖鞋进教室，所以学生也不能这样；我认真备好课走进课堂，所以学生也必须充分预习后再上课。

我希望越来越多的家长意识到生活教育的重要性，放弃那无休止的说教，用无声的语言激发孩子向上的动力。这样学校的教育才会事半功倍。

你是孩子们的光吗

祁门县安凌中心学校　刘寒菊

　　一次，陶行知应邀到某大学演讲。他走进教室，就把一只大公鸡往讲台上一放，抓起一把米让它啄食。可是，公鸡受到惊吓不肯吃。陶先生见它不吃，就强按鸡头"请"它吃，可公鸡拼命往后退，仍然不肯吃。陶先生干脆掰开公鸡的嘴使劲往里塞米，公鸡拼命挣扎，死也不肯吃。之后，陶先生松开手，后退数步。公鸡稍稍平静，徘徊一阵后，慢慢靠近米粒，继而悠悠地啄起米来。

　　这就是"公鸡吃米"的故事，乍一听，觉得很搞笑，去演讲还带一只鸡，让人摸不着头脑，仔细思量后却让我不得不反省自己。

故事一

　　我们班的李同学，生活在离异家庭，虽然判给母亲，但仍然跟着爷爷奶奶生活。由于户口问题，今年没能转到母亲那里读书，爷爷很开心，能看得出来，他还是很疼爱很舍不得这个小孙女的。

　　爷爷每天起早摸黑地接送，也会经常网购些小玩意来满足她。幼儿园没有作业，到了一年级，突增的学业压力，让她有点喘不过气来。拼音里的音节，经常拼着拼着，声母就变了。爷爷也很无奈，向我诉苦："老师，我实在是不会。"

　　她本来就不会，上课还不怎么听，所以我就有点着急，一边批评她，一边逼着她去记、去背，但效果却微乎其微。后来，我也反思自己的行为，知道强行灌输不是办法。我也就慢下来，亲自拍视频，一小节一小节地拍，再直接发到她爷爷手机上，让她爷爷盯着她去读。课堂上，以鼓励为主，夸她读得好，嗓门大，有感情等。渐渐地，感觉她有了一点变化，上课注意力开始慢慢集中了，甚至能主动举手回答问题了，最主要的是碰到不会的还能走进办公室问老师，虽然有时候是比较简单的问题，但是我还是很开心，因为我从她眼睛里看到了不一样的光。

小姑娘还是个特别有礼貌的孩子，并不会因为我批评她而记恨我，反而经常因为我夸奖她而开心。她早上看到我会说："老师早上好！"晚上放学了也会说："老师，再见！我回家咯！"从她的眼神里我看到了不一样的光，感觉自己似乎也成了她心中的一道光。

故事二

潘同学是典型的内向男孩，班上有一些孩子和他以前也是同学，就说："老师，他以前都是一个人玩。"有时候问他问题，半天不说话。我逼他开口，他就更不说话了，这让我很有挫败感。

后来和他奶奶聊天，才知道孩子生活在离异家庭中。妈妈在他很小的时候就离开了，爸爸再婚，又生了一个妹妹，他一直跟着奶奶生活，在家也只和奶奶有话说，爷爷一不顺心就打骂他。有一次，他晚上哭着和奶奶说："你们都不喜欢我，没人喜欢我，都喜欢妹妹。"奶奶和我说这话的时候，也是眼眶红红的。

从那以后，我对他有了新的认识，觉得他是一个特别缺爱的男生。他能感受到谁对他好，谁对他不好，而且也能和家人去表达这种心情，这说明他内心也特别渴望别人的关注和爱。我反思自己之前的行为，觉得自己做得不对。后来，在教学拼音时，我特意慢下来，等他。虽然课上他表现得没有那么好，但是课后拍的读书视频却给了我一个惊喜，他愿意去说就是一个很大的进步啊。渐渐地，我从他眼里看到了不一样的光，渴望关注和被爱的光。

班上有24名学生，我愿意成为一束光，来照亮他们前进的路。当然，成为光的过程中会有很多曲折和坎坷，但是只要能看见一点希望，我就愿意去成为那束光。

拨动学生心中那根独特的琴弦

祁门县阊江小学　许　源

故事一

在教学完《晓出净慈寺送林子方》这首诗后，还有些剩余时间，我该带孩子们做什么呢？我灵机一动，神秘地跟孩子们聊起天来："告诉你们一个秘密，今天我们学习的这首诗不仅仅是写西湖的美景，其实作者还有个目的，就是想劝好友林子方不要离开杭州。"孩子们都一脸愕然地看着我。他们这种愕然也是我所预料的，我得意地说："关于这首诗的这个秘密，如果老师没有看课外书的话，也跟你们一样不知道。你们想知道这首诗背后的故事吗？那你们就要像老师一样多看课本以外的书。"顿时孩子们蠢蠢欲动，迫不及待地想放学回家看课外书了。

一个爱阅读的老师，再加上巧妙的引导，势必能带领学生一起走进更深、更远的阅读世界。

故事二

刚刚结束四年级下册第三单元现代诗歌教学，我让孩子们以"我喜欢……"为题自由创作诗歌，并不做任何限定与指导。孩子们的作品千奇百怪，有的甚至就是简单事物的罗列：我喜欢苹果，我喜欢香蕉，我喜欢西瓜……看完孩子们的作品后，我没有急于评价，而是让他们欣赏歌曲《我喜欢》，并让孩子们和自己的作品进行比较。听了三遍之后，有的孩子就举手了："老师，我的诗歌需要改一下，没有用上修饰的词语。""老师，我的诗歌在内容上没有分类。""老师，我写的不叫诗。"一时间，教室里就像炸开了锅一样，众说纷纭，且说得都有道理。整堂课上，我只有导语，没有知识点的讲解，但孩子们都有了自己的思考，有了自我探究的动力、能力和积极性，从而有了独立获取知识的意识和进行探究的可能。

故事三

2022年，我和孩子们经历了有史以来最长的寒假。开学时，我还有些小小的激动。于是，我给每个孩子都准备了礼物。放学后，孩子们带着礼物兴奋地回家了。我以为故事就此结束了，没想到，小宇的爸爸第二天打电话告诉我："许老师，谢谢你给孩子准备的礼物。昨天孩子回家特别高兴地说，这次寒假因为自己太贪玩了，作业没有做完，老师还给了他礼物。昨晚我伸手拿他的礼物，他都不让碰。他把礼物放在书桌上，说这是我老师送给我的，原来许老师也爱我……"

我们常常把注意力放在班里最调皮的孩子或最优秀的孩子身上，给予他们轰轰烈烈式的爱和关注，而那些普通的孩子也值得我们"润物细无声"式的爱和关心。老师一个小小的举动，都是在给孩子传递一种内在的精神力量。当这种力量慢慢积累到一定程度的时候，孩子的情感世界终有一天会被打开。

故事很短，结局很多。著名教育学家苏霍姆林斯基说过："在每个孩子心中最隐秘的一角，都有一根独特的琴弦，拨动它就会发出特有的声响。"作为教师的我们最应该做的，就是能够拨动每个学生心中那根独特的琴弦。

静心学习，培养创造力

——读《教育的真谛》有感

祁门县阊江小学　陈奇玉

　　陶行知先生强调：行为知之始，知为行之成。教师可以指点学生的学习，但不能灌输，不能在上课的时候没完没了地唠叨，要培养学生勤思考的习惯。可是，在我们的课堂上，因为"赶"时间，为了完成一节课的教学任务，当有的学生慢慢地翻看书本时，教师忍不住会督促他们看快一点，有时还会不停地提问。但是教师这样做会打断学生的阅读思路，让他们无法沉浸在故事里，对故事的主题无法构建自己的认识，对故事的第一印象是很模糊的。

　　陶行知先生说过，培养孩子的创造力，把小孩子的头脑、双手、嘴、空间、时间都解放出来。如何"培养孩子的创造力"呢？我尝试改变自己的课堂。现以《小蜗牛》一课为例。

一、给予时间自主阅读

　　给予充分的学习时间很有必要。《小蜗牛》是一篇童话故事，通过对话描述可爱的小蜗牛和它慈爱的妈妈之间有趣的故事。我带领学生们阅读课文，初读阶段，先让学生自主阅读，我静静地守候在学生的身边，看他们翻阅课本，一幅图一幅图慢慢琢磨，倾听他们的自言自语。课本中鲜明的图画、丰富的内容吸引着学生。有的画面，学生会停留很长的时间，那或许正是他们发现了有趣的或感觉困惑的地方。

　　学生们看着书，有的看得很快，有的慢慢细品。在阅读过程中，他们都在尝试建立与书之间的联系，或是读出了故事的趣味性，或是发现了其中的秘密，或是联想到自己的日常生活，或是品出不同寻常的滋味……这些都是课本给予学生们的特有的精神营养。

二、多种方式畅读绘本

在学生自主阅读后，我尝试示范着诵读给学生听。

诵读《小蜗牛》时，我尽可能营造舒适的读书氛围，让学生们感受读书的魅力和快乐。我把控好自己的语速，让每一个美妙的词都能被学生们捕捉住，以此培养他们的倾听能力。我读得投入，学生们听得着迷，那些枯燥的文字像"苏醒"了过来似的，那些美词美句流进了学生们的心灵，既让他们有了身临其境的体验，又给他们带来了无比珍贵的精神滋润。看着他们清澈的眼眸中闪着光芒，我明白他们在品味、在思索、在感悟……我也由此了解到学生的所思所想，了解到他们小脑袋中的大世界，了解到他们在关注什么；慢慢地我们便能更深入地理解学生，理解在他们的世界中万物皆活泼可爱。

接着，引导学生们看图猜字，用加一加、换一换等方法认识本课生字。

之后，我让学生自由诵读。这些童话故事情节生动，句式相同，反复出现，便于低年级学生把握故事情节，学生们喜欢朗读。如文中蜗牛妈妈的语气亲切、温和，她说的三句话句式相同，是典型的童话语言。同样的，小蜗牛的话在课文中也出现了三次，三次的表达也有类似的语言特点。

> 蜗牛妈妈说："哦，已经是夏天了！快去摘几颗草莓回来。"
> 蜗牛妈妈说："哦，已经是秋天了！快去采几个蘑菇回来。"
> 蜗牛妈妈说："哦，已经是冬天了！你就待在家里过冬吧。"
> ……

学生们用心地一遍一遍读着这些趣味性的语言，兴趣盎然。

在朗读中，我还让学生想象自己是蜗牛妈妈或小蜗牛，分角色对话。在反复诵读中，帮助学生习得语言，发展思维。

三、尽情表达心中感受

对学生进行教育，知是先导，行是关键，没有行的知是不牢固的。给予了学生们充足的自主阅读时间之后，更要给予他们自由表达的机会，鼓励他们将自己所看到的，所想象的内容和画面大胆地用声音说出来。有趣的或者有疑问的地方，重点分享或者反复诵读。

我将文中的角色带到学生身边，让他们扮演小蜗牛和小蜗牛妈妈，为他们提供了开放性的想象与诠释的空间。学生随着小蜗牛一起走进文本，去想象经历的画面，或者还能引申出文本中没有提及的细节，反映出小蜗牛的特质与心境变化。引导学生分享这些细节，能够培养他们细腻的观察力、感受力，让他们尽情地享受解读图像语言的乐趣。

接着，让学生说一说"小树林里小树的变化"。之后，继续找出一年四季其他景物的变化。在一系列的阅读体验之后，学生们感受到小蜗牛眼中四季变化的同时，也尝试联系实际，说出自己眼中的四季。

阅读，是重要的能力，是浪漫的教养，是培养学生成才的最简单的方式。书是师生之间积极交流互动的媒介。"和易以思，可谓善喻矣。"课堂上，这样快乐的共处读书时光是幸福温暖的，相信学生们将会因为我们的陪伴而更加热爱阅读。

陶行知先生强调：好的先生不是教书，不是教学生，乃是教学生学。教学《小蜗牛》一课时，我注意开发学生的多种感官能力，利用不同方法引导他们去学习课本知识，锻炼学习能力，促进全面发展。如：识字时，引导他们注意听教师的范读，看图猜字，用加一加、换一换等方法识字。这样个性化的学习，让不同接受能力的学生都有所收获。给予充分的时间让学生自主阅读，可以借助图画，可以相互交流、讨论等。读一读、演一演也更让他们喜爱上阅读。多样化的学习方式，对不同的学习风格、不同的学习能力和学习偏好的孩子们给予同样的尊重和理解，在孩子们喜欢的方式中培养了他们的审美力、想象力和创造力。

如何尊重孩子的天性，激活潜能？如何让孩子喜欢上我的课堂？《教育的真谛》一书给予我启发，这是我该努力学习并为之付出行动的。这世上没有不劳而获，也没有碰巧的成功。认真对待，一点点改变，终有一天，每一份付出，都将绚烂成花。

"做上教"

——推动"后进生"成功逆袭

祁门县大坦学校　徐国飞

"徐老师，您好！我已与您相处了十几个星期了，在这些日子里，我发现了您两大缺点——一是喜欢摸头发，二是教育人的方法不对。您今天真不该这样对待亦凡……老师，您常常教育我们要有爱心，要互相关心，互相帮助，可是您怎么能每次在学生作业没完成时就打手；您的学生每次上课迟到，您就罚站一节课；您眼里的'丑小鸭'忽然一天考试得了个高分，作文水平突飞猛进，您就质疑其做人的品质……我知道您这是恨铁不成钢，但您的这种教育方法是不对的，您应该听听他们说说'犯错'的原因，有理由不打，没理由也不应该打，应该说道理给他们听，俗话说：'有理走遍天下'。我相信您会成为我们心中的好老师的。"

二十多年前，我带的一个初中学生——颖，曾给我写过这样一封信，我一直珍藏着。

那天中午，我到办公室坐下批改作业不久，颖跑了进来，将一张纸塞到我手上就迅速地离开了。"什么事，这么神秘？"我迫不及待地打开那张纸。等我一字不漏地看完，我开始后悔：今天犯了个大错，亦凡今天作业没完成，是因他这两天一直和家人在忙奶奶的丧事。我不问青红皂白就责罚了他，让他受了很大的委屈。明白自己因武断而犯了错，我情不自禁地又把这封信看了一遍。难怪学生常对我颇有微词，难怪自己在课堂上常是剃头挑子一头热，难怪自己煞费苦心的教育常收效甚微。简单、粗暴的教育方式，害人害己！我痛定思痛，决定改变。

班上的彪，老师们在哀其"不幸"（父亲遭车祸身亡，母亲弃子改嫁，爷爷奶奶年迈，家徒四壁）之余，更叹其"不争"（篮球场上骁勇机智、身手敏捷，可在学习上提不起一点兴趣）。

一天，我在引导学生学习法国作家都德写的《最后一课》，让学生一起朗读"我几乎还不会作文呢！我再也不能学法语了！难道这样就算了吗？我从前没好好学习……"这段话，体会小弗郎士自责、懊悔的心理时，彪却在桌底下用脚和前座的同学踢球，我脑门上的"火"一下点燃了，声色俱厉地勒令他俩站到教室外面去。前桌的学生站起来准备出去，瞟见彪坐在座位上纹丝不动，也就有样学样。见到这种情形，我刚举步上前，要拽彪出去，不料，彪竟立马拿起屁股下的板凳和我怒目相对。旁边的同学一见情况不妙，蓦地"哗啦"一声四散闪开，让出一块空地来。"这还了得，反了不成？"我气得欲上前将其制服，心中的一个声音在喊："冷静，冷静，怎么又不理智了？"我克制住自己的冲动，灵机一动说："既然不想出去，都还想听课，就坐下来好好听课。"班长听了，旋即上前夺过彪手上的板凳，劝其坐下。一切又回归平静，一场剑拔弩张、一触即发的"战争"暂时平息下来了。

下课后，我思忖良久，简单的批评与处罚无济于事，于是把课堂上不愉快的一幕反馈给了校政教处，希望政教处通过侧面引导，协助我做做彪的思想工作。政教处很重视我的反馈，在我离开后，便找来彪。当彪来到我跟前，向我赔不是时，我也诚恳地向他表达了自己作为老师做得不对的地方，希望他能谅解，并搬来凳子给他坐，同他进行面对面的交流。我们谈了周围师生对他的看法，家长对他的期望，肯定了他身上的优点，指出他的不足，道出老师们心中的疑惑：有良好的学习潜力，为什么不求上进？听着我语重心长的话语，他向我打开了心扉："我也想学，但静不下心来，对学习提不起兴趣。"我反问道："对打篮球，你有兴趣吗？"他说："那当然了。"我说："如果你球技不如人，你还乐此不疲吗？"他想了一会儿，摇了摇头。我接着说："你喜欢打篮球，是因为你在篮球上找到了成功的快乐。学习上又何尝不是如此？当你潜心于学习，通过努力取得一次又一次成功，那时你还会认为学习不是一件快乐之事吗？学习上的成功和如今在球场上的成功相比，哪个更会让你在同学和他人面前自豪？哪个更会让你拥有美好的未来？"他听了陷入沉思。这时，我看见他脚上穿着的不是往日那双与周围同学格格不入的绿色解放鞋，而是双大半新的白色运动鞋，便好奇地问："哟！新买的鞋子吗？挺好看的。"他脸上顿时显出一丝尴尬的神情："不是，是鹏借给我下午打篮球赛的。"我突然意识到自己是哪壶不开提哪壶，便想着如何转移话题，忽然心中冒出一个念头："如果你在期末考试中，语文能达到70分，老师奖励你一双新的运动鞋，你敢不敢接受挑战？"我盯着他问。他眼睛骤然有了光亮，看了我一会儿，见我非常真诚的样子，心似有所动，但没吭声。我激将道："是七尺男儿，会不敢应战吗？"他猛地抬起头来，双眼直视着我说："老师，你的话当真？"我见他心动，高兴地脱口而出："口说无凭，可以立字为据。"

这次谈话后，彪果真有所行动，早读起得早了，晚自习认真了，课堂上不再捣乱了，我欢喜之余愈加在"做上教"下功夫。听说班上超脚扭了，行走不便，彪替他从食堂里打水打饭，还为他倒洗脚水，我在彪交上来的作业本上写上表扬其助人为乐的评语；家访时，我得知彪孝敬长辈，体贴亲人，干活不怕苦、不怕累，我积极向学校推荐，表彰他为"优秀少年"；我发现彪的习作文笔不错，便积极地向报刊推荐，有发表出来的，将其晒在班级"学习园地"上供大家欣赏；当有老师在我面前夸奖彪的某些优异表现时，我有意在班上广而告之；批改作业时，即使彪书写不端正，对的不多，我也不再留下"作业马虎""态度不端正""正确率低"等刺眼的文字，而是圈出他写得好的字，并画上大拇指，写上"这题有一定难度，你竟然做对了，真聪明！"……中考成绩揭晓，彪是当年荣登县一中录取榜的学生之一。

彪从学校毕业后，仍与我保持联系，经常向我报告他的学习情况，分享他生活的快乐，诉说他的见闻感受，祝福我教师节快乐。后来，他被录取为国家公务员，彪在第一时间向我发来短信："徐老师，我考取公务员了……对于您来说，我只不过是您众多学子中的一个，而您却是让我发现自我价值的指引者和改变我人生观、世界观的启蒙者，可以说，没有您，就没有如今的我……"

得知彪的成功逆袭，我心中比饮了美酒还要美！

陶行知说："教学做是一件事，不是三件事。我们要在做上教，在做上学。不在做上用功夫，教固不成为教，学也不成为学。"

在教育实践中，我注重在"做上教"上下功夫：

一是争取更多的支持。师生矛盾上升到紧张阶段，学生处于"抗拒"状态，他人的支持在此时就能给予很大的帮助。

二是正人先正己。没有良好的师生关系，教育犹如逆水行舟。通过反省和诚恳的自我批评，化解对方的抗拒情绪，进而引导学生认识到自己的错误。陶行知说："真教育是心心相印的活动，唯独从心里发出来的，才能打动心灵的深处。"

三是实施激励教育。美国心理学家威廉·詹姆士说："人类本质中最殷切的需求，是渴望被肯定。"在教师有意识的激励下，学生的目标会越来越远大。

智慧引领教育，教育生成智慧

祁门县祁山小学　江筱云

"感谢你，亲爱的同学！感谢您，敬爱的老师！"当音乐声停止，喇叭里传出旁白时，舞台上有个小姑娘哗哗地流下了眼泪。

这是六年前祁山小学"六一联欢会"上六年级同学表演的《感恩的心》中的一个场面。流泪的小姑娘名叫妍，是我带的学生。小姑娘漂亮、聪明，学习习惯好。每天的作业工工整整，正确率很高，而且口头表达能力很强。就是这样一个好学生，和班上同学相处得却不怎么样。一、二年级时，偶尔有学生向我报告丢了学习用品，并都说是妍拿的。我每每都会问："你看见她拿了吗？"大家都说没看见，是猜的。由于都是一些铅笔、橡皮之类的小东西，我也就没有放在心上。直到三年级下学期，有段时间班上经常性地丢学习用品，大家都说是妍拿的，我才意识到问题的严重性。于是，我找来妍，心平气和地问她。她始终不说话，既不承认也不否认。谈了几次，也没问出什么名堂来。班上丢东西的现象依然在发生，我没办法，找来妍的妈妈，跟她说明情况后，她非常配合，说回家跟妍谈谈。想不到第二天，她妈妈竟背来了满满一大书包的学习用品，让我惊讶至极。她妈妈说家里条件不算差，学习用品只要她开口都会买的，况且她拿的学习用品自己也没用，都是放在房间里。

为什么会这样呢？我陷入了思考，觉得不能轻易处理这件事，否则会毁了这个孩子的。我再次找来妍，轻轻地问她："为什么这么干，是羡慕别人的东西吗？"她还是不说话，只是一直摇头。我慢慢引导她："犯错不要紧，能改就是好样的。"并且跟她说老师不会怪她，也保证同学们不会歧视她。最后她才吐露了真相：一、二年级时，同学们不跟她玩，她很难受，就拿他们的东西来报复他们，从此，一发而不可收。

　　知道了原因后，我为此事专门开了一次班会，向孩子们讲清了妍拿东西的原因，并且强调妍只是"拿"了同学们的东西，不是"偷"。现在她把这些东西拿来还给大家，让同学们自己讨论该怎么办？最后大家一致决定原谅妍。我课后也找来几个活跃的学生，让他们平时多和妍一起玩。由于妍的字写得好看，我让她加入班上成立的黑板报小组，并让她辅导两位学习比较差的同学。此后，妍真的再也没有拿过同学的东西。到六年级时，她高票被同学们选为"三好学生"。她妈妈每次见到我都是感激地表示我给了这个孩子一次重生的机会。

　　有时教师想帮助学生改正缺点，就在班级对他们进行批评教育，想使其他学生从中吸取教训，不犯类似的错误。这种方法无异于开"批判会"，会让孩子的自尊心受到伤害。这种教育是没有智慧的，而且造成的损失是难以估量甚至无法弥补的。在妍这件事的处理上，我最大限度地维护了她的尊严，使她后来快乐地学习和生活。如果教育方法不当，也许会使这个孩子在歧路上越走越远。促膝谈心、循循善诱的思想教育有时是很有效的，这也是我们教师经常使用的方法，但有时让学生自己教育自己，让集体的力量去影响、促进学生的转化会有更好的效果。这种教育方式是智慧的，教育效果是显而易见的。

　　教育是需要智慧的，教师在教育孩子的时候，不能自以为是。智慧的教育会让教育的效果更快、更好、更突出。如果说，教育是一条智慧的长河，那么就让我们在这条长河中用智慧引领教育，让教育生成智慧吧！

热爱教育事业，享受幸福人生

祁门县小路口中心学校　陶　进

　　小路口中心学校美丽的校园里，经常可以看到一位笑容灿烂、活力四射、和孩子们一起开心游戏的年轻教师，和他交谈，你总能感受到他对教育事业的满腔热情和对孩子们的无限喜爱。说起他们班的孩子，他更是一脸的骄傲，滔滔不绝、绘声绘色地讲述孩子们的童真童趣，言谈中脸上写满了幸福和甜蜜。他，就是小陶老师，小陶老师就是我。

　　从教八年来，我一直最喜欢魏书生说的那句话："一个老师，如果不当班主任，那可就吃大亏了。"只有幸福的教师，才能教出幸福的学生。每次接到一个新班，我都会郑重地跟孩子们说这样一句话："孩子们，我要让你们因为我的到来而快乐，我要让你们因为我是你们的班主任而感到幸福！"我是这样说的，更是这样做的！八年来，我一直快乐、幸福地耕耘自己喜欢的这片沃土，时刻谨记：教孩子六年，就要为孩子着想六十年，为国家和民族着想六百年。我知道，良好的素质比考试满分更为重要，我要让我们班的男孩更像个男孩，个个帅气绅士；我要让我们班的女孩更像个女孩，个个优雅贤淑；我要让我们班的每一个孩子在小路口中心学校这个乐园里尽情地释放天性，张扬个性，快乐学习，幸福成长！

　　在我们班里，没有"坏孩子"，只有个性不同的孩子；没有"笨孩子"，只有兴趣不同的孩子。"每一个孩子都是一朵美丽的花儿，我要做的，就是慢慢培育每一朵花儿。"我总是会用一双敏锐的眼睛极力地搜寻着每一个孩子身上的闪光点，并及时给他们赞美和鼓励，让孩子真切地感受到：陶老师真好，陶老师很喜欢我，陶老师就像父亲一样爱我。

　　"爱学生是教师的天职，但是，只有爱心是远远不够的，更重要的是要'会爱'，即智慧的爱，得体的爱，恰到好处的爱。"一年级的小朋友刚上学时不太适应，哭着喊着要爸爸妈妈，我不停地哄，一会儿给这个擦擦鼻涕，一会儿给那个抹抹眼泪。我还经常给孩子们买好吃的，给表现突出的孩子发小奖品，把一颗火热的爱心全部给了班里的孩子们。慢慢地，孩子们不哭了，懂事了。宁宁更是由一个哭着闹着不上学的小姑娘，转变成了同学们最喜欢的小班长，老师最得力的小助手。宁宁的妈妈激动地说："陶老师，我家宁宁能有今天的进步我们真的不敢想象，我们全家都谢谢您！谢谢小路口中心学校！"记得去年为了备战县运动会，我带了三位六年级学生进行铅球训练，从技术动作到力量练习，他们都很努力地训练。可半个月过去了，成绩有些不尽如人意。我与他们交流发现，他们有些灰心了，积极性也大不如从前。我俯身摸摸他们的小脑袋说："你们很棒，老师也很理解你们，别人在玩的时候，你们在辛苦地训练，老师为你们点赞。付出总会有收获，也许在明天，也许在后天，不经历风雨怎么能看见彩虹呢？老师决定从明天开始，和大家一起训练，与大家共同进退。"陪伴真是个神奇的东西，自从我陪伴他们训练后，他们每天都能进步一点点。离比赛的日子越来越近了，从历年成绩看，两位男生不出意外可以进前三，女生可以进前五。真是不巧，运动会取消了，三位同学失望极了。本可以通过两个月的训练，拿一张属于自己的奖状，没想到比赛取消了。我连忙找他们谈心，我把自己平时不愿意和别人提起的经历告诉了他们，他们听了我的经历，情绪慢慢平复。十月份这三位同学升初一了。两位男生在祁门二中初一年级组中分获铅球第一名、第二名的好成绩，女生在实验学校初一年级组中获铅球第二名的好成绩。当我知道这个好消息时，我开心极了，不夸张地说，比自己拿了奖状还开心。

身边的同事经常好奇地问我："面对淘气的孩子，你怎么就不生气呢？"其实，我也没有什么好招，多年的教育经验告诉我，对待孩子就是要悦纳，要善于发现他们身上的闪光点。孩子的心是最明亮的，只要你真心实意地对他好，他是可以感受到的。爱的故事，在我们班里数不胜数。我将一如既往，用微笑点亮孩子心里的光辉，用赞美铺就孩子前行的道路，用责任和爱心托起孩子们幸福的明天！我将会一直生活在孩子们的世界里，一路快乐、幸福地走下去。热爱教育事业，享受幸福人生。

用爱心浇灌花朵

祁门县小路口中心学校　汪国胜

　　从教多年，我教过许多学生，经历过许多事，大多的人和事都淡忘了，但近期一位学生的事情在我的脑海里总是挥之不去。

　　小俊是我班上一个很特殊的孩子。刚刚接手这个班时，就听其他的老师说起，小俊是个难教的学生，作业经常拖拉或不做，对学习没有兴趣。在校学习期间，上课时他也认真听讲，可是批改作业时我常找不到他的本子，特别是布置的家庭作业总是不做。今年茶季，他居然偷拿了他奶奶500元钱来学校。我知道了此事，就及时找他问话，他说他没拿家里的钱，他拿的是自己过年亲戚给的红包。为了调查清楚，我当时就拨通了他奶奶的电话，他奶奶说是他趁她在山上采茶叶时，偷了500元钱来学校的。了解了事情的真相，看着眼前这么不懂事的他，我觉得必须要好好管教他了。和成绩相比，品德上的缺陷更不可忽视，身为他的班主任，我必须对他负责。

　　我认为首先要从他的家庭入手。我打电话与他父亲联系，在谈话中，我了解到了小俊是一名单亲家庭的孩子，父母早年离异，使他失去了一个孩子应该有的父母之爱。再加上父亲常年在外务工，母亲离开后对其不管不问，现在他随奶奶生活。从与他家长的谈话中，我明显地感觉他的家长虽然没有时间管他，但依然对他有要求，这不得不让我感觉到了很大的压力。我是一名班主任，每一个孩子都需要我，我要管理教育孩子的事很多，加上还有一系列的教学任务，我的时间也有限。但静而思之，为了一个学生健康成长，我吃点苦又算什么呢？因此我决定除了正常的工作时间外，还要利用休息时间来管教他。

　　对于小俊的教育，我是这样做的：

　　这样的学生学习习惯很差，这是长期养成的，要改变他的学习习惯不是一朝一夕就能成功的，平时对他的作业要及时督促、检查、批阅。

光靠老师个人的努力远远不够，他的根源在于家庭，所以我经常联系他的家长，希望他们能够对于小俊的生活多加关心、多加陪伴，要教育孩子正确的金钱观……

他是住校生，那么我就有更多的时间关注他。他的学习成绩不好，缺乏自信，要帮助他提高成绩，让他体验学习的成就感。同时让他知道他将来想要成为什么样的人，而成功的人首先必须拥有好的品质，那么从小就要要求自己在家做一个好孩子，在校做一个好学生，使他在潜移默化之中改正自己的不良习惯。

玉不琢不成器。经过我和他家人的努力，以及同学的帮助，他现在的表现虽然没有焕然一新，但绝对算得上有改善。最好的消息就是，他的奶奶再也没有来说他回家偷拿钱了，他的家长也看到了孩子的改变。

我知道对小俊的教育还任重道远，还不能松懈。从他进步的表现来看，我相信只要我们教育者用高尚的人格、满腔的爱心去呵护这些缺失爱、有一些坏习惯的孩子，他们也会和同龄孩子一样健康成长，像花园里的花朵一样尽情绽放。

找准时机，有效沟通

祁门县柏溪中心幼儿园　王　慧

　　我最喜欢《陶行知文集》里的一首诗《教师歌》，其中有一段是这样的："来！来！来！来到小孩子的队伍里，发现你的小孩。你不能教导小孩，除非是发现了你的小孩。"

　　有人说孩子是一张白纸，需要我们去涂画、染色；也有人说孩子是本书，需要我们去阅读、理解、欣赏；而我说孩子就是一个万花筒，他的世界五彩斑斓。在这几年的幼教工作中，我一直用一颗童真的心，努力地去靠近、了解这些孩子，轻轻敲开他们的心扉，聆听每一种声音。

　　要想真正地了解孩子的心声，就必须把自己当成一个孩子，和他们成为最真诚的朋友。但是要想和孩子成为朋友，那还是得下一番功夫的。

　　每天午睡起床后，搬把椅子坐在孩子们中间为她们梳头发已成为我教学生活的一种享受。其实我并不太会梳头，每次给孩子们扎的辫子都是最简单的那种，但孩子们喜欢，我也就沉醉在这种喜欢当中了。梳头发让我有更多的机会了解孩子，触摸孩子的心灵；让我有更多的机会因材施教，适时指点；也让我和孩子们之间更加信任。每当这时，我们之间的距离拉得更近了。孩子们总是叽叽喳喳地和我说个不停，"老师，我妈妈刚给我买了一本新的故事书！""老师，那首歌我会了！""老师，我会自己穿鞋子了。"此时也是我了解他们生活、心理并适时指点、鼓励的好时机。"你最喜欢哪个同学啊？""你最愿意参与哪个活动？""你在家里帮爷爷奶奶做家务吗？""今天洗手水龙头关了没？"这些她们日常避而不答的问题，此时她们会脱口而出。就这样，我把每天起床后给孩子们梳头作为和她们交流的一种方式，把梳个简单漂亮的发型作为对孩子的一种奖励。看到梳好小辫子的孩子一个个满意地回到座位上，脸上露出欢愉的表情，那时，我与她们一样幸福。

男生没有辫子怎么办呢？我也想到了办法，会说他们的头发翘起来了，我来帮他们梳理一下，借机跟他们聊聊。班上的小男生小晨特别不爱说话，也不跟小朋友们一起玩。早上入园的时候总是一个人背着小书包站在门口，站累了就蹲在地上，磨蹭好久才肯在老师的劝说下进教室。每次给他梳理头发的时候他也是一句话不说。后来有段时间我没有叫他过来梳理头发。有一天我给女生扎辫子的时候，他就一直盯着我看，看了好久。我说："小晨，你过来，老师帮你整理个帅气的发型。"话音刚落，他就一蹦一蹦地过来了。我和往常一样边梳头发边跟他聊天，突然他说："老师，家里的弟弟老是哭，好烦啊。"顺着他的话题我们聊起了他的弟弟。原来他的性格变得如此孤僻是因为他的妈妈给他生了一个弟弟。事后通过跟他家长沟通，我和家长共同做工作终于解开了他的心结，现在的小晨变得阳光多了。看到他的笑容，我感到非常幸福。

通过小晨的事例，我发现孩子们异于常人的行为和表现都是有原因的。作为老师，我们应该找准时机，与孩子进行沟通，把具体的原因了解清楚，这样才能更好地去帮助他们。那如何和孩子们进行有效沟通呢？首先，我们要用爱心去接纳每一个孩子。不管他是邋遢的、调皮的还是内向的，他都是一个真真实实的个体，需要被接纳。其次，要让孩子释放压力，给他们提供舒适轻松的环境，并找准时机与他们沟通。在沟通的过程中，教师要学会倾听，并分析孩子所说的话，剖析隐藏的原因。最后，因材施教，面对不同问题的孩子处理方式也不一样，同时需要家校合作才能取得更好的效果。

在工作当中，类似的事例还有很多。孩子有一进教室就哭的，有不午睡的，有什么事情都需要老师帮忙的，等等。面对这些问题，我们只有静下心来，找准时机，让自己成为孩子们的朋友，通过有效的沟通才能帮助他们解决问题。

"行是知之始" 在英语教学中的应用

祁门县第二中学　陈艳红

英语教学涉及心理学、教育学等多种专业理论知识。作为任教初中英语近三十年的一线教师，专业理论知识储备依然是我的短板，我也一直在向我崇拜的教育先辈——陶行知先生学习。

陶行知先生教育思想的精髓可以概括为"一个理论、三大原理、四种精神、五大主张"。同为徽州人的我，在日常的英语教学中，始终奉行着先生的"行是知之始"。

一、什么是"行是知之始"？

"行是知之始"是陶行知先生的哲学思想。陶行知先生认为认识来源于实践，实践是认识的基础；实践是获取知识的开始，获取知识是实践的成果。这句话表达的意思是实践是获取认知的必须途径，只有实践才能出真知。这体现了陶行知向社会学习、向实践学习的治学态度，也蕴含着其认识来源于实践、实践是认识基础的唯物主义哲学思想，告诉人们要知行合一。

二、为什么要践行"行是知之始"？

陶行知先生批评传统教育历来把读书、听讲当成"知之始"，并以之为知识的唯一来源，习之既久，学生就"不肯行、不敢行、终于不能行，也就一无所知"。他认为：行是知识的重要来源，也是创造的基础，身临其境，动手尝试，才有真知，才有创新。

实践出真知，而且行与知是互相作用的。这就是我为什么要在自己的学科教学中践行"行是知之始"。

三、怎样践行"行是知之始"？

作为一名初中英语教师，在"行是知之始"的指引下，一直在思考着这样几个问题：如何优化初中英语教学？初中英语教学作为语言教学的本质是什么？婴儿在尚未认识文字（有形符号）前是如何学会说话和抽象的语言的？

基于以上困惑，结合教学实践，我从下面几个角度谈谈自己对陶先生"行是知之始"的一点思考。

1.英语怎样教？

在教材里有类似这样的对话练习：

A：How are you?

B：I'm fine. And you?

A：I'm fine, too.

在教学中，我个人对这样"生硬"的对话练习是不能认同的。没有任何语境，这样的对话有什么意义？又有什么样的生命力？

认知、知识是有生命的，认知、知识源自行而服务于行。所以在教学的过程中，我常会将这样的对话加上语境："If you happen to meet one of your friend, you haven't seen for a long time, what will you say to each other?"

学生就会有这样的对话：

A：Hello, B.

B：Hello, A. Nice to see you again. How are you?

A：I'm fine. And you?

B：I'm fine too.

A：……

2.英语教学中学生写什么？

写是英语语言教学输出可视化部分，是英语教学中一个重要的组成部分。那么，写什么是英语教师应该深思熟虑的。结合学生具体的学情，我在英语教学中遵循陶行知先生的"行是知之始"的主张，写"实践"。因为"行是知之始"，写要源于实践的行而显于实践的行，服务于实践的行。

每周我都要求学生用英语写一篇周记。原来是学生一周学什么，就要求学生模仿写一篇类似的周记。这样的作业质量不能说没有价值，但是我总觉得少了点什么。大约在十年前，接触了陶行知先生"行是知之始"的主张，我就调整了自己的周记教学方向——每周要求学生回家做一件家务事，然后将做家务的过程写下来。这样真正实现了"行是知之始"，达到"知行合一"。与之前相比，是不是有所突破？

3.学英语干什么？

在实践中用，用英语传播中国传统文化，讲好身边的故事，讲好中国故事，服务于实践的行，服务于社会发展。

在现行的人教版九年级"Unit 5 What are the shirts made of?"的"Section A 2d"部分，讲授了茶叶的生产采制相关知识。

茶叶是我们祁门的主要经济作物之一，但不是每位学生家里都有茶叶，了解茶叶种植、采摘、制作的同学就更是少之又少。

于是，我把学生带到祁门当地一些茶叶基地或茶农的茶地，观察茶叶的种植、培育、采摘、制作程序。实践活动结束，就要求学生用英语介绍祁门红茶的种植、培育、采摘、制作过程，将这样的作品推送到网上，宣传祁门的红茶，服务于祁门红茶产业发展。这就是学以致用，服务实践的行，也是对"行是知之始"的诠释与发展。

四、行是知之值

我们应该学陶师陶研陶，但要与时俱进，要结合实践予以发展。就陶先生的"行是知之始"，我一直奉行、践行，但绝不"硬化"。

在陶先生"行是知之始"的点化之下，我领悟到："行是知之值"。学知识是为了什么呢？难道不是为了解决行中的问题，使人逐步完善，使社会发展更加科学吗？换句话说，知识最终是为了服务于一个人或整个社会实践的行为。一个人的行不就是认知的价值体现吗？

作为一名教育者，要多学习、多研究像陶行知一样的大师。同时，我们要结合自己的教育教学实践，活学，活用，创新，发展。

有趣的课堂孩子更喜欢

祁门县柏溪中心学校　冯星苑

　　小学阶段是学生打好语文基础、养成语文学习兴趣的重要阶段。良好的语文素养对学生学习其他学科至关重要。而小学生由于年龄较小，虽然对一切事物都抱有较强的好奇心，但通常自律性都不强。特别是一些天性活泼好动的学生，在课堂上很难长时间保持注意力集中。一节课40分钟，他们可能只有10分钟的时间在认真听课，老师讲的内容听进去的非常有限，课堂效果自然大打折扣。如何集中学生注意力，便成了语文教学的一个大难题。

　　初为人师，我担任的便是低年级语文教学。我犯了新教师都会犯的一个毛病——一味只抓教学，不停地给学生上课、灌输，一有时间就抓学生背书，听写拼音。因为一年级孩子年龄小，不懂规矩，我又是新教师，老教师和我说一定要对孩子树立起威信，于是，我总是板着脸。上课孩子吵闹的时候我会很凶，课后我也把学生看得很紧，但是几个月下来，我发现自己每天都很累，孩子们的学习成绩与自己的期待相差甚远，这让我非常苦恼。

　　我记得有一次，教学内容是声母 j、q、x，以及和韵母小 ü 的组合。那天，我更改了以往惯用的教学模式，一开始便以故事导入：在一个炎热的夏天，太阳特别毒。小 ü 去公园散步。他在公园里走着走着，遇到了他的好朋友们 j、q、x。小 ü 很久没见到他们了，特别想念他们，赶忙冲上去要和他们握手。可 j、q、x 却摇摇手，不愿意和小 ü 握手，他们生气地说："你戴着墨镜，就想和我们握手，真不礼貌！装酷啊，我们才不和你握手呢，哼！"小朋友你们能帮帮小 ü，怎样才能和 j、q、x 握手呢？小 ü 听从了大家提出的建议，他把墨镜摘掉，开心地和 j、q、x 握了握手。这时他们就组成了新的音节：ju、qu、xu。大家纷纷夸奖小ü说："小ü遇见j、q、x，摘掉墨镜有礼貌。"接着我编了个顺口溜："小ü碰到j、q、x，去掉两点还读ü。"在这次课堂教学中，我发现孩子们比之前听得都认真，并且基本掌握了j、q、x遇到ü的规则。

事实证明，低年级孩子喜欢听故事，喜欢玩游戏。如果我们能创设情境，让孩子在故事中学习，寓教于乐，在玩中学，在学中乐，这样孩子的注意力才会集中，课堂效率也会大大提高。如果老师一味地进行教学，一味地传授新知识，不注重方法和趣味性，不仅老师上得累，学生的学习效果也不会好。

教育与生活相伴随

祁门县古溪学校　汪峥勋

　　古溪学校是一所寄宿制学校，孩子们与父母相处的时间都在假期里，又因为多数孩子的父母在外务工，一年中他们相处时间很少。因此，寄宿制学校老师的任务更艰巨。正如陶行知先生所说："先生不应该专教书，他的责任是教人做人；学生不应该专读书，他的责任是学习人生之道。"

一、有效的沟通是根本

　　学生到了九年级，随着身体的成长，心理上会觉得自己对外界的掌控力强了，有不少不好的习惯就会表现出来。一日，听说课堂上有个学生和老师差点打起来，师生二人都是暴脾气，幸运的是两人都没有完全爆发出来。事后遇到那个学生，我就说："听说你要和老师打架？"

　　他说："是他先打我的。"

　　因为对师生都有所了解，我想了想说："我觉得可能是老师敲打了你，让你气愤，而不是把你打伤到需要自保而去反抗的吧？"

　　他不好意思点了点头。

　　我说："照你这样做，我以后都不敢管你了。"

　　他说："你不同！"

　　我笑了笑说："我给你说个动画片里的片段。"

　　他点了点头。我和他聊起了佩奇和乔治，当然，主要是我说，他听。佩奇和乔治都在跳泥坑，乔治跌倒了，佩奇笑他滑稽。这时乔治说："这一点都不好笑。"佩奇赶紧停止笑，然后问乔治："乔治，你没事吧？"这个片段里，如果换成我们自己，会是怎样的？如果我们是佩奇，是不是笑得更放肆；如果我们是乔治，有三种可能：一是跳起来骂人；二是自己爬起来，他人笑由他去；三是爬起来后说："笑什么笑，你最好小心别跌倒。"看看乔治的办法，一句话，表达了自己的不满，并指出了别人的错误。佩奇也很快意识到自己不该笑，而应该给予他人帮助。我告诉他，我们骂人和忍让逃避都是不好的。

在人与人相处的过程中，我们既要有自己的立场，又要有基本的为人操守。学生不管在学校还是日后进入社会，遇到问题要进行有效的沟通，而不是因为不知所措而逃避，或者是无比愤怒地去用暴力解决问题。

二、教育是要孩子学会自治

今天我值班，看完九年级学生就寝情况，已近深夜十一点了，却听到嘈杂声从学生寝室传出来。开始我以为声音是从最后回寝室的九年级女生的寝室传来的，没想到声音越来越大，才感觉不对，原来声音是从上次值班时吵闹的两个八年级女生寝室传过来的。

都已过晚上十一点，这样吵闹，很恼人心。担心把其他人吵醒，我没有站在楼下大喊，我悄悄走到204寝室门口，意欲逮个正着，没想到却扑了个空。寝室里空无一人，原来人都去了203寝室，还有一人在205寝室。我把203寝室的门从外面拴住，她们发觉后就在里面拉门、踹门。我坐在外面平复了一下心情，过了两三分钟，我打开门，要她们穿好衣服鞋子跟我走。我边走边想，怎么教育她们呢？此刻我怒气已消，最好的办法是让她们每个人能够自觉认识到自己行为的不妥，再想想怎么朝着好的方向去做，这样才达到了陶行知先生说的学生"自治"。

走到了篮球场，我问："谁想回去睡觉？"大家都举起了手。我说："既然大家都想回去睡觉，那我们就约定一下。回去睡觉可不只是今天要做到，而是接下来的日子都要做到，九点半之后必须安静，努力入睡。可以做到的话我们就拉钩。"

她们都点点头，我同她们一一拉钩，然后环指了一下四周说道："九年级学生是十点半休息的，现在班上的灯也关了，老师们的灯也关了，说明了什么？”

她们说："很晚了。"

我说："那你们觉得今天自己的行为对不对呢？"

她们你一言我一语。我说："你们刚才说得都挺好，说明意识到了自己的问题。一是没有及时就寝，互相串寝室；二是声音太大了。你们在寝室里吵闹的声音都传到我那了，距离好几十米呢。最后想想你们的行为造成了什么影响？"

她们说："吵到别人睡觉。"

我接着说："对呀。一来你们想想要是你很想睡觉的时候，有人就不让你睡，你什么感觉？二来你们自己要知道什么时间做什么事。"

她们说："觉得这个人很讨厌吧！"

我点点头说："所以呀，你们希望自己成为别人讨厌的人吗？"她们赶紧摇头。我接着说："老师希望你们明白在公共场合应该怎样管理好自己，做一个有公德心的人，我会监督你们。"

其实课堂上学习知识仅仅是学生成长的一个方面，教他们如何处理好生活中的各种事情是成长的必需，也是我们教育的必需。

教育的秘诀是尊重学生

祁门县祁山小学　李妙桃

　　今年我接手三年级3个班的英语教学任务，这些平行班的学情大同小异：有那么几个聪明伶俐、各门功课都优异的尖子生，大部分是中等生，还有零星一两个掉队的学困生。有极个别的学困生在每学期的期末考试里是不算成绩的。也就是说，这些学习非常困难的小孩，他们的成绩好坏跟班级的平均成绩不相干。303班的小轩就是班上唯一一个不算成绩的学困生。303班的英语学习氛围很浓厚，课堂气氛活跃，课后作业次次能交齐，班级英语群里读书打卡活动也几乎满员参与。单元一测试班级平均分是88分，唯一不及格的就是小轩，他55分。小轩的分数我不意外，但是我想让他充分感受到他始终是303班英语学习团队里的一员。

　　在平常的课堂教学中，我时时观察同学们的学习状态。我发现小轩多数情况下表现是很棒的：我带读他就跟读，我让他做练习他就去找笔来做练习。这时我就大声地表扬小轩：我们303班的同学们就是好样的！你看小轩，他紧跟大家的学习步伐，读的时候就读，写的时候就写，人在心也在！

　　小轩交来的书面作业跟大家不一样，他没有按照老师的要求去写，而是遵循自己的理解去写。这时，我忽略他的缺点，放大他的优点：书写认真好看，作业本整洁清爽。作业本发下去的时候我必须在班上重点表扬一下他的书写态度。

　　有一次英语课堂上新授了4个关于颜色的单词，在带领大家跟读、熟读这几个新词之后，我要点学生到黑板上来做"听录音，认单词"的练习。我点了小轩，我播放了"red"的录音，小轩听了之后，站在黑板旁边思考着犹豫着，我就再次播放了"red"的录音，他这时用触控笔点击了电子屏幕上的"red"这个词。我开心地让全班同学为他鼓掌喝彩！小轩并没有立即回座位，他站在那对我说："老师，你知道我为什么选'red'吗？我是看蓝色'blue'应该是'b'开头，绿色'green'应该是'g'开头，黄色'yellow'应该是'y'开头，那么只剩下'red'了，所以选它啦。"我立即大声地在班上说："小轩同学在做这个听力题时，进行了认真的思考和推理，最后用排除法选择了'red'。方法正确！"

作为一名后进生，虽然期末考试时小轩的成绩不太理想，但是他的学习态度是良好的，他的精神面貌也是值得肯定的。小轩同学在学习的道路上没有自暴自弃，而是奋力紧跟班级的学习队伍，努力向前走！真是好样的！教育的真谛是尊重每一位学生。在学校里，老师要尊重、关爱每一位学生，让特殊的学生也能享受到老师们平等、公正的对待！

让思维之花精彩绽放

祁门县雷湖中心学校　王　瑶

　　作为一名踏上工作岗位不久的年轻教师，读了苏霍姆林斯基《给教师的100条建议》这样的经典之作后受益匪浅，在翻阅目录的时候，第22条"争取学生热爱你的学科"让我有一种迫不及待想阅读的心情。确实在自己的课上天天想培养学生的学习兴趣，让学生喜欢自己的课，希望同学们都能参与其中，但到底怎么培养呢？怎么做才能让学生喜欢自己的学科呢？我带着这些疑问开始阅读。

　　看完之后才知道伟大的教育家苏霍姆林斯基那闪光的思想对今天的教育工作者来说，就像一场及时雨，滋润着一个个干渴的灵魂。伟大的教育家就像与我们面对面，针对我们的烦恼与困惑——解答。苏霍姆林斯基说："一个人不可能对任何事物都不感兴趣，接近那种无动于衷的头脑的最可靠途径就是思考，只有靠思考来唤醒思考。"要想唤醒学生的心灵，就得让学生生活在思考的世界里。所以学习任何一门学科、任何一个知识点都要让学生先去尝试性地思考，只有这样才能调动学生的积极性、调动学生的情绪，让学生体会到这种欢乐与自豪感，唤起学生对自己所教学科的兴趣，使他们的天赋素质得到发展。

　　刚参加工作的时候，我会给同学们上一整节课的内容，学生几乎没有自由支配的时间。孩子们保持专注的时间是有限的，他们越听越感觉枯燥，慢慢地就坐立不安了。现在，我会尽量精讲多练，让学生有更多的时间参与到课堂活动中来，在实践中去思考去体会。我会将他们分为几个小组，最后留一部分时间，让他们自己支配，我也会与他们一块参与其中，引导他们发散思维。在课堂中有意识地留白与等待，不仅可以调节课堂氛围与节奏，还可以为学生提供一定的思考时间和空间。在预习时留白，可以激发学生的学习兴趣；在提问时留白，能够引导学生积极思考；在疑难处留白，能够促进学生自主学习；在拓展时留白，能够补充、完善、丰富学生的语言知识。教师有意识的留白，在学生身上能够产生更多的积极的效应，能够促使他们尽情地放飞思绪，使他们的思维向纵深发展，实现有效教学的生成。

锻炼学生的思维能力。一是尊重、赏识学生。在英语教学过程中，教师应根据新课标内容，理解、熟悉、挖掘和整合教材，设计教学时教法应新颖有创意，以便更好地调动学生的积极性和发挥学生的主体性，尊重学生的独立人格，激发学生的探究欲望，想方设法培养学生独立获得知识、创造性运用知识的能力。二是优化问题梯度。教师要在学生"最近发展区"上下功夫，以"任务型教学"为主，设置问题时要把握环环相扣、由浅入深、循序渐进的原则，针对不同层次的学生提出难易适中的问题，更要设置有启发性、探究性的问题，为学生提供更大的实践、探索和思考空间。如讲授"Season"一课时，引入提问："What season is it? What can you see in spring? What can you do in spring? What do you wear in spring? What color is spring in your eyes?"这样层层递进，引导学生交流、表达，能够更好地锻炼和提升学生的思维能力。

英语课堂教学中每一教学步骤都可多设信息沟通，层层递进，可根据一定的教学内容或语言材料，设计适量灵活性较大的思考题，或让学生从同一来源的材料或信息中探求不同答案，培养学生积极求异的思维能力。设计此类思考题，让学生进行讨论、辩论，既调动了学生运用语言材料组织新的语言内容的积极性，又训练了他们从同一信息中探求不同答案的求异思维能力。

当学生对这类讨论性问题产生兴趣时，他们会不畏艰难、积极主动地学习，教师再不失时机地给学生创造学习英语的氛围，加强语言信息的刺激，营造创新教学氛围。培养学生的创新思维，就要在课堂上创设一种平等、民主、和谐、宽松的教学氛围，要尊重学生、关心学生、赏识学生，要以积极的态度和发展的眼光去看待学生，相信每个学生都有巨大的潜能。培养学生不怕错误、敢于求异的学习心理，他们创造的火花才能迸发出来。

例如：在教"my body"时，教唱歌曲"Head and shoulders"，教师伴随着歌声走到学生中间，轻轻地捏捏学生的鼻子、摸摸学生的耳朵，学生感受到教师的亲切、和蔼，并置身于一种轻松、愉快的学习环境中。另外，教师要保护学生敢想敢说的积极性，有时学生说错了，教师不直接说"No"，而是微笑着对他说："Please think it over。"只要学生能勇敢地站起来回答问题，教师都要予以表扬，这样做能帮助学生保持学习的信心和动力，他们才会不畏艰难，积极主动地学习。

书中第86条"致未来的教师"，苏霍姆林斯基就许多大学生给他的来信做了一些回答。其实不管是年轻教师还是已站上讲台多年的教师，对教育依旧充满了许多的疑惑，教育不是知识的简单转移，而是教师和学生的交流。其实身边的朋友不管小时候成绩好坏，回忆起来都在上学期间有无数次想好好学习的念头，虽然有的时候可能只坚持了几分钟，老师不要忘记这一点，尽可能地去让学生好好学习的念头保持得长久一点。学生好不容易学习了一段时间，结果做题还是一头雾水，放弃学习的念头就随之而来。如何保持学生"好学的小火星"，老师得在许多方面下功夫。第一就是及时捕捉学生学习的念头及行动，予以鼓励和帮助；第二在教学过程中鼓励学生去思考，并给予肯定。通过这样一个良性循环，学生的学习效率也会越来越高。

马克思提出："人的本质不是单个人所固有的抽象物，在其现实性上，它是一切社会关系的总和。"在学生学习的过程中，教师并不是简单地搬运知识，把知识从教师头脑挪到学生头脑中，而是将知识以交互的状态，与学生进行沟通与交流。学生在学校进行智力活动，在学习中的一切成败与得失，都集中体现了学生们的精神生活与内心深处的境况。

所以，教师一定要保存好学生的"原动力"，自信心和自尊感，对他们而言是一种精神力量。作为教师，我们一定要记住：把学生看作是独立而又个性鲜活的个体。唯有充分尊重与热爱每一个学生，对他们充满信心，鼓励其多动脑、勤思考，正确地引导其健康快乐地成长，学生才会真的成长起来。

班上来了一朵"别样的花儿"

祁门县祁山小学　汪银珍

　　开学前，就听说这学期班上要来一位新生，心里还挺期待的。终于等到开学了，看到小雨的第一感觉还不错，她个子不高，皮肤黝黑，扎着个马尾，看似还挺乖巧的一个女生。可是，一上午结束，我彻底蒙了，大家一直报告她的"与众不同"，小朋友们跟看稀有动物一样，看着她做各种各样奇怪的动作，例如：抱着同桌的脸亲一口，在地上打滚儿，对着同学竖中指……一个上午，我也没闲着，不停地跟小雨解释：这个不能做，不雅观；这个动作不好，这是对别人不尊重；这种话不能学，这是在骂人……快放学时，只见她头发散乱，两只小手漆黑，小脸就跟小花猫一样，看着她这副模样，我不禁笑了，这哪是来上学啊，简直是来打了一场仗啊！我赶紧带她去洗手间洗干净。她看着我，不好意思地笑了笑，说："老师，我们那边都这样，正常的！"她并没有觉得自己"与众不同"，反而认为自己很正常。"可你现在已经来到新学校了啊，而且我们已经是二年级的学生了，要讲卫生、讲文明，不能再这样了！不然，一年级的弟弟妹妹会笑话你的。"我摸着她的头，和蔼可亲地说。她看着我，似懂非懂地点了点头。

　　一年一度的秋季研学活动来到了，小朋友们兴高采烈地背着背包，一路上欢歌笑语。来到黟县石林，大家立刻被眼前的美丽景色所吸引，五颜六色成片的小雏菊让景区变得美丽极了。"老师，我想在这里拍张照！""好的！""小雨，你来这里拍一张。"拍好后，我在整理照片，看到小雨头发散乱，脸又跟小花猫一样，赶紧把她叫过来，帮她把头发扎好。她看着我，不好意思地说："老师，我以后会讲卫生的。""嗯，老师相信你，你已经有很大进步了。"我摸着她的头说。过了一会儿，大家玩累了，坐下来休息，打开背包里的零食开始吃起来。小雨突然跑到我的身边，递给我一个大面

115

包。"老师，这个给你吃！"小雨红着脸说，可能是担心我会拒绝，她一把塞进我怀里，飞快地跑走了。我拿着小雨送我的面包，偷偷来到她的背包旁边，准备把面包塞进去。打开她的背包一看，我的眼睛湿润了，背包里什么都没有，我的心里微微颤抖着，这傻丫头，她居然把她唯一的零食送给了我！看着她在花丛中追逐嬉戏的背影，多像一朵盛开的小花儿，在花丛中迎风摇曳，是那么美丽！

我国著名教育家陶行知先生曾说过："真教育是心心相印的活动，唯独从心里发出来的，才能打动心灵的深处。"作为教师，就要做一个有心人，时时处处去观察学生，关心学生，帮助学生，与他们建立深厚的友谊，达到心灵的沟通。这样，你会感到一种心灵的愉悦，这份愉悦来自学生带给你的感动，它如蒙蒙细雨般滋润，如融融春意般温暖。教育不能没有爱，就像池塘不能没有水一样，没有爱就没有教育。"爱人者，人恒爱之。"只要你付出爱，用心去爱，就能感受到来自学生的爱，这就是做老师的幸福吧！

陶行知先生还提出"生活即教育""学校即社会""教学做合一"三大教育原理。作为数学教师兼班主任的我，感触颇深。每一天，我们除了要关注孩子们掌握知识的情况外，还要教育孩子们集体生活应该遵守的规则，教育孩子们很多为人处事的道理。让他们来到学校的每一天，都有所成长，有些收获。

我热爱教育，我愿一直用爱心去呵护每一个孩子的"与众不同"，给他们爱的雨露和关怀的阳光，让他们茁壮成长！

有你，有我，有孩子

——读《教育的真谛》有感

祁门县阊江小学　丰贤云

　　《教育的真谛》是陶行知先生的一本教育著作，它阐述了现代教育理念，它用现代教育理念影响了家长，它帮助学生提高了学习效率且学会交往合作，它容纳了孩子的多样化，它让我重新认识了自己，让我在教育思想上得到了充实，在教育理念上有了更为深刻的理解。

　　我喜欢在《教育的真谛》里徜徉，与书中各种教育理念完成一次次心灵的对话，更重要的是我发现了孩子们因为有许多的不同，所以才那么丰富多彩，我学会了在宽容中欣赏……

一、小孩子有不可思议的力量

　　陶行知先生在著作中记述了数个"小孩子"从事国民教育所展现出来的非凡的力量，连陶先生也感叹后生可畏。我也深刻地认识到：好学上进、力求发展这是人的天性，孩子的力量是无穷的。我想起了刚开学的时候发生在班级群里的一件事。

　　晚饭后，我习惯性地打开班级群，看看有没有孩子提什么问题，却发现两位家长在群里争论不休。仔细一看，原来是他们的孩子因为值日打扫卫生发生了矛盾，他们在群里你一句我一句地争得不可开交，都说自己的孩子有理。我正要发信息制止，忽然班长吴泳华在群里说话了："叔叔阿姨，我是班长，我最有发言权，事情不是你们想的那样，你们先暂停一下，明天我们班主任一定会给你们一个满意的答复。"我在想："这小子，葫芦里卖的什么药？"第二天，吴泳华来到我的办公室，他是想让我当着全班同学的面让那两位同学把昨天发生的事再重新演一遍，然后各自从自己身上找缺点，最后让他们和好。同时让我把处理的过程用手机拍下来，分别发给他们的父母。还别说，吴泳华的方法真灵，两位家长没有多说一句话便心服口服了。

二、得饶生处且饶生

陶先生说："教育的任务除了积极发扬每个儿童固有的优点而外，正是要根据事实，肯定他们的错误，从而改正他们的错误。"记得一天下午，学校要召开全体教师会议，我只好布置了作业并让班长监督完成。下课了，我刚回到教室，发现孩子们围着班上的两个调皮大王七嘴八舌地说着什么。又是这两个调皮鬼——小煜和小琪。孩子们见我来了马上停止了说话，班长连忙把事情的经过告诉我：小煜说小琪的橡皮是他的，小琪说橡皮是同学送的，两人由口角发展到"笔战"，互相用手中的笔戳对方的羽绒服，两件羽绒服被他们俩戳出了一个个小洞，羽绒都从里面钻了出来……

"都给我站到讲台上去！"从我带有火药味的语气里，同学们感到了事态的严重性，十几双眼睛一齐集中在这两人身上，一会儿又集中在我身上，像是在恳求我：宽恕他们吧，留待课后去处理。看到这一双双期待的眼睛，理智终于战胜了冲动，我做出了"要忍让，要宽容"的决定，理由很简单：我是老师，他们是学生。上课铃声又响了，为了不耽误他们第二个课后服务，我给他俩布置了任务：思考自己的错误，做自我批评。

放学了，我刚从办公室走出来，瞧见两人笑眯眯地手拉手排队，看来事情已经圆满解决了。望着他俩远去的背影，我陷入沉思：儿童是一个个活生生的发展中的人，就像陶先生说的，我们从事教育的人要尊重儿童、善待儿童，儿童犯错了，我们要接受他们的错误，而且不厌其烦地指导他们，让他们自己反省，改过自新。

三、动手动脑，孩子更聪明

著名教育家陶行知提出了"手脑并用"的理论，因为让孩子多动手多动脑去实践，他们的智商和情商才能得到更好的发展。很多时候孩子的能力远远超乎我们的想象，他们富有创造力，同时也拥有独立做事的能力。

学校要开展以"学劳模精神·做劳动能手"为主题的首届小学生劳动技能大赛。各班选拔出"班级劳动小能手"若干名，组成班级劳动技能小队代表班级参加学校劳动技能展示。我们班选出的劳动技能是做馒头。比赛开始了，孩子们争分夺秒：切、搓、擀、揉、捏、绕、包、卷，短短的25分钟，一个个创意新颖、充满童趣的花样馒头展现在评委面前：活泼的白兔馒头、鲜艳的花朵馒头、逼真的玉米馒头、美丽的花环馒头、形象的绣球馒头、香甜的紫薯馒头、美味的菠菜牛角馒头……

生活即教育，我们将引领孩子们在生活中学习，在学习中体验生活的乐趣。

陶行知先生的这本教育经典把我带到了浩瀚的天地，愿这个世界因为有你，有我，有孩子而变得更加美丽。

引导者

祁门县第一中学　金智华

走廊上，我和一位男生聊了几句。

"现在，对我有抱怨吗？"

"有！"

"说说看。"

"你出卖了我。"

"我什么时候出卖你了？"

"我说给你听的话，你一转身就告诉了我父亲。"

他是带着笑意和我说这番话的。我知道，一个月以来让我头疼的问题现在基本已解决。

他的头经常痛，发作的时候连身体都在颤抖，却坚持自己硬扛，怎么也不愿告诉家人。我可以不顾及他的感受，直接让他家人带他去就医，但有可能就此失去了师生间沟通最宝贵的基础——信任；我也可以直接告诉他我对他病情的担忧，他母亲和哥哥都已病逝，他的病痛有可能是家族遗传方面的问题。可我怕一旦告诉他，就把我的担忧变成了他的担忧，会更增加他的心理压力。为了打开他的心结，我最终还是决定向学校心理老师请求帮助。经过一个星期的努力，现在，他心中的结基本已打开。虽然我告诉了他家人，违背了他的意愿，但他知道后能笑着说出来，说明没有增加他的负担，也没有失去他对我的信任。

班级有多少个学生，就有多少个小世界。有的世界阳光明媚，春意盎然；有的世界惊涛骇浪，礁石险滩……如果不放弃任何一个学生，班主任就要有足够的智慧来面对，这不是纸上谈兵，是实战演练。

智慧从哪里来？从实践中来。实践经验不足以应对时，就需要借助他人的力量。和同事讨论，向同事请教，借鉴名人经验，都是很好的途径。

近几年，学校每年都会给老师们发放一本或两本教育专著，并且先后邀请张丽钧、张贵勇、常生龙、闫学、孙明霞、李镇西、郑英、傅国涌等在阅读或教育教学领域取得一定成就的名人来学校分享教育经验。当我还不是一名一中教师的时候，因为家人在一中，近水楼台先得月，这些书我才能得以拜读；很多次讲座，我才能得以聆听大师们的教育教学智慧。每次阅读，每次聆听，都会有不同的收获，也会在精神上进行一次洗礼。当我成了一名一中教师的时候，我就有了两本一样的书，我会把其中一本转赠给那些喜欢读书的好友或者学生，我希望书中的教育智慧能得以传播，这种感觉很美好！

通过多次的阅读和聆听，我发现了一个规律：优秀的教师都是引导者。

引导者和管束者教育理念迥然不同：引导者的知识结构里，有学科专业知识，以及教育学、心理学、人文学科等方面的知识；管束者知识结构里，通常只有学科专业知识和规则（纪律）。在引导者眼中，学生始终是主体，教师则是主导。师者引领着学生向着目前他最理想的状态前进。为了达成这个目标，他会调动各种各样的手段，会想出各种各样的办法，会因材施教，他的教育手段是多元的。管束者眼中分数是主体，通过严守规则来达成分数，一旦学生破坏了规则，则必受到惩罚。

面对学生对食堂午餐的抱怨，郑英是怎样引导的呢？她请来了食堂师傅面对面表演"变脸"绝活，学生在与食堂师傅的互动中懂得了体谅与感恩，懂得了很多。郊游时，车子开错了地方，学生在赶路时自然又免不了抱怨，郑英则说："把弯路走直是聪明的，因为找到了捷径；把直路走弯是豁达的，因为多看了几道风景。"一句话就让学生欢呼雀跃。这样的引导可谓别具一格、恰到好处又意义深远，所以她的学生们盼望开学，因为开学就是开心。

美国电影《小男孩》中有句经典台词：你的身高不是从头顶到地面的距离，而是从头顶到天空的距离。引导者会仰视头顶上面的天空，那才是孩子未来的高度，那才是教育者的天空。

尊重，是教师最基本的素养。不论眼前的学生成绩是怎样不如意，师者既要对他严格要求，又要与他平等相处。师生有别，但人格平等。人非圣贤，孰能无过？师者和学生一样也会在不经意间犯各种错，客观地反思自己的教育教学，教师才能获得快速的成长。唤醒，是教师最重要的能力。每个学生都是一个能量库，能否产生化学反应释放巨大能量，这需要机缘，需要催化剂，更需要教师正确的教学理念。

　　同是治水，鲧堵水，禹引水。为师者，当力争做一名引导者！

育人，在于爱的教化

祁门县金字牌中心学校　余晶晶

从事教师工作这几年来，令我感触最深的是：爱能融化一切，爱是教育的基础，爱是沟通的桥梁，爱是师生关系的"润滑剂。"

我班有位"默默"同学，这里的"默默"并不是他的名字，而是我对他的爱称。不爱讲话是他的标签。他不仅在课堂上不爱发言，而且下课时也很少看到他与其他学生打闹嬉闹。每次找"默默"来背诵课文的时候，他的嘴巴就好像缝了针一样，始终打不开，要不就是支支吾吾的，说的内容含糊不清。就是这样一位"默默"同学，真令我头疼。刚开始那段时间，我试图利用严肃的态度处理，命令他声音大点，不说出来不准离开，或者要求他在班级前面展示，但是效果可想而知，甚至还适得其反。几次下来，我感觉这孩子好像离我越来越远。思前想后，我还是决定不能放弃他，也算是暗自和自己较劲，我坚信："一把钥匙开一把锁"，每位学生都有自己独特的魅力，作为教师，应该包容性格各异的学生，只要我们找到那把对的"钥匙"，一定会和他相处融洽的。

我想，他为什么会有这样内向的性格呢？背后的原因是什么？对于这样的孩子来说，大部分的原因来自他的家庭。经过向其他老师询问，以及向他家里人打听，我才真正了解这位学生。他的妈妈在他很小的时候就离开了他，而他觉得妈妈是嫌弃他才离开他的，他的爸爸也在外面务工，一去就是好多年，也不回来看望他，他就这样一直跟随着奶奶生活。一方面是家庭的破碎给孩子带来巨大的伤害；另一方面孩子对自己不自信，认为自己不被人喜爱。

这一刻，我内疚，我自责，我真的不是一位称职的老师，对自己班上的孩子一无所知。作为一名教师，不应该把爱学生、关心学生作为我们的首要任务吗？何而为师？我不禁陷入深深的反思。

毛蓓蕾老师的书籍中有句话说："教育是一种特殊的劳动，教师和学生都是有血有肉有感情的人，都有被爱的渴求，接受爱的能力和创造爱的潜能。"我决定采取比较柔和的方式去处理。

语文课上，我让同学们轮流读词语。记得第一次轮到他读词语时，他畏畏缩缩地站了起来，嘴唇翕动，根本听不见他在说什么。"老师，我听不到他说什么。"立马就有学生喊道。随后我让他坐下来，给他鼓掌并说道："这次，他能够勇敢地站起来，说明他战胜了自己，相信他下次能够清晰发声。"顿时教室里响起了一阵掌声，他似乎愣住了，随即低下了头。就这样在接下来的课堂上，我用同样的方法，一次两次三次……每次我都给他掌声，不知是不是心理作用，我发现"默默"站起来回答问题时腰板都直了。一个月过去了，从不说话到现在能开口读些词语，尽管声音还是那么小，但在安静的教室里，我还是能够听清他的话。

在管理班级的那段时间，我用"悄悄话"的方式，让学生写下自己想对班级、对同学、对老师说的话。也就是这样一件事彻底改变了我对他的看法。那段时间，我发现了他写的是："老师，我想当班干部。"可是，我不禁在想："这样的性格适合当班干部吗？有利于管理班级吗？"我最终决定先等一等，再观察观察。这期间，我有意无意地叫他帮助我，帮助我去办公桌拿书本，帮助我找其他同学，帮助我打扫卫生……每件事他都办得有模有样，拿书本给我的时候会整整齐齐地摆在讲台上，就连书本角翘起来了，都被他压下去了；打扫卫生的时候会观察班级内班级外，是不是全部干净了。几件事之后，我发现他有时会有意无意地在我身边晃荡，我知道他想得到我的关注。这一刻，我感受到一丝丝幸福，这幸福或许来自他的改变，又或许来自他对我的信任。之后我为他专门设置了一个班干职位——"小助手"，老师的小助手，同学的小助手。除此之外，我也想借此机会，帮助他拉近与同学之间关系，让他感受到班级的温暖。

虽然他依旧不会像外向的学生那样，畅所欲言，嬉笑打闹，但是我相信在他的小小世界里能感受到来自班级的爱、同学的爱、老师的爱。这也是我身为教师，感受到这份工作带给我的浓浓幸福感。我真心爱我的每一位学生。

一日生活皆教育

祁门县金字牌中心学校 李赛红

幼儿教师的职责就是要引导幼儿在实践中获得知识，将所学知识渗透到一日生活中。在潜移默化中，培养幼儿良好的学习和生活习惯，学会做事，学会做人，最终学会生活。因此，幼儿教育要与实践相结合，教学内容要贴近幼儿生活。对于幼儿来说，只有动手做，才会有收获，才能得到发展。一日生活皆教育，教师应该做的就是利用一切生活中可利用的资源和条件，为幼儿创造动手实践的机会。

去年春季刚开学，天降瑞雪。我所在的幼儿园操场、滑梯、树木都被白雪覆盖。这是幼儿第一次在园内看见大雪，是难得的教育机会。当天上午，教师们果断调整课程，决定全园师生一起玩雪。孩子们在操场上踩雪、堆雪人、打雪仗，玩得不亦乐乎。在玩的过程中，孩子们知道了雪的颜色、气味，遇热消融以及可塑的特性。

为了把雪留得长久一些，有教师提议大家合作堆一个"冰墩墩"。时逢北京正举办冬奥会，孩子们对冰墩墩兴趣正浓。接下来的手工活动，大家分工协作：幼儿负责铲雪、运雪，教师负责堆雪、设计造型。在师生合作的过程中，教师又相机介绍了冬奥会的一些知识。从中，孩子们知道了冰墩墩身上有五环标识，是北京冬奥会的吉祥物，它的设计灵感来源于国宝大熊猫。

"金幼版"冰墩墩完成后，外形憨态可掬，孩子们非常喜欢，争着与之合影。余下的自由活动时间，孩子们纷纷动手仿做迷你冰墩墩。当天下午是美术活动，大班小程老师又带着孩子们画了冰墩墩，使得北京冬奥会吉祥物的形象深入童心。

北京冬季残奥会开幕后，我开展了一次主题活动，向大班孩子介绍了相关知识，重点介绍了残奥会的吉祥物——"雪容融"。利用多媒体教学设备，结合视频和图片资料，我告诉孩子们："雪容融"是以独特的中国元素——"红灯笼"为原型。顶部的如意造型和面部的雪块图案，寓意和平友谊、点亮梦想、温暖世界，代表着友爱、勇气和坚强，体现了冬季残奥会运动员的拼搏精神和激励世界的冬季残奥会理念。

随后的手工活动，我和孩子们一起制作"雪容融"。我让大家先认真观察图片中"雪容融"的模样和特点，然后再尽情发挥想象力，用手中的彩泥捏制出生动可爱的"雪容融"。短短一个下午，在孩子们的奇思妙想中，一个个活灵活现的"雪容融"呈现在眼前，令人爱不释手。孩子们用这种特殊的方式，感受奥林匹克精神，领略冰雪文化的魅力。

此次活动不仅让我园幼儿享受到了手工制作的快乐，也进一步增强了他们对冰雪文化和北京冬季残奥会的关注，使他们更深刻地了解了冬季残奥会的相关知识，为孩子们的生活增添了欢乐。

从冬奥会到冬残奥会，从冰墩墩到雪容融，一系列教学活动的开展，紧跟时代热点，又贴近幼儿生活，自始至终"教学做合一"。幼儿既学到了冬奥知识，又锻炼了动手能力，更收获了无穷的乐趣。而这一切，都是由一场意外降雪促成的。

一日生活皆教育。教育来源于生活，生活也贯穿着教育。生活中处处都是教育的契机，蕴含着取之不尽用之不竭的教育资源。陶行知先生说过："我们没有生活外的课程，也没有课程外的生活。"践行陶行知生活教育理念，我们应以生活为教材，努力挖掘生活中的教育功能。作为教师，不仅要在"做"上下足功夫，还要充分利用一切可利用的资源和条件，把幼儿一日生活的各个环节都赋予教育意义。

用爱去唤醒

祁门县幼儿园　李顺英

苏联教育家赞科夫曾说："当教师必不可少的，甚至几乎是主要的品质，就是热爱学生。"我们教师在实际教学中应该对所有的学生奉献自己的爱心，让孩子们感受到自己是生活在一个充满爱的环境中。每一位幼儿教育工作者都需牢记，爱是人类最美丽的语言。

幼儿园里没有上下课之分，每一天都在孩子们的吵闹中度过。有时你上课上得正投入，突然有个孩子要去厕所，你让他去了，接着就会有一群孩子嚷嚷着要去厕所。如果你不让他们去，尿裤子怎么办？让他们去，课怎么上？有时你觉得下课了，刚想休息一会，突然看到有的孩子钻到桌子下，有的爬到椅子上，你不得不放弃休息的念头，去告诉他们钻桌子、爬椅子是危险的行为。诸如此类的事情还有很多，我们的日常工作是平凡的，但如果我们用心去做了，平凡中也同样会孕育出母爱般的伟大。

面对那些有着特殊性格、脾气的孩子时，我会换位思考，问自己："假如这是我的孩子，我会怎么做？"

今年我带小班，小班的孩子一般都是用哭的方式来告诉老师或家长，他想回家。而我班的小浩浩却不一样。

他来到教室就会问："老师，什么时候放学？"

"一会儿就放学。"

"一会儿是多长时间？"

"两个小时。"

"两个小时是多长时间？"

……

我被他问得无语。只能说："小浩浩是好孩子，最喜欢和小朋友一起玩，你去和小朋友玩会儿，妈妈很快就来接你。"他满口答应地去玩了。但没过一会，他还会来问你："我妈妈什么时候来接我？"他曾经五分钟内问过我三次，每一次我都耐心细致地回答他，并教育他。因为小班的孩子个子小，我与他们说话都会蹲下来。我回答完小浩浩的第三次问题站起来时，感觉到周围都是小星星，头有点晕。或许是我的耐心起了作用，渐渐地，我发现小浩浩问"什么时候放学"的次数少了。有时还会问我："老师，今天是不是你上课？"他刚开始问这个问题时，我还疑惑不解，这孩子怎么问这个？他问得次数多了，我才知道，原来他是喜欢我，喜欢我为他上课。孩子虽然年龄小，但孩子的心是敏感而又脆弱的，需要我们用爱心来呵护。

世界上没有一模一样的孩子，就像没有一模一样的树叶。每个孩子都是独特的，他们的经历不同，个性也不一样。我班里有这样一个孩子：父母离异，爸爸外出务工，他跟着奶奶生活。奶奶的娇惯让他变得很顽皮，经常打哭班里的孩子。上课他也不老实，不是抓这个一把，就挠那个一下。经过一段时间的观察，我发现他之所以这么做，只不过是想引起老师和同学的注意。于是我便特别关注他，上课多让他参与游戏，可是当我叫他时，他却拒绝参加。我便开始思考其中的原因。终于，我明白了：他虽然顽皮，却不是一个有信心的孩子，他甚至不知道该如何与小朋友们一起游戏。找到原因，我对症下药。在鼓励、表扬和掌声中，他参加了游戏，也表现得很出色。

爱是教育的基础。爱不能只靠说教，那些能温暖人内心的爱，一定是通过我们的一言一行、一举一动，慢慢地渗入学生的心田的。以自己的正直去培育学生的正直，以自己的纯洁去塑造学生的纯洁……就像一棵树摇动另一棵树，一朵云推动另一朵云，一个灵魂唤醒另一个灵魂。

捧着一颗心来，不带半根草去

祁门县阊江小学　汪　莉

二十多年前，当我踏入徽州师范学校的时候，首先映入眼帘的便是几个烫金大字"捧着一颗心来，不带半根草去"。当时，年少的我们只知道这是陶先生说的一句话，并不能真正理解其中的内涵。

今天，当再一次走近陶行知，走近这位伟大的教育家时，我发现那些古老的文字依旧熠熠生辉，闪烁着耀眼的光芒。从教这么多年后，我在思考：我们这些为人师者究竟应该捧着一颗怎样的心来到这个平凡而又神圣的工作岗位呢？

我国近代教育家夏丏尊说："没有爱就没有教育。"教师是育人的事业，我们必须要有一颗热爱学生的心，才能做好这份"太阳底下最光辉的事业"。热爱学生是教师必不可少的、最重要的职业道德，是了解学生、向学生学习、贯彻教学相长的原动力。热爱学生要做到热爱全体学生，不偏爱、不歧视，要一视同仁。可是在实际教学中做到这一点真的很难。

我们班有一位女生，她是四年级转过来的。刚来时又黑又瘦，衣服也穿得不整齐，头发乱糟糟的，一双眼睛充满敌意地打量着每一个人，一看就是那种不讨人喜欢的孩子。她来之后的一个星期里，几乎天天哭着来告状，说同学又欺负她了。次数多了，我便不耐烦地朝她吼了一句："怎么每次都是欺负你而不是别人啊，肯定是你自己也不好！以后别来告状了！"从那以后她真的没有再来告状了，我心中暗喜："还是这招管用！"一段时间后，突然换成别人告她状了，"老师，我上次丢的那支笔在她的抽屉里找到了。""我的橡皮也是从她抽屉里找到的。""还有我的。"……前段时间老有学生跟我说丢东西，今天终于揪出了这个"黑手"！我怒气冲冲地来到教室，发现她正趴在桌子上哭。我气不打一处来："你拿了别人的东西，你还有脸在这儿哭！明天把你的父母叫来！"第二天，她的父母都来了，那是怎样的父母啊，父亲老实得近乎木讷，见了老师一句话也说不出来；母亲两眼无神，眼光在办公室的各个角落漫无目的地游移着。我顿时像泄了气的皮球，准备好好"教育"他们的一番话一句也说不出来。后来从其他家长那儿了解到她们家的一些情况：她们家条件很差，父亲老实得不能再老实了，母亲有智力障碍，夫妻俩在当地的一家木器厂干点杂活，两个人每天只有三十来块工钱，还不是天天都有，他们身上穿的衣服都是好心的街坊邻居送的。为什么她总是那么自卑又敏感？为什么她像个刺猬一样对待身边的每一个人？为什么班上那些调皮的男生总是喜欢欺负她？为什么她会拿别人的东西？这一刻，我仿佛都找到了答案。生在这样的家庭她当然觉得自卑，她怕别人看不起她所以时时刻刻像只刺猬一样把自己保护起来，她会去拿别人的东西是因为父母从来不知道给她买文具！我非常后悔自己的所作所为，班上的同学之所以会欺负她，我也有不可推卸的责任，我平时对她的态度将直接影响到其他孩子对她的态度。孩子年龄尚小，他们总在模仿，他们幼小的心灵肯定会想：她是一个老师都不喜欢的学生，她是一个坏学生！我们也不喜欢她！

从那以后，我好好地反思了自己，彻彻底底地改变了我对她的态度，只要看到她有一点一滴的进步，我都会及时地去表扬她，鼓励她，而且是当着全班同学的面，因为我想让全班同学都看到我对她的态度和看法。我还经常送她一些笔和本子，并且把女儿的衣服、鞋子也送给她。渐渐地，她和我越来越亲近，性格也变得越来越活泼了。四年级的那个儿童节，她被同学们推选为县级优秀少先队员。

看到她这些可喜的进步我感触颇多，像她这样的学生需要我们老师付出格外的爱心、精力和时间。我想，教育的春风应该温暖每一位学生的心灵，教育的春雨应该滋润每一位学生的心田，我们不能只爱那些学习好的，讨人喜欢的孩子，正如陶行知先生说的那样："你的教鞭下有瓦特，你的冷眼里有牛顿，你的讥笑中有爱迪生。"这是值得我们每一位老师作为座右铭的。陶行知先生说："教育者须对于教育有信仰心，如宗教徒对于他的上帝一样；教育者须有健全的人格，尤须有深广的爱；教育者须能牺牲自己，任劳任怨。"陶先生为了普及大众教育，放弃可以获得的优厚生活，他在十分艰难的条件下先后创办了三所著名的不同类型的学校。如果不是那份对于教育的信仰心，没有那份无私奉献之心，谁能恪守那份清贫，还依然保持着热爱？

"捧着一颗心来，不带半根草去。"让我们在陶行知先生思想光辉的照耀下，在教书育人这条路上，继续捧着一颗丹心，一路微笑，一路向暖，一路且歌且行！

最美的模样

祁门县历口中心学校　倪　媛

在党的二十大会议中，来自教育一线的代表杨浪浪提到"什么是好的教育？"她用"好奇、勇敢、责任"六个字来诠释。自从我站上三尺讲台就一直在问自己：怎样才算是一堂好语文课？课堂最美的模样又是什么呢？我一直在寻觅。

"同学们，今天我们上第二单元的口语交际《演讲》。"学生们毫无惊喜地翻开课本，开始学习本课的内容。"这次我们的口语交际，不是情景模拟。大家已经是毕业班了，还有的同学没有登上过讲台，这次我们班要举行一次演讲比赛，人人参与……"当我的话音刚落，班级炸开了锅，"我们全班每个人都要参加吗？""演讲稿自己写吗？""还要脱稿呀？"大家七嘴八舌地说。"对，28名同学都要参加，自己写演讲稿，演讲当然得脱稿。"在得到我肯定回答之后，大家目不转睛地盯着书中的文字。

接着，我明确本次演讲的主题是"坚定理想信念，争做时代新人"，要求他们现在就开始撰写演讲稿。在没指导之前就试着撰写演讲稿，他们能写出来吗？写出来的稿子会不会不符合演讲主题？我心里充满问号。

事实是他们写出来了，并且出人意料。演讲题目丰富多彩：有和"学习革命先烈"主题吻合的《珍惜时光，致敬革命先辈》《勇敢做自己》《向前别退缩》，有针对当时社会现象发出倡议的《节约用水，从我做起》《拒绝垃圾食品》《讲文明懂规矩》，还有表达自己的爱好《我的良师益友——书》等。第二天，我审查他们的演讲稿，除个别同学开头结尾需要更改一下，其他都是观点明确、富有感染力的。

然后我和学生们一起商量比赛时间，因恰逢国庆假期，于是将比赛日期定在10月12日。假期上课后的第一天，我还是不太放心，跟进他们的演讲稿背诵情况，意料之中的还是有那么几个人没有完成。我再指导他们练习，从舞台走位，到练站姿，再到拿着稿念，一遍不行，两遍，三遍……没有谁不想在全班面前好好表现。

终于到了比赛的时间，我又让他们选择比赛地点，是在班级还是学校的报告厅？这些孩子毫不犹豫地选择后者，因为那里是学校正式举行讲故事、演讲比赛的地方，更具有仪式感。赛前，我让他们自己抽签，感受校级演讲比赛的整个流程。学生站在大屏幕前，手握话筒，全班同学都在认真聆听，全程井然有序。我们班有个刚从宿州转过来的学生小韩，她很内向，从不主动与人交流。从开学初到现在，她一直戴着口罩，貌似是她与人隔绝的"面具"，跟老师说话也像蚊子哼一样。抽签时她试图要放弃，我鼓励道："你可以带着稿子上去给你壮壮胆。"轮到她上台时，明显感觉她全身都在颤抖，中途卡壳，一时不知所措，台下的同学都不约而同地给她鼓起雷鸣般的掌声。

孩子们当周的周记，都不约而同地记录了这难忘的一课。他们在作文里都写到这次演讲收获很多，出现最多的词是"紧张"，并不同程度地剖析"紧张"，字里行间洋溢着在本次活动中的成长。

平时课堂发言积极的小陈写道："在我抽到最后一名时，没有那么紧张。但轮到我时，一站上台，我的心在狂跳，声音在发抖，顾不了什么抑扬顿挫，我赶紧用尽全身的力量把早已背得滚瓜烂熟的演讲稿一股脑地全'倒'出来。可是最后一句话却怎么也想不起来。在同桌的多次提醒下我才结结巴巴地背了出来，最后惊魂未定地狼狈下场……大家都很欣赏勇于尝试、勇于争取机会的人。放弃就意味着被淘汰，要学习别人的技巧和优点，不断勇敢地尝试，不断进步才能取得成功。"

腼腆的小汪写道："演讲前有充足的准备时间，可上台时还是紧张，手和腿一直在抖，甚至感觉声音都在颤抖……可我最终顺利完成了演讲，我收获了许多，所以多多练习就可以勇敢地面对原来不敢面对的事情。"

班长小叶总结道："同学们对待这场比赛非常认真，每个人都在激情澎湃地演讲着，要在平时，我们班参加学校组织的比赛，每次都是那么几个同学参加，大多数同学连老师发的稿子都没有看过，更别提自己写稿子再演讲了。但是面对这次挑战，他们勇往直前，自信开口，看来我们班真是藏龙卧虎。"

看着孩子们的文字，似乎有点不满足，我希望他们记住的不仅仅是这次语文课，更是面对挑战、克服困难的信心。今后能在挑战面前自信地展示自己。

我想语文课不是千篇一律地读课文后检查字词，再研读课文分析重点，最后品读课文升华主题。语文课应该根据不同的主题，给学生创造不同的历练机会，上出新鲜感，帮助学生在潜移默化中体验到语言文字的魅力，获得身心愉悦和审美感受，激发学生有意识地阅读和勇敢自信地表达，以及对美好生活的向往与热爱。

这才是课堂和学生最美的模样！

一支铅笔

祁门县平里中心学校 康群华

吃完中饭，刚走到办公室楼道口，就被等在那的一年级的几个小朋友截住。孩子们围着我七嘴八舌地说："老师，小汪是小偷，他偷了你刚才放在桌子上的铅笔。"有的说："他还说谎，说是他爸爸给他买的。"还有的孩子说："老师，我去把他抓来，当面对质。"经过孩子们一提醒，我想起上午第二节数学课，我拿了一些铅笔奖励给昨天口算比赛中获奖的学生，多出的一支放到讲台上，下课后忘记带回办公室了。看着孩子们一张张气愤的小脸，我笑着问："你们看见他拿了吗?"孩子们摇摇头。小李说："这种铅笔在我们这里买不到的，老师又没奖给他，讲台上那支笔不见了，肯定是他拿的。"我听后轻声细语地对孩子们说："你们能及时向老师汇报情况做得很对，但没看见别人拿东西，就断定别人是小偷，是不对的。这种笔在祁门县的商店里都可以买到，如果是他爸爸给他买的你们不是冤枉他了吗？假如是你被人误解了，说你是小偷你会怎么样?"孩子们不好意思地低下了头。我笑着对孩子们说："老师知道你们是好孩子，以后千万不能叫别人小偷，不然他会伤心的!"

下午美术课后，小汪抢着帮我把美术本送到办公室。我把他拉到身边，笑着感谢他，并好奇地问道："小汪，今天美术课老师发现你的小青蛙笔很漂亮，在哪买的？老师也想买一些来奖励给你们。"听到这话，孩子低下头支支吾吾地说："我……我也不知道，好像是我爸爸在祁门县给我买的。"我说："没关系，放学时我让你爸爸告诉我地址和店名。"孩子听到这里，脸涨得通红，嘴里嘟囔着："老师，我……我……我很喜欢这支青蛙笔，看到你放在讲台上，我就把它拿走了，老师，我错了。"看着孩子充满泪珠的眼，我摸了摸他的小脑袋，依然微笑地对他说："老师今天奖给同学们的笔是他们自己经过努力获得的。你这段时间表现也很好，每次作业书写得很工整，下课还经常帮助老师擦黑板、拿书本，今天下午老师也为你准备了礼物，但你上午没有经过老师的同意，就拿走自己喜欢的东西，你觉得这样对吗？如果是其他同学喜欢你的东西，没经过你的允许就拿走，你会高兴吗？"孩子摇了摇头，我说："那你想不想让老师在全班同学面前把这支笔奖励给你？"孩子听后猛地抬起头大声地说："想！老师，我去把笔拿来给你。"说完一溜烟地跑了出去。

　　放学之前，我又奖励了这段时间各方面表现好的孩子。当点到小汪时，他急切地跑上来，接过笔，对着我大声地说："谢谢老师！"接着高兴地回到了座位。看到这些脸上洋溢着笑容的孩子，我觉得成为他们的老师是如此幸福。

那一抹浓浓的绿
——读《教育的真谛》有感

祁门县阊江小学　徐励群

伟大的人民教育家陶行知先生倡导"教学做合一"，这是流传于20世纪八九十年代的教育箴言。在当下，我们仍需用这一教学主张去进行教学改革。

先生说的"教学做合一"有三个理由。第一，教师的责任不在教，而在教学。是的，教师如果只是一味地教，自我陶醉在滔滔不绝的讲演之中，眼里没学生，心中没孩子，那样的教学对于孩子们来说，只是"水中花，雾中月"。叶圣陶先生也说过，"教是为了不教，学是为了不学"。这和陶行知先生所倡导的教学不谋而合。作为新时代的教师，我们在接过前辈教学的接力棒时，也不能丢掉前辈的教学精髓。

我目前所带的这班学生，学习能力不一，学习状况参差不齐。每一个孩子都是唯一的，每一朵花都有自己的春天。因此，在我的课堂中，我时时刻刻牢记陶先生教导。教学中，走近学生，与学生面对面，让学生感受到教师的期待。

第二，陶先生认为教的法子必须依据学的法子。孩子们的思维是活跃的，特别是新时代的学生，获取知识的渠道颇多，接触的新鲜事物纷繁复杂，在他们小小的脑袋里，或许洞藏着无边的想象。孩子们都在不断前进，思维也在不断生长，作为他们的引导者，我们有什么理由停滞不前？"适合的，就是最好的"，"存在即合理"。所以，先生经常告诫我们："你的教鞭下有瓦特，你的冷眼里有牛顿，你的讥笑中有爱迪生。"对待孩子，要像对待含苞待放的花朵，要呵护其自然生长。

宇是我们班思维活跃的男生之一。思维的活跃，也有两面性。任何的事物对他来说，都是新鲜的、有趣的。有时，地上不知何处滚来的橡皮、白板系统里忽然跳出的广告、缤纷的色彩、绚丽的图画等，都会激起宇的很多想法。对于他的思维活跃，课堂上我会留时间让其讨论、发表意见；对于他的困惑疑问，我首先鼓励其精神可嘉，然后帮助其解决问题，不能够解决的问题，也直接告知，并表示共同探讨，让他集中注意力，感受学习知识的乐趣，对学习产生持久的兴趣。

第三，先生认为不但要将教的法子与学生学的法子相联系，还必须与自己的学问联系起来。做先生的，不能只做贩卖知识的贩子，也不能做留言机、播放器。以前，我们说"要给学生一杯水，教师要有一桶水"。后来，我们更新为"要给学生一杯水，教师要有源源不断的水"。为何有这样的提法？如果只是从知识的"量"上来做文章，那么是违背先生初衷的。因为如果我们锲而不舍地追求"量"，到头来，知识的"质"则会大打折扣，甚至有"量"无"质"。孩子们天真活跃、思维敏捷的大脑，最终只会成为呆板的盛装知识的容器。这样的教学不利于学生的成长，不利于学生素养的形成，最终，会影响民族整体素质的提高。

先生提倡教师要有科学家的精神，并且还举了德国大学教员就是科学家的例子。他也是在告诫我们中小学教师，要有科学家的思维，才能培养出高素质的学生。当下，落实各科的学科素养是一大热点，可究竟如何落实？我想还是要从前辈那儿汲取一定的经验，不能只靠翻翻教科书来解决，也不能只靠改改作业来落实。在我们神圣的课堂上，在我们平日的言传身教中，要有落实学科素养的意识，要千方百计地将学生的学习兴趣时刻保持在一个较高的高度。正所谓"学而不厌，诲人不倦"。

读完先生的这本著作，我对教育又有了新的认识。教学之路漫漫，为人师者，心中常存反思，时常回味反思，让先生真谛那抹绿常看常新，盎然挺立。

读《教育的真谛》，感受教育的真谛

祁门县阊江小学　郑桂珍

习近平总书记说："做好老师，就要执着于教书育人，有热爱教育的定力、淡泊名利的坚守，就要有理想信念、有道德情操、有扎实学识、有仁爱之心。"既然选择了当老师，就要努力做一名好老师。工作之余，我捧起陶行知的《教育的真谛》细细品读。在书中，我看到了陶行知先生忙碌的身影，更感受到了他那爱满天下、孜孜以求的精神；在书中，我听到了陶行知先生的金玉良言，更懂得了教育的真谛。

"捧着一颗心来，不带半根草去。"先生为教育事业奉献一生，满怀对学生诚挚的爱。他曾经说过："真教育是心心相印的活动，唯独从心里发出来的，才能打动心灵的深处。"正是发自心灵深处的爱，使他懂得尊重学生，建立平等的师生关系。等着挨训的学生在接过第一颗糖后明白站在自己对面的是放下"师道尊严"架子的校长，感觉自己受到了从未有过的尊重，师与生之间的距离一下子拉近了。陶行知先生一再提醒我们："你的教鞭下有瓦特，你的冷眼里有牛顿，你的讥笑中有爱迪生。你别忙着把他们赶跑。你可不要等到坐火轮、点电灯、学微积分，才认识他们是你当年的小学生。"说的就是老师要尊重学生。因为尊重是教育的前提，尊重学生本身就是对学生最好的教育。尊重学生不仅要尊重学生的意愿，尊重学生的需要，更要尊重学生的个性，尊重学生的人格。"我们必须会变小孩子，才配做小孩子的先生。"一语中的，老师只有变成小孩子，才会想孩子所想，才会懂得如何去尊重学生，如何去建立平等的师生关系，平等的师生关系也是陶行知先生民主教育思想的一种体现。所有的尊重、平等都是以爱为前提的。教育是一门"仁而爱人"的事业，爱是教育的灵魂，没有爱就没有教育。好老师应该是仁师，没有爱心的人不可能成为好老师。

陶行知先生虽为教育家，但仍以小学生自居，提倡终生教育。他非常看重教师的再教育、再学习，他说："出世便是破蒙，进棺材才算毕业。"这就要求老师始终处于学习的状态，站在知识发展前沿，刻苦钻研、严谨笃学，不断充实、拓展、提高自己。一个好老师必须要有过硬的本领，立三尺讲台，要能为学生打开一扇窗；捧一本课本，要能带着学生遨游知识的海洋。

"蜂采百花酿成蜜，厚积之后而薄发"，"惟有学而不厌的先生才能教出学而不厌的学生"，从这个角度分析，教师只有做到与时俱进，才能成为宝而不是草。与时俱进要求教师紧跟时代步伐，加强自身的继续教育，从而适应飞速发展的教育新形势，把新课程理念转化为教学行为，创造性地进行教学工作，在教和学的过程中，不断地积累经验，积淀知识。如此日积月累，相信总有一天，我们定能如先生那般"薄发"：利用身边的一颗核桃、两粒花生、三个苹果……去感化学生、教育学生，从而使教育工作中尽量少出现"百分之一的废品"。

陶行知先生是我国伟大的教育家，倾其毕生精力于中国人民的教育事业，其创新精神充分体现了他相信儿童、尊重儿童、理解儿童，以儿童为主的教育思想。他所创造、提出的"生活即教育""小先生制"……在当今仍具有现实意义。

"生活教育是给生活以教育，用生活来教育，为生活向前向上的需要而教育。"陶行知先生把生活教育提高到这么一个高度，给了我震撼，我震撼于他的精辟和深刻。陶行知先生的生活教育理论在全面推进素质教育、深入进行课程改革的今天，仍具有十分重要的指导意义。"小先生制"由陶行知先生最先提出，于今天我们改变教育观、教育形式也是有一定的指导意义的。"小先生制"是陶行知先生对传统教育思想的革命性颠覆，是对现代教育思想的开创性奠基，是以生为本思想彻底性的标志。

走近陶行知，研究他的教育思想，发自内心地感叹：他几乎是为乡村教育而生。他的教育思想有广泛的影响，我对他教育精髓的探讨和一些思考仅仅涉及其中的一小部分。我想《教育的真谛》必将带给我们更多的启示。

重阳节里话敬老，传统文化润心田

祁门县雷湖中心学校　谢楚祺

随着城镇化进程的加快，乡村留守儿童不断增加。在这些留守儿童的日常生活和学习中，老人成了他们最亲近的人。本次教育活动借助传统节日重阳节，教育学生了解传统节日，孝敬老人，发扬优良的民族精神。

低年级的学生很多还不太了解重阳节，为了让学生了解这一传统节日，懂得孝敬老人，我便以班会的形式向学生介绍重阳节，并布置相关任务要求学生回家完成。

在班会召开之前，我做了很多准备工作。首先我搜集了许多关于重阳节来历的故事，随后又搜集了各地不同的重阳节习俗，并配以精美的图片，希望能给学生带来更直观的感受。班会上，我向他们抛出话题："你们在家是否见过艾草？听说过茱萸吗？"

学生们立刻来了精神，纷纷高举小手："老师，老师，我见过！我还用晒干的艾草煮水泡过脚。"

"老师，老师！我知道一首关于重阳节的诗，叫《九月九日忆山东兄弟》。"

我喜出望外："你们的课外知识可真丰富呀！那你们会背诵这首诗吗？"学生们纷纷摇头，于是我开始向学生们介绍这首诗，告诉他们这是唐代诗人王维在重阳节那天依据习俗登高，但由于身处异乡，只能在这特殊的节日写一首诗，表达自己对远方亲人的思念。听完我的介绍，课堂氛围似乎凝重了一些。有的同学流露出难过的神情："老师，我也想念在远方的爸爸妈妈。"

"诗人思念家人，会写一首诗来表达思念。那你想念家人的时候都会怎么做呢？"我有些心疼地说。

"我可以给他们打电话，也可以暑假的时候去看他们。"回答问题的学生脸上又舒展开了笑容，给了我一些安慰。

"同学们，虽然有些同学的爸爸妈妈不在身边，但是你们都有自己的爷爷奶奶啊！爷爷奶奶也会一样爱我们，照顾我们的学习和生活。那在这特殊的节日里你有什么想为爷爷奶奶做的吗？"

"老师，我可以帮爷爷按摩肩膀。""老师，我可以给奶奶做一张贺卡。"小朋友们纷纷举手发言。

"老师知道你们都是孝顺的好孩子，我们今天就要完成一份特殊的作业——给爷爷奶奶制作一张贺卡。同时你们也可以为他们做一件力所能及的家务，陪他们聊天听听他们过去的故事。"放学之后，我在班级群里收到了好多照片，有的是学生和爷爷奶奶的合照，有的是学生在扫地，有的是学生和老人坐在一起聊天。

次日，我又和孩子们聊了起来，询问他们昨天的"作业情况"。孩子们纷纷告诉我昨天他们都听到了怎样的故事，帮老人做了什么家务，以及老人收到贺卡时的喜悦。

其中有一位学生分享的作业给我留下了十分深刻的印象。他告诉我，他的爷爷小时候，红军就住在他爷爷家附近。每到吃饭的时候，炊事员就搬来一口大铁锅，里面装上饭和红薯，煮着吃。每个红军只能分一点锅巴饭或红薯，而不懂事的小孩子们还常常问红军要锅巴吃。后来他爷爷长大了，也参了军，还跟着部队打过仗。这位学生在向我描述时还告诉我，他的爷爷说到抗战胜利的时候十分激动，仿佛和几十年前一样开心。

我急忙告诉学生们："我们今天的美好生活来之不易，你们的爷爷奶奶，他们小的时候常常连饭也吃不饱，如今我们不仅解决了温饱，还实现了九年义务教育。老师常常告诉你们要学会感恩，所以我们对待祖国也要怎么样？"

"感恩。"

"对，就像感恩自己的爷爷奶奶一样。"

"老师，我明白了。如果没有爷爷奶奶，我就不能好好上学；如果没有国家，我就没有今天的美好生活。"一个小男孩举起手来。

"可以这么理解。那你们有想过如何报答爷爷奶奶，如何报效国家吗？"

"等我长大了，我要赚钱给爷爷奶奶买大房子。"

"我要赚很多钱，带爷爷奶奶去城市里生活。"

"老师，等我长大了，我也要当老师，这样我就可以为祖国培养更多好孩子。"看着他们一张张稚嫩的脸庞，我感到十分欣慰，看来这次活动很成功，孩子们都受益匪浅。

这次活动达到了预期的教学效果。学生们不仅了解了传统节日重阳节，还懂得了感恩尊长，并付诸行动。

回归教育初心不改，知行合一真诚以待

——读《陶行知教育名篇》有感

祁门县城北学校　陈　画

2021年，一个全新的名词"双减"，成为全国人民的关注焦点。何为"双减"？一减轻孩子的过重课业负担，二减轻孩子校外培训的负担。"双减"政策实施以来，又给我们的教育、课堂和孩子们带来了什么变化呢？下面和大家分享几个我们的故事。

一、回归初心，寓教于乐

一堂好课的标准是什么？精彩？高效？"一千个观众就有一千个哈姆雷特"，每个人评判的标准都不一样。我也这样问过班上的孩子们，从他们口中得到了这些答案："老师，这题您讲一遍我就听懂了。""老师，这堂课真的是上得太有趣了，我还没听够，就下课了。"……

我来自一所乡村的百年老校，我执教的班级有28名孩子，大多十一二岁，淳朴可爱。这不，我们遇到了一篇极其有趣的课文《竹节人》，光是名字就非常吸引孩子们。在办公室备课时，我努力思考：如何上好这一堂课呢？怎样把这堂课上得与众不同，更能吸引学生呢？首先要锁定单元要素：根据阅读目标，选择恰当的阅读方法。

教育家陶行知说过："行是知之始，知是行之成。"认识来源于实践，实践是认识的基础，要让孩子通过实践去学习知识。古人云："凡事预则立，不预则废。"《竹节人》这篇课文篇幅较长，又该怎么预习呢？再三思考之下，我布置了一份特别的亲子作业——与父母共做一个竹节人。

"老师，老师，我们这篇课文还没学呢，怎么做？"一位男生摸摸后脑勺，腼腆地说道。"是啊，您得先教我们啊！"另一位男孩子也大胆地说，大家齐点头。

我微笑着说道："没学就对了，这篇课文有点长，所以我们一定要做好预习工作。在爸妈的陪同下，根据课文预习提示试做一个竹节人。让老师看看你们的本领，相信你们一定能完成这个任务，老师可拭目以待哦！"说完，我不忘给孩子们一个鼓励的眼神，孩子们带着满脸的踌躇和不置可否的表情离开了。

我一直坚信：兴趣是最好的老师。这堂课的目标简单易懂：怎么制作竹节人？怎么玩竹节人？希望孩子们在制作过程中能够体会竹节人这种传统玩具给大家带来的乐趣。

短暂的周末一晃而过，孩子们拿着精心制作好的各种各样的竹节人归来，已经迫不及待地想要展示给同伴看了，但我告诉他们："不急，好饭不怕晚，我们先把这篇课文上完，里面还有更多的乐趣。"果然，课堂上，同学们非常专注，认真地听讲。书中的"我"已经吸引了大家，孩子们也似乎围在课桌前，津津有味地欣赏叱咤风云的古战场，还有那各式各样、层出不穷的招式。课堂气氛非常活跃，大家积极踊跃发言。不仅如此，孩子们精心准备的战士们——竹节人也马上要参加激烈的战斗了。

当天下午，我利用综合活动课时间，给孩子们组织了一场竹节人大赛。孩子们"斗"得不亦乐乎，各路大神各显神通，纷纷争先表现自己竹节人的战斗能力。你瞧，每个战士都有着自己的称号："斗战胜佛""关云长"……最后，我们也同样把课桌拼凑在一起，还原古战场，通过一轮又一轮的角逐，最强战斗力竹节人就这样诞生了，我还给孩子们颁发了事先准备好的奖品。既学到了知识，又玩得开心，还领到了奖品，孩子们可高兴了。

这次精心组织的竹节人制作及比赛活动，极大地丰富了孩子们的课余生活，充分激发了孩子们的创造力，而且让孩子们在玩中学，学中玩。与家人共同动手创作的同时又促进了亲子交流，给家庭带来了温馨快乐。我还就本次竹节人大战让孩子们课后进行写作练习，孩子们的习作都写得很出彩，包括平时写作兴趣不高的孩子都写得很棒，他们将比赛的场面描写得淋漓尽致，生动有趣，孩子们收获满满，《竹节人》课文学习也达到既定目标。

二、课后服务，温暖心间

陶行知说过：生活即教育，社会即学校，教学做合一。从关注学业成绩到关注全面育人，从注重书面作业到尝试将体验感受、社会实践等融入教学，"双减"政策其实更重要的是提高孩子的学习能力，让孩子能够将所学知识与生活实践相结合。

"双减"政策的落地，最见成效的地方便是学生和老师相伴的时间更长了。我们班共有28名可爱的学生，农村的孩子活动较少，遇到农忙时家长陪伴的时间就更少了，当然，这是一件很无奈的事情。他们在家的娱乐基本上只有看电视，非常单调枯燥。我在班上曾经就课后服务的问题进行过一次调查，学生们都很认同课后服务，如：有了课后服务，不会的问题再也不会抓耳挠腮，可以请教老师；语文的作业常常需要几个学生共同完成，在这段时间内都能有效地完成；在家做作业总是会一心二用，课后服务时能够专注完成作业，大大提高了学习效率……

是啊！同学们说得很好。但在初始实施阶段遇到的困难也有不少：首先，考虑到农村家长的负担，孩子的课后作业并不多，任务本身就不太重。其次，所谓的校外培训更是没有，怎么会有在大山里的培训机构呢？再次，城镇化建设逐步推进，农村留下的监护人大多是老人，接送孩子的安全又如何保障？最后，还是大家最关心的问题，难道课后服务都是拿来辅导作业，把学生困在题海里吗？

发现问题才能解决问题，我一直坚信农村孩子的学习能力也很出彩，题海战术不一定适合他们，反而会增加无谓的负担。从2021年春末全市统考我发现，农村孩子的各科成绩并不亚于城里的孩子。

我们县的历口中心学校虽说也是农村学校，但是可真别小瞧这所依山傍水的百年老校，学生不少，有五百多人，县内还有丰富多彩的少年宫文化！无须校外培训，自家的老师们就能教孩子们很多本领。

在开学之初，班主任把家长请到教室，开了一场特别的家长会。针对接送孩子的安全问题，学校建议：如在茶叶忙季学生可在学校食堂就餐。正谈得火热时，一位妈妈举起来手，略有些腼腆地问道："那这样一算，在校学习时间不得有九个多小时，孩子们扑在作业里该多累啊！""我们班有喜欢书法的，有喜欢绘画的，有喜欢踢足球的，还有喜欢科学创新的……"我娓娓道来。瞧！这么多的兴趣爱好，孩子们又怎么会感到无趣呢？

一学期下来，孩子们从开始的不太适应到现在乐在其中，课后服务之花慢慢在孩子们的心中绽放，丰富多彩的班级活动更让我们农村的孩子们乐在其中。

三、"五育"融合，真诚交流

"生活的教育"就是寻找教育的幸福。陶行知说："虚心下问，集思广益。"我其实非常幸运，遇到了一群可爱的学生，同时遇到了一群质朴的家长。

正如常言所说："敬人者，人恒敬之。"尽管在教师与家长沟通交流中，教师起主导作用，但他们在人格上是完全平等的，不存在尊卑、高低之别，我所带的六年级孩子偶有心理波动，我总是及时通过各种渠道和家长们沟通。作为一名教师，有时在教育过程中出现的问题，我首先从自己身上找原因，还要客观地分析问题的症结所在，公正地评价学生的表现和家长的家庭教育工作，与家长共同研究解决问题的方法。

学校有专门的教师宿舍，我基本上每周回家一次，所以有时会到孩子们家里去家访，了解不一样的他们。特别是在"双减"实施之后，我会事先与家长约定，不做"不速之客"，在家访中教师要有诚心和爱心，我相信，教师对家长真诚以待，对学生有爱心，学会欣赏每一个孩子，相信他们都有自己的独特之处，那么，家长必然会成为教师的朋友。"双减"之后，教师更要放下"教育权威"的架子，经常向家长征求意见，虚心听取他们的批评和建议，以改进自己的工作。这样做，也会使家长觉得教师可亲可信，从而诚心诚意地支持和配合教师的工作，维护教师的威信。

　　"爱满天下，乐育英才。"作为一名教师，我认为首先要爱学生，学会欣赏学生，善于发现学生的长处，多激励学生。其次，要正确认识德育的重要性，也不能忽视其他教育。要让学生多多动手实践，从生活中收获更多的知识，以行悟知，用知促行，知行合一。最后，对待家校合作一定要真诚谨慎，与家长平等交流，以心换心，相信我们的教育会越来越好！

接纳情绪，正面处理，耐心等待

——《正面管教》实践个案

祁门县金字牌中心学校　程芳逸

《正面管教》是一本在家庭教育中影响力很大的书。目前，社会上还因此书设立了"正面管教讲师"等职位，意在传播正面管教的理念。该书的封面上写了《正面管教》所解决的问题——如何不惩罚、不娇纵地有效管理孩子。我读这本书，是因为入职五年来，我在面对一些孩子的不良行为时，常有挫败感和愧疚感，不能有效地帮助孩子。

为了帮助自己更有效地解决教育中的难题，在反复阅读这本书之后，我开始实践其中的方法。《正面管教》提出了一个独特的教育态度，即"和善而坚定"。在面对孩子的不良行为时，作为成年人，应该学会控制自己的情绪，并用和善而坚定的态度面对孩子，关注于解决问题。书中介绍了面对孩子不良行为的具体处理步骤：1.表达对孩子感受的理解（你现在肯定很伤心，这是你拼了很久才拼好的）；2.表达对孩子情况的同情（我也常常会遇到这种情况，真的很愤怒）；3.告诉孩子你的感受（可是你刚刚打小朋友，也让老师很担心，害怕你和小朋友受伤）；4.关注于如何解决问题（你看看有没有更好的方法来处理这个问题）。

在对书中理论知识有了一定的理解之后，我开始对我们班最难"对付"的一个孩子施行《正面管教》中的教育策略。在这个过程中我发现，在知道和做到之间隔着巨大的鸿沟。这条鸿沟中流淌的是教师的情绪和渴望。这里面有"关心则乱"的情绪，也有"急于求成"的渴望。

我的实验对象佳佳是全园教师都"害怕"的一位幼儿。因为如果一不小心对她说"错"一句话，或她自己当天心情不佳，她便极有可能大闹幼儿园一整天：哭闹不止、不愿吃饭、不愿上厕所、不愿午睡、午睡后不愿起床、放学后不愿回家……她会用一切行为来反抗和发泄。

过去一学期，我时常观察她，也会尝试用自己的专业知识和书中的策略帮助她。通过孩子在园的表现，我判断出孩子出现抗拒情绪的原因是"寻求关注和权利"，希望通过哭泣和不服从表达自己的权利。在推测出这个原因后，我开始有意识给予她更多的关注。例如，早上入园时主动和她打招呼，午饭过后与她一对一聊天，活动中多表扬、鼓励她。久而久之，孩子渐渐信任我、喜欢我。孩子奶奶常对我说："我家佳佳啊，每天回家都说程老师最好，最喜欢老师你了。"除此之外，我判断出孩子在对自己情绪的识别和调整上是有所欠缺的，所以设计了阅读绘本《我的情绪小怪兽》《菲菲生气了》《生气汤》等活动，旨在帮助她学会识别情绪、调整情绪。在做了这些之后，佳佳莫名发脾气的频率明显降低了。然而发脾气时的状态却没有变化，无论老师怎样与她交流，她都不做任何答复，这让我深感长路漫漫。然而在近期一次活动中，我看到了《正面管教》中等待和接纳的力量。

在一次画小蝌蚪的美术活动中，佳佳在座位上突然莫名其妙抽泣了起来。我秉着《正面管教》中的沟通策略，走过去问她发生了什么，需不需要我帮忙。她和之前一样，不做任何答复。我请她调整一下自己的情绪（之前学过如何调整），就继续我的活动了。可能是因为哭泣声并没有影响到大家，也没有获取我太多的关注，佳佳突然从小声哭泣变成厉声尖叫起来。我很平静地走过去，和善地问："发生什么事了？是否愿意告诉我，我可以帮助你。"但她没有给我一丝回应。我转过身看着佳佳双手中那已经叠成了糖果大小的餐巾纸，蹲下来贴着她问："我再给你拿一张餐巾纸吧！"她点头了，情绪也在这一瞬间缓和很多。察觉到这个变化，我在把纸递给她后，尝试性问了一下："可以告诉老师发生什么事了吗?"她想了一下小声说："刚刚我玩具还没有玩好，别人就把玩具收起来了。"我先表达了对孩子的理解："玩具玩得正开心，却突然不能再玩了，这让你很生气。"佳佳看到我明白她的感受，抬头看着我。我继续表达对她情绪的认可："老师有时候也会有这样的感受，当我还想再玩一个游戏却必须要立刻离开时，我真的挺难受的。"我知道，用自己的经历很容易取得孩子信任。根据前述第三个步骤，我真诚地表达了我的感受："刚刚你尖叫哭泣，让我不能正常上课了，同时我也很担心你。"最后，我提出了建议，看看佳佳有没有好转的趋势："你看，接下来你是选择去隔壁教室调整情绪，还是继续参与活动？"佳佳没有立刻回复，她想了一下说："我等他们画好我再画。"我欣然同意了。因为她情绪趋于平稳，且愿意继续完成画画了。

在其他孩子都结束了画画之后，佳佳调整好了自己的情绪状态，画出了一群可爱活泼的小蝌蚪。她把画放进画袋后，轻松地问："程老师，那本《情绪小怪兽》呢？"我听后一愣，她竟然还记得去年讲的一本绘本。我趁机问她："你刚刚哭的时候是什么颜色的情绪啊？"她回答"蓝色（伤心）。""没有红色（愤怒）的吗？"我追问道，想看看她对自己情绪的识别。"没有啊！"她轻松地回复我。看到她学会了辨别情绪，调整情绪，我欣慰地摸摸她的头。她抬头看着我，我们相视一笑。

《正面管教》中提出一个重要的技能：孩子要有能力理解个人情绪，并能利用这种理解做到自律以及自我控制。对于佳佳而言，能在与他人的矛盾中、在自己的情绪中辨别情绪，让自己在不伤害他人和自己的情况下恢复平静并解决问题，是非常大的进步。哪怕这个进步，隔了一堂课；哪怕这个改变，用了整整一个学期。

《正面管教》一书中提出：要"赢得"孩子，而非"赢了"孩子。如果用惩罚管住孩子的脾气，看似是在教育，其实是为了平息内心孩子不服从自己所产生的愤怒。最重要的是，教师的表现，也给孩子做了一个遇到困难发脾气的"榜样"。这件事让我相信，在幼儿教育中，想要赢得孩子，要接纳情绪，正面处理，耐心等待。

来自星星的孩子

祁门县祁山小学　汪爱琴

　　披星戴月上班去，万家灯火回家来。大半生的时光就这样慢慢地消失在繁杂而又充实的工作中，飘飞在白色的粉笔屑中。忙碌中，总会有一束光穿透喧嚣，照在我们的脸上；总能有一股暖流打破坚冰，润泽我们的心田。

　　叮，手机信息铃声响了，打开一看是轩轩妈妈发来的信息："老师，请问轩轩这几天表现怎么样？"我沉默了片刻，回复道："还是老样子，没什么改变。"这时我的思绪回到了今天的课堂上，"请同学们把书翻到第48页跟着老师读课文。"我一边带读一边用目光扫视着教室里的每个孩子。其他人都在捧着书指读，只有轩轩一个人的书是合着的，手里还在漫不经心地玩弄着尺子。我压抑着心里的不悦，把目光停在了他身上，几秒钟过去了，同学们都屏住呼吸望着他，教室里的空气仿佛在那一刻凝固了，可他却浑然不知，依然沉浸在自己的世界里。从入学到现在已有两个月了，这样的状况也不知发生过多少次，课堂常规训练对他来说毫无意义。看到他这样无动于衷，我忍不住生气了，径直走到他身边，大声呵斥道："把书打开！"轩轩只是瞪着两只大大的眼睛呆呆地望着我，什么也不做。我拿起他手中的尺子往地上一扔："你是听不见我说话还是听不懂我说话？"我有些恼羞成怒了，可他还是坐在座位上纹丝不动，书依然没有打开。每次面对他这种状态的时候，我都有种近乎崩溃的感觉。这是一个什么样的孩子？像是从另外一个世界来的，根本不知道上课该做什么，对老师的话充耳不闻，对老师的脸色视而不见。我一次次努力地想改变他，但是一次次我的耐心与热情被他磨灭，我根本走不进他的世界……我调整好情绪，把今天的情况告诉了轩轩母亲。而他妈妈的回答让我的心情更加糟糕，其实这也是预料之中的："那其他同学有没有在认真听课？有没有其他小朋友像轩轩一样的呢？"每次说到轩轩的情况，他妈妈从来没有反思自己孩子的错误，而总是第一时间就问其他小朋友是不是也是这样？难道说如果有其他小朋友也犯这样的错误，就觉得轩轩值得被理解和原谅吗？从教这么多年，我也是第一次遇到这样的家长。我再次压抑住心中不满的情绪："其他小朋友都会听课，即使偶尔走神，也会及时被我纠正过来。""全班就他一个人这样吗？"我实在不想和她这样继续交流下去。于是说："我有课，有时间我们面谈吧。""好的，老师，我下午去您办公室，可以吗？""可以。"

　　下午轩轩妈妈如约来到我的办公室。交谈中，他妈妈很艰难地说出了压在她心里很久的秘密，也让我非常震惊。原来在轩轩很小的时候，由于父母工作很忙，他一直在乡下奶奶家生活。因为常年缺失父母的爱，再加上奶奶只管带孩子，也不善于和孩子交流，轩轩就总是沉默寡言，后来整天都不说一句话。等到父母发现他的异常带他去看医生时，才知道轩轩已经患上了孤独症，这让父母痛心不已。后来经过两年积极的治疗，再加上父母的陪伴，轩轩的情况已经有了好转，但他还是不愿与人交流。"老师，我每次问您其他小朋友是不是也像轩轩这样，我就是想知道他是不是像其他小朋友一样正常了，之前没有和老师您说真话，是怕孩子在学校受到歧视。"交谈中，母亲流下了伤心的泪水。

　　此时，我心里无比愧疚，更是自责不已。想到我训斥轩轩时的语气，想到轩轩那呆滞的眼神，他当时该是多无助啊！我几乎不能原谅自己。我也终于明白了他妈妈的用心良苦，而我曾经还那么不理解她。

　　晚上回到家里，我通过查阅资料了解到，孤独症，是一种发生在婴幼儿时期的广泛性发育障碍性疾病，主要表现在社会交往障碍、沟通障碍等方面。这些被疾病所束缚的孤独症患者也被称作"来自星星的孩子"，形容他们像星辰般独自于黑夜中闪耀。天宝·葛兰丁说过，孤独症患者与常人不同，是因为社交和沟通障碍让他们感受世界的能力和方式与大多数人不同，但这仅仅是与常人不同而已，并不是低人一等，所以这份不同需要我们去尊重，去理解，去发现，去包容。作为一名教育工作者，同时也作为一名母亲，对孩子心底总有一根柔软的弦，我决定要帮助轩轩。我多次召开主题班会，给孩子们传达同学、朋友之间需要互相友爱的信息，告诉他们，我们每一个同学都是有爱的孩子，我们要伸出手来，捧出心来，帮助每一位同学，让他快乐，让他幸福。课堂上，我带领孩子们用一次又一次的掌声鼓励轩轩回答问题；课下，我一次次走到他身边，抚摸着他的头询问他上课有没有听懂，拉着他的手和他说话，陪他做游戏。现在的轩轩已经能和同学们融洽相处了，下课时我看见他和同学们一起奔跑着嬉戏着，我们所做的一切让他很快乐，很幸福。不知不觉中，他也给我带来了许多感动。有一天，轩轩走到我身边，递给我一张纸，上面画着两个人，旁边写着两句话：老师爱轩轩，轩轩爱老师。那一刻，我真为之动容。

三尺讲台，一支粉笔，没有轰轰烈烈，唯有默默守候。心守一抹暖阳，静待一束花开。教育的等待就是爱的艺术，静待花开，相信那颗独自于黑夜中闪耀的星星也能绽放出最耀眼的光芒。

两张被抠去脸的照片

祁门县城北学校　叶莉娟

教师的责任是教书育人，班主任的育人角色更加突出，回顾自己的"班主任"历程，虽然累，但我却甘之如饴。从教22年来，从第一次接班的信心满满却落荒而逃，到后来的无畏无惧，心中坦然，从"惧怕"到"坦然"，这是一个蜕变的过程。而这一过程的催化剂，便是那一个个数也数不清的育人故事。

2022年9月12日，开学仅一周时间，学校微信工作群里出现了这样一则消息：学校宣传栏里的学生活动照片被人抠掉了"人脸"。校长回复了一句话：请政教处严查处理！刚上完两节课的我在办公室不经意地翻看着消息，还和其他同事调侃道："也不知道是哪个班的捣蛋鬼干的！"没过一会儿，工作群中就出现了被抠掉"人脸"的照片。翻看着照片，咦，这不是我们班的小文和小娴的照片吗？一张是去年学校远足活动小文扛着班旗走在队伍的最前面，另一张是小娴在去年学校艺术节上演奏古筝的照片。"怎么被抠掉的都是我们班孩子的照片？"当时我的心里直犯嘀咕。

和往常一样，下午我早早地来到班上陪孩子们自习。我随口说道："同学们，你们今天经过宣传栏的时候，看见我们班同学的照片了吗？""看见了！""唉，也不知道是哪个调皮鬼，居然把小文和小娴的脸给抠掉了，真是白瞎了两张那么美的照片！"我惋惜地说。"是他们自己抠的。"班上的"小喇叭"小龙喊道。"什么？不准乱说！"我立刻批评了他，没想到其他同学都附和着说："老师，是真的，真是他们自己抠掉的。"我还是将信将疑，赶紧问道："小文，小娴，真是你俩自己抠的？"只见他俩从座位上站起来，点了点头。全班哄堂大笑，我也是百思不得其解。

自从担任班主任以来，遇到过调皮捣蛋的学生故意损坏公物的，遇到过学生恶作剧的，但这样的事情我还真没遇到过！这时，我的头脑快速运转着，心想：这两个孩子都是班上品学兼优的好孩子呀！理智告诉我要冷静，不能冲动。于是我把他俩叫到了办公室询问原因。经过了解，这两个孩子给出的理由居然是"有些同学说我脸大""有些人说我的照片好丑"，所以他们就把自己的脸抠掉了，这样别人就认不出来他们，也就不会再评论了。

听到这里，我庆幸自己刚才在班上没有立即发火。于是，我笑着说："今天，老师很高兴，祝贺你们长大了！"两个孩子抬起头来惊讶地看着我，我接着说："你们现在已经懂得自我尊重和自我爱护了，你们希望维护自己的良好形象，因此特别在意别人对自己的评价，这是对自己的尊重和爱护，是自尊的表现，是一种积极的自我意识，所以老师要再次祝贺你们长大了！"听到这里，两个孩子放松了心情，我接着说道："但是你们的行为是否正确呢？你们抠掉的照片是昨天学校刚刚贴上去的，而且你们知道宣传栏的意义吗？能出现在上面的都是同学们学习的榜样呀！"两个孩子似乎瞬间明白了什么，说："对不起，老师，我们错了，我们这是损坏公物的行为。我们愿意去学校认错。"我不禁为他们竖起了大拇指，告诉他们："能自己意识到错误，你们很棒！老师希望从今天开始，你们能够养成遇事多思考的习惯，这样才能辨明是非曲直，才能对自己的行为做出正确的判断。"出了办公室，只见两个孩子朝政教处走去……

正如苏霍姆林斯基说的：教育首先是关怀备至地，深思熟虑地，小心翼翼地去触及年轻的心灵。谁有耐心和细心，谁就能取得成功。

我的教育案例

做新时代的"经师"和"人师"

祁门县祁山小学　王亚玲

【案例描述】

刚来学校时，有幸担任班主任，我深知这是一次锻炼自我的机会，兴奋之余也意识到这是我从教之路上的一次挑战，因此不敢有半点懈怠。开学一周我完成了自己定的计划，那就是初步了解班上每一位同学的基本情况。一位汪同学引起了我的注意，他的特点是很难安静下来，比方说上课小动作很多，不专心听讲，作业完成质量较差，成绩也不理想，下课与同学们打闹时会有砸板凳等危险行为，导致同学们都不愿和他玩耍。我清楚这会对他的学习、成长，包括自身和他人的安全造成影响。所以，我决心要帮助汪同学改正。然而，不论是我找他谈话教育，还是寻求家校配合教育，似乎都没有取得很好的效果，汪同学依旧还是那样。一个月、两个月过去了，毫不夸张地说，我每天都在为如何帮助他想办法。

【案例分析】

为了找到解决问题的办法，我尝试着在教育学和教育心理学等经典理论中去找行为动力发生的条件。对汪同学的行为，我做了仔细的观察和分析，发现他的课堂行为初衷是为了引起老师的关注，而课下的举动也是为了引起同学们的注意，同时发现汪同学的表现欲望很强烈。于是我判断汪同学可能只是为了引起关注。进而我联想到了在与家长交流时得知汪同学还有一个妹妹，于是我再次联系了汪同学的家长，深入了解了他妹妹的情况。得知她妹妹从小体弱多病，家长把更多的关爱给了妹妹，不知不觉中

159

可能让汪同学缺少了家庭的关爱。我像推理破案一样抽丝剥茧，捋顺了前后逻辑，并得出了结论，汪同学的种种行为可能只是缺乏关注、关爱的体现。于是我决定对症下药，在课堂上，有意增加汪同学回答问题的次数，并给予表扬。在课下，时常安排他做一些力所能及的小任务，并对他多加肯定。

又过了一个月，变化真的发生了，汪同学不再像之前那样，上课明显专注了，成绩也有了很大的进步；下课也斯文了很多，很少有粗鲁的举动，同学们也爱和他玩耍了。孩子的进步，老师看在眼里，喜在心头。在这件事上，我看到了自我价值的实现。

【案例反思】

教育是一门"仁而爱人"的事业，有爱才有责任。现在细品这句话，着实是温故而知新，在帮助汪同学这件事上，我对教师这份职业有了更深刻的认识。

一、精通专业，做好"经师"

所谓精通专业，并不仅限于自己所教授的学科，更是指对教育心理学各种知识理论的理解，并能融会贯通地将理论与实践相结合。在教育汪同学这件事上，我就充分运用了教育理论知识。这也告诫我在今后的教师生涯中还需要不断地强化学习教育理论，只有这样才能做好"经师"。

二、涵养德行，成为"人师"

教师要严爱相济、润己泽人，以人格魅力呵护学生心灵，把自己的温暖和情感倾注到学生身上，让学生健康成长。如果没有锲而不舍地深入了解汪同学以及他的家庭情况，没有丝丝入扣地分析他行为背后的缘由，坦率地说，我是不可能帮助他改正缺点的。这也引起了我的深刻反思，工作绝不能浮于表面，唯有沉心静气，涵养德行，才能成为真正的"人师"。

慢点，再慢点，你会听到花开的声音

祁门县胥岭学校　程夏姿

【案例描述】

第六单元的课文已上完，我准备听写本单元"Section B"部分的单词。为了让学生记得更牢，我让他们把每个英语单词读三遍，中文意思读一遍。学过的单词，经过温习，音、形、义应该都能在大脑中留下印象。然而，读完后，我扫了一眼部分同学的表情，就知道他们课前压根就没复习。这一部分同学的惰性比较大，他们从不会主动去记单词，他们记单词纯粹是为了完成听写任务。为此，我也想了很多对策，却总是没什么效果。怎么办，还继续听写吗？根据以往的经验，结果一定是惨不忍睹的。思索片刻后，我便对同学们说："为了让你们记得更牢固，多给你们一点时间，午饭后你们再复习一会儿，老师十二点十分来听写，没问题吧？"

十二点十分，我准时走进教室，开始听写。听写后，我当堂改，结果很快就出来了。还是不尽如人意，只有两个满分，不及格的还有4个。怎么办？立刻去找他们吗？不，还是算了，让他们中午好好休息吧，否则下午的课上又该有同学打瞌睡了。下午第三节课上完后，我对同学们说："听写情况不理想，没达到满分的同学好好订正，不及格的同学下课休息一会，然后自己在教室记单词。"课外活动时间，我去巡视了一下，那几个不及格的同学的确是坐在教室里面，拿着本子几个人凑在一块儿，不知道是在讲话，还是在记单词。我没有问，也没有对他们发火，只是告诉他们："要想早点去玩，最好是坐在自己座位上好好记，相信你们一下子就可以记住了。"果然没过多久，有三个同学来我这里考核过关了。还剩下一个没来，我知道他的速度比较慢。要是平时我定会把他叫过来，直接在我办公室里记。但是这一次我没有这么做，既然已经等了，索性再多等一会儿。

晚餐就餐铃响了，还是没见他的身影。第三节晚自习后，他仍然没有来找我。这事要放在过去，我可能早就忍不住要发火了。在我懂得教育有时需要"慢"一些的理论后，我便从容了很多。我在心里告诉自己，等一等，再等一等。可是，一晚上过去了，还是没有等来他的身影。第二天早读课前，我就在想是直接去教室里当着大家的面训斥他一顿呢？还是什么都不说，就让他站着读书？转念一想，我觉得都不妥，还是先了解一下前因后果再做决定也不迟。于是，我像往常一样，若无其事地走进教室。在教室里巡视了一圈，然后慢慢走到他的身边。我俯下身子，小声对他说："能不能跟老师说说什么情况？"他愣了一下，反应过来后，便解释道："我昨天晚餐后去办公室找您，您不在，我就在周同学那里听写了。""哦，原来是这样啊，挺不错的，恭喜你及时完成了任务。"我笑着回应。事后，我向周同学了解了他昨天听写的情况。周同学说，还有两个单词没记牢固。于是，我又找到他，让他把这两个单词重新背一遍。结果正确无误，说明他后来又重新记过了。我于是再次表扬了他，并提出希望："这次，你表现得很不错，只是有一点要注意：如果任务已经完成了，要跟老师说一声，免得老师对你产生不必要的误解，好吗？"他点了点头。

这学期期中考试他还在校会上领了奖，但英语成绩仍不尽如人意。我鼓励他说："你要多多努力，不懂多问，老师随时乐意帮助你。只有把英语成绩提上来，全面发展，这样才能真正成为别人学习的榜样。"他很爽快地答应了。

【案例分析】

陈大伟教授说："教育学就是关系学。"我始终认为教学关系是建立在师生关系基础之上的。在学习上，我尽力帮助他；生活上，也经常对他嘘寒问暖。但我发现光有爱心还不够，他更缺乏的是自信和学英语的主动性。我便经常利用课余时间找他谈心或是和他一起打打球，想方设法地激发他学英语的兴趣，一直鼓励他、引导他。这个同学胆子小，英语基础薄弱，对学习英语没什么兴趣。如果老师再错怪他，就有可能让他觉得委屈，导致师生关系紧张，使他学习英语的兴趣越来越低。这并不是我想要的。庆幸的是，我能静下心来，慢慢地等着这个孩子，等待他的自我成长。他果然没让我失望，主动完成了自己的任务。这可是之前从没出现过的。

【案例反思】

教育像农业，是一种慢的艺术，需要深耕细作。孩子的成长变化是缓慢、细微的，需要生命的沉潜。每个孩子又存在着个体的差异，教育的结果可能是有差异的。在平时的教育教学活动中，作为教师要有静待花开的心态，对学生的成长要有足够的耐心并满怀期待。有时候，我们不要急着往前赶，适当的时候，不妨停下来等一等，等一等那些节奏慢半拍的同学，他们总会赶上来的，我们要多给他们一点时间和耐心。

对于学困生，教育的慢不仅体现在听写上，在学生回答问题时，也要给予他们足够的时间思考，他们的作业也许会迟交，也要学会适当等一等，不要过早地给他们下定论。每个孩子前进的方式也不一样，有些跑，有些走，还有一些可能是慢慢爬。面对这样一些孩子，我们在路边慢慢等待的同时，不仅要给予他们关心与爱以及学习上的指导，还要给他们足够的时间和耐心。教育需要舒缓的节奏，要留足等待的空间和时间，要有水滴石穿的耐心来等待潜移默化的生命成长历程。慢点，再慢点，静下心来等一等，你一定会听到花儿开放的声音。

不让偏见遮望眼

祁门县祁山小学　黄建之

【案例描述】

某一天，有孩子来报告，说胡同学把严同学打哭了。胡同学在班级"名声"不大好，几乎每天都有同学打他的小报告。怎么又打人了？这是我第一反应。不一会儿，严同学哭哭啼啼地来了。可是他哭泣的原因却让我大吃一惊："我的文具坏了，我心里难受就哭了。胡同学安慰我，其他同学却说他打我，他没打我。"我在班级表扬了这两位同学，表扬了严同学敢于为朋友仗义执言，没有让朋友蒙受"不白之冤"，也表扬了胡同学关心他人。班会上，我和孩子们聊了这件事，告诉他们如果不了解事情真相，只是主观臆断，很可能会给别人造成很大的伤害。

在我们的现实生活中，偏见时常存在。上课时，好动的孩子钻到了桌下，我们本能地会认为他在做小动作，其实他是去捡掉落的铅笔；两个孩子发生矛盾，我们本能地会认为是比较顽皮的孩子的错。就是这位胡同学，曾有家长反映他在地上捡纸往其他同学嘴里塞。后来通过了解，其实只是两人在玩游戏，胡同学不小心把纸贴到了对方的嘴里。

【案例分析】

在这件事上，胡同学是需要反思的。他自己平时在言行上没有很好地约束自己，才导致别人对他产生了偏见，而这偏见也必然给他带来极大的困扰。曾经有一段时间，大多数同学都在打他的小报告：他不是把这位同学打伤了，就是把那位同学弄疼了。我曾狠狠批评过他，也曾找来家长进行配合教导，可成效并不大。同学们不愿意和他玩，他似乎很孤单，精神颓废。他的妈妈也告诉我说，孩子有点不想上学了。

为了纠正同学们对他的偏见，我费了很大的心思。前段时间，我抓住一次他上课认真听讲的契机，好好表扬了他，那以后连续几天他的表现都很好。偶尔有同学打他的小报告，我就在班上问："那你们觉得他现在和以前比，有变化吗？你们能发现他的优点吗？"孩子们叽叽喳喳地说了起来："他乐于助人，有的时候他帮过我。""我的笔掉到地上，他帮我捡起来了。""他上课认真听讲，数学老师还表扬过他。"我注意到，听到这些话，他坐得更端正了，小手放得更平，腰挺得更直，脸上出现腼腆的笑容，眼睛炯炯有神。我也和班上同学约好，以后多多发现同学的优点，少打小报告。那之后，我发现班上同学下课后都主动找他玩，笑容又回到他的脸上，课堂上他得到的表扬也越来越多。

【案例反思】

《杀死一只知更鸟》一书中，生活在白人社会的黑人汤姆，因为无赖尤厄尔的污蔑而无辜惨死。尽管他善良勤劳，干干净净，却逃不脱当时社会对他的偏见。偏见能让人无知愚昧，偏见是一把杀人不见血的利刃。我们应该如何减少孩子因偏见受到的伤害呢？

一、换位思考，拒绝标签

孩子总是千姿百态的：有的乖巧，有的淘气；有的思维敏捷，有的反应稍慢。作为老师，我们喜欢乖巧的、懂事的、聪明的、伶俐的，但对那些屡教不改的，恨铁不成钢的，我们也要多些包容，要以发展的眼光来看待他们、帮助他们，而不能简单地给他们贴上"捣蛋""差生""坏孩子"等标签。阿迪克斯说："你永远不可能真的了解一个人，除非你穿上他的鞋子走来走去，站在他的角度考虑问题。"很多时候，我们对人对事抱有偏见，是因为我们没有看到事情的全貌。所以当学生犯了错，我们需要换位思考，耐心了解事情经过，不能想当然地主观臆断。同时，我们要学会用爱去接纳学生。学生来自不同的家庭，成长环境不同，差异自然很大，教师应该认识到这点，用心接纳，这样才能正确地看待孩子，也才能引导班级的孩子正确看待"问题学生"。

二、学会悦纳，正确沟通

很多家长对孩子也很有"偏见"，因为孩子这样或那样的问题而恼火、沮丧。解决这个问题，家长要做到以下两点：一是要有耐心，认识到孩子就是在不断纠错中成长。二是需要换角度看孩子，多发现他们可爱的地方，发现他们的优点，带着悦纳的心理看孩子，孩子的心里才能有更多的安全感。同时和教师交流时，也不要一而再，再而三地数落孩子的不是，这样很容易让老师强化对孩子的负面印象。那是不是就不能说孩子的问题，或刻意掩盖问题呢？我个人觉得，这也要不得。这样做首先会使问题得不到解决；其次会让老师觉得家长不信任他，或不愿意面对问题。我们应该先说说孩子的优点，然后再去交流孩子的问题。

三、赏识互助，促进成长

美国心理学家威廉·詹姆斯说："人性中最深切的禀质，是被人赏识的渴望。"教师适时的肯定和赞美能增强学生的自信心，"问题学生"尤其需要教师为其创造表现的机会，他们的闪光点才会被发现，同时班级里的其他孩子也才能正确地看待他们。同学的帮助对"问题学生"来说非常重要，他们的影响力并不弱于教师，同学对"问题学生"的赞赏和信任能使其获得快乐，"问题学生"也才会逐步提高自我要求、主动自我完善，当他们重塑在其他学生心中的形象时，那也是他们远离偏见之时。

让父母缺位的孩子不缺爱

祁门县祁山小学　程玉芳

【案例描述】

一年级第二学期开学后不久，班上有一个一直表现都不错的孩子小曹突然被同学举报，说他用小尺子划教室的墙面，将墙面划了一条一条的划痕。我把他叫到办公室，指出这种行为是错误的，并问他为什么要划墙壁。他一直不说话。我耐心地开导他说："你这么乖的孩子做违反纪律的事情，老师会很伤心的，你的爸爸妈妈知道后也会很伤心的。"他看着我，摇摇头说："爸爸才不会伤心呢，奶奶也不会伤心的。"我心里咯噔一下，果然不出所料，接下来他说："我爸爸妈妈要离婚，还有我奶奶以前说家里的房子都会给我的，现在也不给我了，要给我爸爸。"听了这话，我很气愤，这一对正在闹离婚的父母，一点都不避开孩子，奶奶还故意将负面的信息直接传输给孩子，让孩子很没有安全感。

后来我了解到，班上父母离异的孩子有9个：

贾同学八个月时，父母就离婚了，之后他就再也没有见过他妈妈，一直跟着爷爷奶奶生活，卫生习惯很差。

林同学五岁时，父母就离婚了。妈妈回了云南老家，爸爸好赌，他也是一直随着爷爷奶奶生活。

邓同学一岁左右父母就离婚了，他现在跟着父亲和继母一起生活，经常挨打。

江同学父母离异，哥哥跟着爸爸，她跟着妈妈。妈妈一直在外务工，她跟随外公外婆生活。外公家里还有一个小孙子，两个孩子闹矛盾时，老人总是偏向自己的孙子，怪罪外孙女。

谢同学父母离异后，她由母亲抚养，但是母亲再婚后，她一直被寄养在大姨家，性格非常敏感，经常跟大姨闹矛盾。

……

如此之多破碎家庭的孩子让我心痛，我也深感教育责任重大。

【案例分析】

了解了这些情况之后，我非常同情这些孩子。这些都是缺爱的孩子呀！家庭的破碎已是不可挽回，但是我能不能做一些事情，让这些孩子多感受到一点爱，少受一些伤害呢？

以小曹同学为例。我告诉小曹："爸爸妈妈离婚，只是他们发现性格不合，在一起生活很痛苦，所以需要分开。老师知道你很爱自己的父母，所以舍不得离开他们中的任何一个。老师非常理解你，但是你想，两个性格不合的人生活在一起，经常吵架，这样对大家的伤害是不是更大？所以有些事情是不好强求的。他们分开后依然是你的父母，依然是爱你的。"接着我又找了小曹的妈妈到学校来面谈，了解到他们已经在两个月前就办理了离婚手续，我将孩子的表现及说的话都原封不动地告诉了她，并且帮她分析："你的孩子现在很敏感，你们的离婚已经对孩子造成了较大的伤害，他现在很没有安全感。可能在离婚的过程中，你在家里说了一些气愤的话。可是你这些气愤的话，不一定能伤害到孩子的爸爸，但是一定能伤害到你的孩子，让他很害怕失去父爱。我相信，你作为母亲肯定是爱孩子的，但是你现在的一些话语和行为可能无形中已经伤害了你最爱的孩子，你必须改变。你一定要让你的孩子知道你们离婚，只是因为你们性格不合，不适合在一起生活了。不管是你还是爸爸，爷爷或者奶奶，虽然以后不生活在一起，但是依然是爱他的，并且他今后的生活保障也是没有问题的。"通过推心置腹的交流，孩子的妈妈热泪盈眶，意识到自己的情绪和话语让孩子受到了伤害，表示以后一定会注意。后来，我也经常找小曹同学聊天，了解他的家里情况。他说："我经常跟爸爸通电话，虽然不能经常看到爸爸，但是我发现爸爸还是很爱我的，来看我的时候也经常给我买礼物。"孩子的情绪也一直比较稳定，又变回了原来那个上课爱思考，下课爱玩闹，脸上总是洋溢着笑容的孩子。

【案例反思】

现在有些父母因为性格不合等多方面原因而离婚，这是一个社会问题，不是老师可以改变的。但是作为老师的我们，总要为身处这种家庭的孩子做点事情，让这些父亲或母亲缺位的孩子多感受到一点爱，少受到一些伤害。

一、充分了解单亲家庭孩子的心理，做到及时引导和教育

单亲家庭的孩子由于常常感受不到家庭的温暖，容易形成不健康的心理，更严重的会形成自卑的性格，这些都会影响今后的学习和生活。这些孩子长期处在单亲或者重组的家庭中，常常缺少关爱。父母忙于生活，或者与继父或继母之间无形的隔阂，都会导致这些孩子与亲人缺少交流，他们往往会感觉自己是一个多余的人。时间久了，会产生强烈的孤独感，如果没有正确的引导他们很容易对生活感到迷茫。为此，作为教师的我们要时刻了解孩子的心理动态，及时做好心理疏导，让他们调整好心态，树立正确的目标，保持阳光的心态，快乐健康地学习和生活。

二、用爱心抚慰创伤，让孩子健康成长

所谓"心病还需要心药医"。单亲家庭的孩子最缺乏的是爱，所以在学校生活中，作为老师的我们要让他们感觉到自己是被爱着的。我会经常向他们表达我对他们的喜爱，时常在办公室准备一些零食和小礼物，当他们有好的表现时，或者重大节日时送给他们。我还会引导他们积极参加学校开展的一系列活动，让他们感觉到自己被关怀着，并且在活动中获得成功

的体验，树立自信心。对于学习困难的孩子，我会用课后时间耐心地给予他们辅导。当他们有些许进步时，我会吝惜赞美。让每个在家庭中受到创伤的孩子，在学校找到疗伤的港湾。

三、做好单亲家庭家长的指导，让父母缺位但不缺爱

我相信作为家长都是爱自己孩子的，只是有些家长可能不会表达，或者表达的方式不对。所以我与每位单亲家庭孩子的监护人都建立了密切的联系，经常与这些家长通电话，了解孩子在家的各种表现以及家长与孩子之间的关系。当发现不恰当的地方时，也推心置腹地与家长商讨，引导他们掌握正确的育儿技能。让这些孩子不成为失群的孤雁，是我们每位老师的职责。而单亲家庭孩子的教育是一个长期持续的过程，因此，我们作为老师，必须要有足够的耐心和爱心，不急不躁，不能简单地批评，更不能放弃，要多给予他们关心和爱护，让这些父母缺位的孩子不缺爱。

"走进"与"走近"

祁门县安凌中心学校　苏永超

【案例描述】

记得那是我刚步入教师行业的第一年，班里有个学生叫小潘。他性格活泼开朗，好动不好静，遇事也容易冲动。学习方面，上课总是注意力不集中，做题也是磨磨蹭蹭。家庭作业几乎不做，即使做了，也不完整，而且书写相当潦草。于是，我找他谈话，希望他能保质保量地完成学习任务。虽然他口头上答应了，但依然我行我素。我被他气得够呛，但静下心来想一想，作为班主任，不能遇到困难就退缩。于是我下定决心：不改变他，誓不罢休。

小潘除了在学习方面存在一些问题，日常与同学相处也不融洽。每天总是有同学报告，要么是课堂上，要么是课间，小潘又与某某同学发生矛盾了。课堂上，面对同学无意的"冒犯"，他歇斯底里地吼叫，情绪上头时，当场就会打起来，导致正常的课堂秩序受到了影响。课后，他时常撺掇几个"兄弟"一起欺负性格相对柔弱一点的同学，以此来彰显自己的班级地位。年少气盛的我，往往也控制不住自己的脾气，对他大喊大叫，叫他写检讨书，或是罚站反省自己的过错，但是效果甚微。

【案例分析】

小潘的行为不仅违反了校规校纪，而且严重影响了任课老师的教学进度和教学情绪。虽然我很气愤，但职业操守告诉我，当务之急还是应该去面对问题并解决问题。于是，我积极主动向有经验的老教师请教同时，我还会上网查资料，潜心学习相关理论知识。通过学习与思考，我渐渐认识到，这类孩子通常由于家庭和社会的种种原因，他们没有明确的学习目标及良好的学习习惯和态度。以自己为中心的生活态度，导致他们在与别人相处时，只看到别人的缺点和错误，却从来不会反思自己的言行有何不妥。由爷爷奶奶带大的小潘，从小便在溺爱的环境中长大，再加上爷爷奶奶有限的文化水平，他们也认识不到培养良好的学习习惯和态度的重要性，更无法有效监督他学习。

为了改变他的学习态度，提高他的学习成绩，我先是以平等的身份跟他相处，引导他树立学习和做人的目标。于是我与他进行了一次谈话："你想改正自己的错误吗？想成为一个同学们都喜欢的人吗？那今后怎么做才能做好呢？"与此同时，为了有效培养他良好的学习习惯，我特意安排了成绩和自律性相对较好、乐于助人的女同学跟他坐在一起，监督并帮助他。事先，我也跟这个女生进行了一番谈话，叮嘱她要有耐心。于是，她无论是在上课时，还是课后写作业时，都时常关注并提醒小潘注意学习状态。那段时间，小潘表现得非常好，我及时地给予了表扬，增强他学习的信心。

此外，考虑到之前是爷爷奶奶带小潘，由于爷爷奶奶只有这一个宝贝孙子，所以在生活上尽量满足他的需求，可谓衣来伸手，饭来张口，这对小潘同学的成长显然是不利的。于是，我打电话特意嘱咐小潘妈妈花时间培养他，让他妈妈配合老师，帮助他养成良好的学习习惯，同时教育引导他该如何与同学和睦相处。一段时间以后，小潘同学的成绩进步明显，学习的自信心也提高了不少，与同学的关系也变得和谐了。对于同学的帮助，他也懂得感恩了，家长还特意让小潘准备了一些小礼物送给曾帮助过他的同学以示谢意。一学年以后，由于父母工作的关系，小潘转到了城里的学校。临近转学时，最后一堂主题班会课上，当着全班同学的面，他深深地给我鞠了一躬，并说道："谢谢老师这两年来的辛苦教导，您辛苦了！我会经常过来看您的。"虽然只有寥寥数语，但是我也感到十分欣慰，我觉得一切都值了。通过这个学生的改变，我发现只要用心走近学生，就可以用爱和耐心去感化他们。

【案例反思】

此事过后，我对如何成为一名好的班主任，有了以下思考。

我们在教育学生的时候，首先是在平等和爱的基础上进行教育。"爱是教育好学生的前提，是学生尊重老师的前提。"小学生的内心深处其实非常渴望能得到老师和同学们的关注，对他们这个年龄段的孩子来说，表扬比批评更有利于他们的成长。晓之以理，动之以情。教师要用爱心感化他们，用道理去说服他们，从而使他们自己主动认识到错误，并且能够积极地改正。

同学的帮助也是小潘能够取得进步的重要原因之一。因为同学之间不容易产生隔阂，所以，相对于老师而言，有时候同学之间的关心和帮助往往效果会更好。现在学生的学习压力也很大，更需要同学之间互相关心，互相友爱。

常言道："一把钥匙开一把锁。"每位学生的性格特点、兴趣爱好都不尽相同。作为老师要深入了解学生的内心世界，了解他们真正的想法、真正的需求，并根据每个学生的特点，制定一套行之有效的教育方案。

总之，班主任的工作是艰辛的，需要我们用理想去支撑，用信念去把握，用爱与奉献去维护，同时更应该以赏识的眼光和心态对待每一位学生。只有走进学生的内心世界，才能真正读懂他们为什么是现在这个样子，也只有这样才能真正走近学生。

看学生慢慢地成长也是一种幸福

祁门县祁山小学　黄满凤

【案例描述】

亮亮是我2016年带的学生。刚接班时，我发现，他周末作业经常不做，上课打瞌睡，卫生习惯也不好，课后还经常打架，学习成绩可想而知。同学们都不爱搭理他，给他取了一个外号叫"懒虫"。作为班主任，对于这样的学困生怎能熟视无睹？通过调查我了解到，亮亮的父母出去打工了，他跟着年迈的爷爷奶奶，周末成了没人管的"野孩子"。经过一段时间的观察，我发现这个孩子还是很有希望的，他有上进心，也很聪明，只是不爱学或是没有掌握科学的学习方法。有一次，我看见他劳动很积极，于是，我在班上表扬了他。课后没事我就找他，以朋友的身份和他聊天，渐渐地他和我不再有距离感。经过一学期的努力，他改掉了原来的坏习惯，成绩进步很快！

【案例分析】

作为班主任，除了关心学生的学习，还要关心学生的生活、身心健康和思想状况，在精神上给予他们鼓励和支持。为了改变亮亮同学，我采取了很多措施。比如，一旦发现他身上的闪光点就表扬他，帮他在同学们的心目中树立好的形象，让他感受到老师对他的关注、关心、关爱，最后帮助他树立信心。

亮亮父母常年不在身边，缺少父爱和母爱。有一次，我利用班会课帮他过生日，让他感受到集体的温暖。那也是我第一次看到他流下感动的泪水，因为他从来没有过过生日，也没有生日蛋糕。我至今还清晰地记得，他说："老师，我想叫你妈妈，可以吗？我以后一定要好好努力学习，改掉坏习惯。"

一个简单的集体生日改变了一个孩子，我认为真的很值。出乎我意料的是，六年级毕业考试，他成了"三优生"！亮亮的变化让我倍感欣慰，他让我更加坚信，对待那些暂时落后的孩子，一定要不急不躁，静心等待，因为看着他们慢慢地成长也是一种幸福。

【案例反思】

班集体就像一列奔跑的火车。优等生基础扎实、学习能力强、求知欲旺，就像动力十足的火车头，而学困生反应迟钝、接受能力差，就像沉重的车尾。如果学困生数量偏多，就会严重影响整个班集体的健康发展。在教学过程中，学困生始终是最令教师头疼的，这些学生真的无药可救了吗？不，为此我努力为学生营建一个民主、平等的学习氛围，使每个学生都将这个班级当作自己的家。

一、"蹲下身来看"，平等对待，重点突破

"蹲下身来看"是我做班主任工作的准则，尤其是对待"特殊"的学生，因为他们更需要有人去爱，去帮助。我放下架子，走到他们中间和他们交朋友，找出症结所在，寻找解决问题的突破口。针对个别学生接受能力差、学习基础薄弱的情况，我采取课上教新课之余补旧知，"平等对待"和"个别辅导，重点突破"相结合的方法。

二、"期望效应"，激发内力，挖掘潜力

"期望效应"告诉我，教师对学生真实的爱将促使学生智力、情感、个

性的顺利成长。热情期望可以使学生获得积极的情绪体验，激发起内部的动力，有利于学生主动挖掘自己的潜力。学生的健康成长与教师的期望和激励密切相关。因此，教师必须树立正确的观念，激励每一个学生，对每一个学生都要充满信心和希望，特别是对学困生，更要有"朽木可雕"的意识和"点石成金"的行动。

三、"共同成长"，牵手结对，同在共行

我将班级的学困生和优等生进行了一一配对，这种"结对子，同进步"的方式，让班级形成了你追我赶、积极向上的学风。优等生与学困生结成对子，互相帮助，互相促进，既能取得良好的学习效果，又密切了同学间的关系，为健康向上的班集体建设奠定了坚实的基础。

令我感动的是我生日那天，他们用自己攒下的零花钱为我买了生日蛋糕，还让班长"骗"我去教室给我过生日。那一刻，我觉得我为他们的付出很值得。这个班的孩子与我结下了深厚的友情，如今他们已上大学了，放假了，好多孩子还会回来看我，说想我了，我感觉很幸福！

课程思政背景下如何帮助学生找回自信与自尊

——班级管理教育案例

祁门县永泰技术学校　余宏雷

苏霍姆林斯基说过："人类有许多高尚的品格，但有一种高尚的品格是人性的顶峰，这就是个人的自尊心。"主体自身对自尊的需要与追求，是人格尊严得以实现的前提和基础，因而树立自尊心十分重要。

在日常学习和生活中，如果大家能欣赏我们的长处，不取笑我们的弱点与缺点，被人尊重更能使我们体验到快乐和感动。在这样的氛围里无论是学习还是生活，都将是美好的。因此，自尊心是学生成长的精神支柱，也是自我发展的内在动力。

【案例描述】

两年前，因工作需要我被调到祁门县永泰技术学校承担思政课教育教学任务，兼任高一（3）班班主任。9月开学，我带的这个班级是由经"重点班"筛选后剩下的学生组成的。30名学生，男多女少。有的染发，有的浓妆艳抹，有的走路"飘逸"，有的手机不离手……

通过一段时间的了解得知，单亲家庭、重组家庭的学生占三分之一，性格孤僻怪异、轻度抑郁、中度厌学的学生占三分之一……

面对现状，我陷入了沉思。三十年的教学经验加上二十多年班级管理的经验告诉我，建立良好班风是当下第一要务。此外，还要引导学生树立自信心，呵护他们"脆弱"的自尊心，帮助他们走出阴影，面向阳光。

如何提振士气、树立良好的班风？深思熟虑后，我决定以中职学校活动多的优势作为突破口。以学校团体活动为平台，培养学生集体荣誉感，以期达到凝心聚力的目标。开学后，我不断通过军训、运动会和春游等活动鼓舞学生士气，渐渐地，同学们开始变得自信，班级凝聚力也明显增强了，班风逐步得到好转。经过一年的努力，班长获得了市、县优秀学生称号，多人被评为优秀班干和优秀团员。

【案例分析】

女生小程、小许上课经常迟到或踩点到校，并且时常请假"先斩后奏"。住校生小斌和小查网瘾严重，经常上课"补觉"……已经形成的不良习惯和缺点的确让人头疼，但回避不是办法。如何让他们收心归队，并齐心协力建立良好的班集体？这样一批"问题"学生如何帮扶？

其实这些孩子秉性并不差，他们少的是关爱和自信。因为被贴上"差生"或"后进生"的标签，加上自己也没有明确的学习目标，于是也就"破罐子破摔"了。

针对他们的实际情况，我主要采取了以下措施：

一是开好一次班会，二是建好一届学生自选的班委会，三是用好开学初的军训。军训期间，我从早到晚一直陪伴，并及时鼓励他们。军训成果展示中，多名学生获得"优秀标兵"称号，他们重新找回了自信！校运动会上，班委带头，同学们齐心协力最终获得季军，大家脸上露出了自信的微笑……同学们找到了快乐，树立了信心，增强了自尊心，全班拧成了一股绳。

【案例反思】

课程思政的本质是立德树人，"育人"先"育德"，"育德"先"自立"，也就是先树立学生的自信心与自尊心。

本案例中，接手新班级后，我从班级实际情况出发，诊断出学生的"病根"后"对症下药"，通过平等对待、公正选举班干、学生主动参与班级管理等措施，在一次次的活动中帮助学生找回自信和自尊，让他们重新认识了自我！两年多来，作为班主任，我始终坚持早自习和学生一起到校，晚自习后坚持查寝。长时间的陪伴，终于赢得了学生的信任和尊重，也为班级管理工作的开展奠定了一个好的基础。

自尊心人皆有之，渴望得到尊重是人的内心需求。尊重学生是教育成功的一把钥匙。课程思政背景下，教师要从正确的育人观出发，善于随时随地根据具体的班情、学情采取灵活机动的教育手段，真心、细心、诚心呵护每一位学生的自尊心，那么就一定能赢得每一名学生的尊重与欣赏。当师生相互尊重、配合默契，一种崭新而和谐的师生关系就悄然建立了，实现"立德树人"的教育目标也就事半功倍了。

他是"熊孩子",我有"妙法子"

祁门县祁山小学　汤维姣

【案例描述】

以前,我一直不相信"熊孩子"能有多闹腾,他们不过是贪玩一些而已,不必小题大做,直到我遇到了他。

小吴同学,在我们上过课文《刷子李》后,他被同学"喜赠"外号"惹事吴",只因为他平时总爱惹是生非,喜欢搞破坏,喜欢恶作剧,还喜欢和老师"唱反调"。因此经常与同学发生矛盾,也经常扰乱老师正常的教学组织工作。有时甚至在课堂上主动接老师的话,与老师顶嘴,引其他同学发笑。老师的教导他过耳就忘,老师的斥责他也毫不在意,真是太令人头疼了。

【案例分析】

我知道想要改变小吴同学不是一件简单的事,于是在心中做好了打持久战的准备。根据他的情况我想到了几种方法,准备到时候见招拆招,让他有所改变。

面对"熊孩子",我的第一招就是知己知彼。于是我开始通过多种途径了解小吴同学的情况。我明察暗访,在班上仔细观察他平时与谁交好,大多数时间喜欢干什么。私下也去他家家访,令我没想到的是,我刚去他家,他爸爸竟比我还激动,直言他就是一个"小霸王",天不怕地不怕,谁都管不住他,而他的妈妈却不以为然,认为这是孩子的天性,等长大了懂事了自然就好了，不必过于担心。

了解他的基本情况后，我便使出了第二招。根据之前的观察，我认为小吴同学很希望获得大家的关注，他最怕的就是没人理他。于是，这次我联合了他的"好兄弟"和家长，准备给他"降降温"。"降温"期间，我在给学生布置任务时，比如办黑板报、打扫教室、志愿站岗等活动都故意不安排他，不管他表现得是好是坏都不给予评价。这样做的目的，是给"熊孩子"提个醒：老师已经不信任你了，班级已经不需要你了，家长也不再关注你了。这对他来说打击非常大，瞬间就让他感觉不是滋味，让他有一种"孤立无援"的感觉。于是我便及时找他谈心，鼓励周围的同学帮助他，让父母与其促膝长谈，这样既挽回了他的自尊，又让他感受到集体和家庭的温暖。通过与前一段时间的对比，他明白了"熊孩子"让人反感，好孩子才让人喜欢。

从那以后，小吴有了一些好的改变，但是要想完全改变一个"熊孩子"，绝非一朝一夕之功。随后，在很长一段时间内，我多次与小吴谈心，经常和他的父母沟通。经过半年时间，小吴同学已经基本改掉了自己的"熊脾气"，能够很好地控制自己的行为，还能力所能及地为班级作出贡献。

【案例反思】

在改变小吴同学的过程中，我认识到了耐心和爱心的重要性。我们身为教师，在自己的职业生涯中，一定会遇到那些令人头疼的各式各样的"熊孩子"。我认为尝试改变小吴同学的过程，就是我摸索如何更好地成为一名好老师的过程。

首先，面对"熊孩子"，我们得有耐心，不能等他们犯错了再来管教，而是应该时刻关注引导他们，帮助他们找到在班级的定位，让他们做对班级有贡献的人，让他们在别人的认可中慢慢改变。

其次，我们得有爱心。"熊孩子"虽然淘气，但是他们并不缺少对情感的感知能力，如果是真心地疼爱和关心他们，他们一定会感知到。在老师的爱中，他们会开始思考自己的言行并尝试改变。

　　最后，我们还得因材施教。教育孩子的方法应有多样性，针对不同的情绪和事件，我们要及时用最行之有效的妙方法去正向地解决问题。

　　总之，面对"熊孩子"，我们得有"妙法子"。教育的过程也是我们和他们"过招"的过程，我们得拿出自己的耐心和爱心，为他们量身定制各种"招式"，在比试过程中见招拆招，最终让他们变成"好孩子"。

让每一朵花都尽情绽放

——一个小女孩的蜕变

祁门县渚口中心学校　汪海岸

【案例描述】

2011年，我调到了一所新的农村学校任四年级班主任。开学第一天，我走进教室，环视了一下，学生人数不多，只有十几个人，其中一个个子小小的女生很快引起了我的注意。她的个子明显矮于同龄孩子，一双大大的眼睛怯生生地看着我，似乎对我这个新班主任有几分恐惧，又有几分好奇和期待。

随着接触的深入，我发现这个孩子除了个子矮之外，还有先天性心脏病，学习成绩也格外差，读书结结巴巴，字写得东倒西歪，作文更是让人读得云里雾里。以她的身体状况，今后是无法从事繁重的体力劳动的，总不能让她的学习在小学阶段就一直这样掉队吧！如果不认识基本的字词，读不懂基本的文章，今后如何在社会上谋得一份适合她的职业？我陷入了沉思。

【案例分析】

通过家访，我得知她的家庭经济状况很差，妈妈在家务农，爸爸外出务工。她家有一点重男轻女的思想，生下这个不健康的女孩后，父母又冒着高龄风险生下个男孩，这个女孩在家里被冷落了。了解到这一情况，我对女孩顿生了怜悯之心，对她未来的命运隐隐多了几分担忧。都说"知识改变命运"，而老师就是知识的播种人，如何引领这样一个特殊的孩子顺利到达成功的彼岸？

一、树立自信，走出泥潭

别看这个孩子个子小、学习差，但她的生活自理能力却很强，洗衣烧饭、打扫卫生，样样在行，还特别乐于助人。我想：短时间内快速提高学习成绩是不可能的，于是我从她擅长的方面着手，帮助她树立自信。竞选班干部时，我在班上大力表扬了她住校期间的表现。果不其然，在我的引导下，这位女生成功竞选上了班级的生活委员兼寝室长。苏霍姆林斯基说过，教育学的人道主义精神在于：不要让那些"后进生"感到自己是不够格的人，要使他们体验到在学校学习的乐趣，感受到和别人一样被尊重，给予他们生活的快乐。也许是从小到大没有获此"殊荣"吧，这位女生一时很激动，小脸通红。在接下来的日子里，真如我预料的一样，班级一尘不染，物品摆放井然有序，宿舍在她的管理下变得整洁温馨，她整个人的精神面貌也焕然一新。如果把一个班级比喻为一个整齐的乐队，那么这位女孩已经找到了自己喜爱的乐器和喜爱的旋律，她也找到了自己在学校生活的信心。

二、循循善诱，引导学习

由于我有意爱护、培育和发展她身上的自豪感，她的自信心提高了，更多的同学愿意在学习上帮助她。她再也不会由于功课落后而感到无助，不会感到自己低人一等。见时机已成熟，我趁机跟她说："你现在已经是班干部了，成绩不能太落后，要在各方面尽最大努力。"后来上课时，她的眼睛不再像以前那么空洞，眼神不再那么迷茫和游离，变得比以前专注了，成绩由刚开始的三四十分逐步提高到六七十分。这个分数对一般的同学来说确实算不了什么，但对这位女孩已经是难能可贵了。苏霍姆林斯基说过："要让儿童始终能看到自己的进步，不要有任何一天使学生花费了力气而看不到成果。"为了表扬她的进步，我自己花钱购买了一些书籍奖励她。阅读是对学习困难学生进行智育的重要手段，学习困难的学生读书越多，她的思维就越清晰，她的智慧力量就越活跃。由于我不断地鼓励，她在学校的生活有了动力，也有了努力的方向。如果一个学生在校觉得自己什么也不行，这对他的精神是最大的压抑。

三、丰富生活，健全人格

学校应该为学生开展丰富多彩的活动。一次，学校组织野炊，她早早地就在家准备好了要带的炊具和各种食物，她前期准备工作的细致程度是我始料未及的。我对这个女生的好感程度又大大增加，由原来的同情变成发自内心的欣赏。活动后，我再次表扬了她一番。她显然也感受到了老师和同学对她的好感和信任，也越发地认可自己，接纳自己。她的性格变得越来越顽强、乐观，完全没有了昔日"后进生"脸上的那种退缩和沮丧。只有当教师和儿童之间的关系建立在互相信任的基础上时，教师的评价才能成为促使学生进行积极的脑力劳动的刺激物，这样的评价才是有分量的。

在以后的学习和生活中，这个女孩总是竭尽所能，性格也越来越阳光，喜欢跟同学交往，遇到老师也主动打招呼，成了一个积极向上的女孩。尽管在一般人眼里，她无论在长相上还是学习上都显得那么平凡普通，但我对她发自内心的关怀曾温暖过她的心灵，也因此塑造了她健康的人格。

现在这个女孩已经20多岁了，有了一份比较稳定的工作。虽然我们不经常联系，但教师节她会给我发来祝福，我觉得这份情感比一般的师生情谊更可贵。作为一名教师，爱一个各方面都优秀的孩子并不难，但爱一个各方面都普通甚至落后的学生就需要有仁爱之心了。苏霍姆林斯基说过："教学和教育的技巧与艺术就在于，要使每一个儿童的力量和可能性发挥出来，使她享受到脑力劳动中的成功的乐趣。"

教师是人类灵魂的工程师，是辛勤的园丁，培育着祖国的花朵。可是种子各不相同，教师的首要任务就是在已有品种的基础上给种子提供适合他们成长的土壤，让每一朵花都美丽绽放。

【案例反思】

作为一名教师，必须爱护自己的职业荣誉。每一个教师在自己的职业生涯中，总会遇到需要被特殊对待的学生。如何对待这部分学生，让他们立足于社会？小学是孩子的启蒙阶段，"教孩子六年，想孩子一生"是每个小学教师的神圣使命，我们应该要递好孩子人生的第一棒。

"后进生"是学校的一个特殊群体，他们的心灵极易受到伤害，他们极其脆弱，极易辍学。作为一名教师，要有一种社会责任感，应多与他们进行心灵的交流。要像爱护最宝贵的财富一样爱护学生对我们的信任。每一位儿童都是一朵娇嫩的花朵，而"后进生"更是最娇嫩的花朵。他们很容易被摧折，被晒枯。所以，我们一定要努力呵护，让每一朵花都美丽绽放。

山重水复疑无趣，深思笃行终怡然

——班主任工作的真切体会

祁门县祁山小学 汪海霞

教师的教学工作，在许多人眼里不过是每天重复着同样的事情：备课—上课—改作业，枯燥乏味，机械单调，长此以往必定会厌倦懈怠。殊不知，一个真正的教育工作者，只要你沉下心来，专心研究教学个体，努力找到好的教育方法，充分挖掘个体的潜能并持之以恒，你定能收获意想不到的惊喜并为之欢欣鼓舞，怡然自乐矣！

【案例描述】

"老师，小方又把自己桌子推翻了！""老师，小方抢我的铅笔盒！""老师，你刚刚还说不准去玩沙子，可小方去了，他还把沙子丢我们身上。""老师，小方当着女生的面脱裤子！"……

一提起小方这个名字我就苦不堪言。他从入学起就不停地各种捣乱，不分课上与课下，无理由地躺桌底下号啕大哭，发出各种怪声；或趴在窗台上对着外面唱歌；或突然站起来当交响乐团里的指挥手；或与同学打架扭作一团并歇斯底里地大叫，只因别人无意识地看了他一眼，便被他说成是用怪异的眼神看他。坐他周围的同学换了又换，有的同学受到他的影响，也都开始不同程度地违反课堂纪律，影响任课老师的课堂教学情绪。

任课教师都很苦恼，小方同学的行为不仅违反了课堂纪律，而且严重影响了教学秩序和任课老师的教学情绪。从教了二十多年的江老师说："我从没见过这样的学生！"我清晰地记得，那一天我的课堂上，他又无缘无故、歇斯底里地大喊大叫，硬生生地"折磨"了我二十多分钟后，看到有同学举手去厕所，他也大叫着"我要去厕所"，然后就径直跑了出去。然而其他同学都回来了好久他还没回来。我正想派人去找，就听见急促的敲门声。门开后，一声质问穿透整个教室："你是102班的班主任吗？这孩子是不是你班的？"看着怒目圆睁地盯着我的这位老人家，我的心扑通扑通直跳，紧张地问："怎么了，发生什么事了？"老人家怒气冲冲地说："你这班主任有责任啊，没告诉学生小便要去厕所吗？怎能让他在我家大门口小便？"面对老人家的一通指责，我只能不停地跟他道歉……

【案例分析】

近年来，由于社会和家庭的原因，个别孩子出现了不同程度的厌学倾向，主要表现为自制力差，不能专注于学习和日常活动，爱乱动，严重地影响了教师教学和周围同学的学习，也让家长有苦难言，束手无策。

通过细致观察，我发现小方其实算不上多动症儿童，因为多动症儿童除了多动以外，注意力有障碍，学习有障碍，而小方有时上课注意听了，作业质量也还是可以的。对于这类儿童，老师应该如何给予心理辅导和科学引导，这是值得研究的问题。

【案例反思】

小方让我头疼，然而，我从来不是一个轻言放弃的老师，作为班主任，我有责任想办法让他尽早融入集体。对于这样的学生，我知道不能急于求成，要根据实际情况调整教育思路和方法。

一、家校合力，双管齐下

我和小方的家长共同商议决定：在学校老师用心管教，在家里家长努力帮扶。

1.家庭教育抓习惯

第一，培养孩子有规律的生活习惯。要他按时饮食起居，有充足的睡眠时间，不让他看电影、电视到很晚，不能影响他的睡眠。

第二，培养孩子可贵的自尊心和自信心。让他多参加一些安全有意义的文体活动，消除他的紧张躁动心理，帮助他提高自控能力和自觉能力。教师和家长共同合作，联手为孩子打造一种良好的教育氛围，进而培养孩子的自尊心和自信心。

第三，加强孩子专注力的培养。不急于求成，可以从看图书、听故事做起，逐渐延长他集中注意力的时间。如果他在集中注意力方面有所进步，家长应及时表扬、鼓励。

2.学校教育倾注爱

第一，教师在这类孩子身上要付出比别的孩子更多的关爱。

第二，要根据孩子的特点，制定可以达成的短期目标。

第三，用心纠正孩子在生活和学习中的不良行为习惯。

二、尊重个性，因材施教

1.找"闪光点"，制定切实可行的目标

通过观察，我发现，小方虽然好动、捣蛋，但是乐于助人，别人有困难的时候，他会积极主动给予帮助。他的记忆力也好，老师布置的背诵作业偶尔也能按时完成。一旦发现他的积极行为，我就给予精神或者物质上的鼓励。

在学习上，我先对他降低要求。别急，得慢慢来！

我和小方之间逐渐建立了信任。我隐约感觉到他很愿意在我面前有好的表现，这点让我十分欣慰，因为他跳一跳，真的能摘到"果子"了。

2.于细微之处暖化心，促其涅槃重生

记得有一次上午放学排队时，我看他站在队伍中，便有意摸摸他的头，随口问了句："星期六在家是谁帮你洗头的呀？"第二天第一节课刚下课，他匆匆来到我身边甜蜜地说："老师，你摸摸看，昨天是我自己洗头的哦。"我想到这段时间感化他的过程，暗自庆幸，还好，我坚持住了。

3.人尽其才，体味存在感

因小方个子高，好表现自己，我任命他当图书管理员，负责图书借阅、整理、收藏的工作。虽然从他无表情的脸上看不出任何的兴奋，但从他每天将图书箱钥匙佩戴在脖子上和站在图书箱前整理翻乱的图书时嘴里发出的碎碎念中，我能感受到他积极的情绪了。

通过三年多的家校合作、循序渐进的教育引导，小方取得了明显的进步。他能够正确认知、判断自己行为是否正确，能相对专注地去做一些事情，也能较好地完成基本的学习任务了。

我想说，深入每一个生命腹地，聆听来自心灵的呼唤，寻觅最佳的教育方式，助力儿童健康成长，我们教师的工作非但不是"山重水复疑无趣"，反而是"深思笃行终怡然"。

转化"后进生"，我有"魔法镜"

祁门县渚口中心学校　江　屹

【案例描述】

以前，"后进生"给我的印象就是贪玩不认真完成学习任务，外加家庭疏于管理而导致的成绩落后罢了。我只需在课余盯着他们完成作业，辅导其掌握知识点，成绩便可慢慢上升，直到班上来了这样一位同学……

小郑，脾气暴躁，经常与同学发生冲突。他注意力不集中，动作很慢，家庭作业经常不做，即使做了，也做不完整，而且书写也相当潦草……每天不是科任教师就是学生向我告他的状。于是，我找他谈话，希望他能团结同学，按时完成作业，争取进步，做一个同学、老师、父母都喜欢的好孩子。他开始一副爱答不理的样子，后来虽然口头上答应了，但还是一如既往，毫无长进，简直令人头疼！

【案例分析】

家庭教育缺失加上自身性格特点等原因，小郑同学成了"后进生"。作为班主任，我根据他的实际情况，想到了几种教育方法，带着"不改变他，誓不罢休"的心理暗示，准备在接下来的班级管理工作中择机使用，让他有所改变。

面对小郑同学，我拿出我的"放大镜"，开始仔细观察小郑同学在学校的学习生活，寻找他的优点和长处。我发现，小郑同学虽然脾气暴躁，经常与同学发生冲突，但是当老师问起事情起因时，小郑没有半句假话，且能将事情的经过叙述得非常清楚；在大扫除活动中，他总是包揽最脏最累的活……针对他的优点，我及时地给予表扬。

通过家访，我了解到小郑的母亲痴迷于打麻将，多数时间都是将小郑一个人留在家里，小郑同学在家干什么、是否完成家庭作业一概不知，而他爸爸常年外出务工，只能通过电话关心他的学习与生活。此时，我拿出我的"望远镜"与他的妈妈长谈，希望她切勿为贪图一时的快乐而疏于对小郑同学的家庭教育，要着眼于他的未来发展，让他感受到家庭的温暖，作为老师和父母都不能仅仅考虑他上学的这几年，要考虑他的一辈子。

之后，我带着我的"显微镜"继续投入日常的工作。我有意观察其他同学与小郑的相处情况，寻找其中的细节并发现问题，及时找学生谈心，让学生在发现自己的问题的同时也看到小郑同学身上的优点和长处，鼓励学生关心和帮助小郑，减少他与同学发生冲突的可能，防患于未然。在其他学生告状时，我心怀"平面镜"，客观公正，一碗水端平，让小郑同学感受到自己在班级里与其他同学的平等地位。

慢慢地，一方面，我找小郑谈心，力争打开他的"心锁"；另一方面，让他的父母与周围的同学多关心帮助他，让他感受到班集体和家庭的温暖。一段时间以后，我让他总结一下自己及身边人对他态度的变化，让他明白：只要自己愿意改变，坚持不懈，就会变成一个大家都喜欢的人。

从此小郑同学有了一些好的改变，但是要想彻底改变，绝非一朝一夕就能完成的。随后，在很长一段时间内，我多次与他谈心，课余辅导他完成作业。我也经常和他的父母沟通，并结合他不怕脏不怕累这一优点在班上给他安排了卫生委员一职，对他少批评，多鼓励。

经过一个学期的努力，小郑同学已经能够很好地控制自己的情绪，与同学相处融洽，养成了良好的学习习惯，还能力所能及地为班级作贡献。

【案例反思】

通过这个案例，我深刻地认识到，作为教师的我们应该相信"后进生"同样具有良好的本质，并相信通过自己的爱心与坚持，"后进生"也能有所进步。有爱心，有信心，有耐心，我们才能以积极的态度面对"后进生"，并持之以恒地努力寻求恰当的教育方式，帮助其渐渐转变。我想"魔法镜"的魔力或许就来源于我们的爱心、信心和耐心吧！

师爱的魔力

祁门县祁山小学　汪莉芳

【案例描述】

　　我班有一个倔强任性的学生叫小聪。他个子不高，长得白白净净，看上去挺斯文的，但脾气却大得很。记得他刚转来上三年级的时候，不论是老师还是同学，谁都不能说他一点不是，无论谁说了他，不管是在上课还是下课，他都会大哭起来。有一次，他的数学作业没做，数学老师让他说明原因，他不仅不说，立刻大哭起来，还挥舞着双手，拍打着桌子，数学老师越劝，他的哭声越大。为了不影响上课，数学老师打电话给我，我赶过去把他带到办公室，让他先别哭。我说："你在语文课上积极回答问题，我很喜欢你。如果你再继续哭下去的话，我就不喜欢你了。"可能是对我这个班主任还有些敬畏，也可能是不希望我不喜欢他，他马上不哭了。我见机行事，立刻就表扬了他，说他愿意听我的话，还是个好孩子。接着我让他说说数学老师为什么说他，他自己有没有做错的地方，如果有，错在哪里。经过一番交流后，我说："你能知道自己错在哪里了，说明你很聪明，如果你能主动向数学老师承认错误，并改掉不按时完成作业的坏习惯，我会更加喜欢你，数学老师也会喜欢你，你能做到吗？"他犹豫了一会儿，点了点头。于是，我接着说："我陪你去跟数学老师承认错误，好不好？"他连忙说好。这以后，他的作业确实按时做了，但数学老师反馈：即使做了，也是随便乱做的，书写相当马虎！我多次让他把作业擦掉重写，但效果不佳。可能因为我是班主任，他对我还是有些"惧怕"，语文作业的书写比数学作业要好些，但总体来看是不尽如人意的。于是，几乎每次作业我都会提醒他要认真书写，一有空就找他谈话，希望他能端正学习态度，争取进步。他口头上答应了，可从交来的作业来看还是毫无长进。

【案例分析】

一次放假，他爸爸来接他，平常基本是爷爷来接。我跟他爸爸谈了关于他的情况，也了解到他的家庭情况，并跟他爸爸说了假期的作业，希望他爸爸有时间陪着他写作业。放假回来的第一节课，我挨个批改他们的作业。当改到小聪的作业时，我明显地看出来他的作业涂改过好几次，但字的大小还是不匀称。我在批改时，只要发现字写得很端正、规范，我就在这个字的下面画颗五角星，然后在班上表扬他这次作业完成得很认真。后面一段时间里，我更加关注他的作业完成情况，指导他订正，并坚持在他写得比较好的字下面画上五角星，有时三五颗，有时六七颗。不知不觉间，将近两个月过去了，我发现他的书写整洁多了，在行为上也有了明显的改变，遇事能心平气和地跟老师说明原因，不再大哭大闹了。

打铁需趁热，我发现他特别爱画卡通画，而且画得还很好，我就及时给予赞扬，并让他给画好的画取个名字并写下来，还告诉他，如果愿意，可以画一些画送给我，因为我也喜欢卡通画。这以后，他隔三岔五就会悄悄地在我的语文书里放一张画，我把他给我的画按先后顺序整理好，画纸上的字迹越来越工整，画的内容也越来越丰富。每隔一周我就找他和我一起欣赏，鼓励他在不影响学习的前提下可以做自己喜欢的事情，并表达老师对他的赏识。他感到老师处处在关心他，也逐渐明确了学习的目标，端正了学习的态度。因为他的学习基础较差，我特意给他安排了责任心强、学习成绩好、乐于助人、耐心细致的同学小乐当他的小老师，让他有不会的问题就多问小乐。事前，我告诉小乐同学："不要歧视他，要尽你自己最大的努力，和我一起耐心地帮助他，使他进步。"两年过去了，现在，他的作业不仅书写认真、整洁，准确率也提高了；遇到事情不仅不哭闹了，还能够主动寻求解决的办法。而且因为擅长画画，他被同学们称为"小画家"，班上出黑板报，做手抄报，他总是抢着参加。

【案例反思】

师爱是重要的教育因素，对于学生是鞭策和激励，对学生的成长和进步有很大的推动作用。我们老师要用爱的眼睛发现学生的闪光点，让闪光点能发出耀眼的光芒，让学生能随时感觉到老师的关爱。学生有了错误，老师要给予他改正的机会；学生有了进步，老师要及时表扬和肯定。每个学生都渴望亲近老师，他们特别希望得到老师的肯定，当他们被肯定时，就有了积极性，学习和表现自然也就更上一层楼了。

瑞士的希尔泰说过："爱可以战胜一切。"作为一名教师，应"以人为本"，付出师爱，尊重每一位学生。教育是心灵的艺术。我们教育学生，要与学生之间建立一座心灵相通的爱心桥梁。这就要求我们教师无论对待什么样的学生都要做到循循善诱；这就需要我们教师放下架子去亲近学生；这就需要我们教师敞开心扉，以关爱之心来触动他们的心弦。动之以情，晓之以理，用师爱去温暖他们，用真情去感化他们，用道理去说服他们，从而促使他们更好地成长。

星星之火，可以燎原，师爱是有魔力的，它能融化学生心中的冰雪，能滋润学生的心田，能净化学生的心灵，能浇灌出美丽的桃李。

和一个"小捣蛋"的较量

祁门县金字牌中心学校　江雨澄

【案例描述】

一、莫名其妙的"捣乱"

美工区因为活动材料丰富而格外受到孩子们的欢迎，正当孩子们玩得不亦乐乎的时候，一声尖叫将和谐打破："啊！老师，小天在我的纸上乱画！"听到声音后我立即走上前查看，询问的话还未说出口，只见小天当着我的面又迅速在小月的画纸上乱画了几笔，被我逮了个正着。于是，我开始和小天讲道理，"你这么做是不对的""小月会很伤心""你应该和小月道歉"……小天气鼓鼓地看了我一眼，把画笔和画纸不管不顾地推到地上。小天的行为成功地点燃了我的怒火，心想我还真没遇到过这么"捣蛋"的孩子，对小天指责的话语也脱口而出："你怎么回事？你这是故意搞破坏！如果你不遵守规则以后就别画了。"没想到，他却置我的愤怒于不顾，把头撇向一边，一副无所谓的样子。我一时哑然，着实不理解他为什么这样"捣乱"。

二、接踵而来的"投诉"

"捣乱"事件发生不久，小朋友们就接二连三地向我投诉："老师，小天推我！""我看书看得好好的，他就过来抢。""老师，他也打我了。""刚才也打我了。"……一时间小天就像是大家的"公敌"，孩子们你一句我一句，似乎每个人都对他有意见。我找来了小天问他怎么回事，他依然是把头歪向一边，拒绝和我沟通。

我在心中暗自叹息，如果我们班没有这个孩子，我得少多少工作量啊！

三、令人深思的"隔离"

发生上述事件后，我更加留意小天了，还真是又发现了许多问题。每当玩玩具时，小天总是拿着一小堆玩具一个人玩，他所在的那一桌就会自动形成两组，他一个人一组，其他人一组。当集体活动时，他坐在一边，其他小朋友聚在一堆，只要有他在，就是如此，所有人都"隔离"了他。

于是，我找来了其他幼儿："为什么你们都不带小天玩呢？小朋友之间要相互关爱啊。""老师，可是我们不想和他一起玩。"孩子们说道。

"我才不要和他们做好朋友，我才不要和他们做好朋友，我才……"小天不停地嘟囔着这句话，这时我看到了一个五岁孩子"强悍"外表下脆弱的内心，忽然觉得原来我一直忽略了他也是渴望被爱的呀！

在小天的触动下，我想到了陶行知先生《晓庄三岁敬告同志书》中关于大同与大不同的见解："我们试到一个花园里面去看一看：万紫千红，各有它的美丽；那构成花园的伟观的成分正是各种花草的大不同处。将这些大不同的花草分别栽种，使它们各得其所，及时发芽滋长，现出一种和谐的气象，令人一进门便感觉到生命的节奏：这便是大同之效。"这就是告诉我们要尊重学生个体差异啊，原来我一直做的是陶先生口中那种"教桃花、榴花拜荷花做模范"的事情了。我深感愧疚，决定转变观念，帮助小天。

【案例分析】

小天一系列"捣乱"现象的背后到底藏着什么秘密呢？经过对小天家庭的了解，我发现：

一、溺爱

小天的家庭管教属于自由发展型。平时妈妈对他有求必应，其他家庭成员也不会给予任何的强迫，物质要求基本上是无条件地满足。生活中只要小天有什么不满的情绪，妈妈就会以给他买礼物的方式满足他。逐渐，一个傲慢跋扈、恣意妄为的孩子长成了。

二、封闭

1.亲人间交流匮乏

小天是由妈妈和外公、外婆抚养长大的，平时妈妈忙于一份工作的同时还做着电商生意，和小天相处时大多是拿着手机，没有互动；外公、外婆又忙于家里的事务；小天的爸爸则多年没有回家，不和小天联系。这就导致了当小天需要与人沟通的时候，因缺乏经验而显得不知所措，遇到矛盾只能用暴力解决。

2.朋友间交流障碍

小天在社交技巧上的经验有所不足。单一的生活、娇宠的环境，使得他没有学会与人分享，不知如何用友善的方式交往。原来问题的根源在于家庭教育的误区。追根溯源，再来思考策略，我发现，只有做好"改变"，问题才能解决。

【案例反思】

一、家庭教育观的改变

1.亲子沟通

小天的问题主要出在家庭的教育观上。家长始终认为孩子只要送进学校，教育就是老师的事情，严重忽略了孩子成长中家庭教育、家长引导的重要性。于是，我给出了"亲子沟通"的建议，请家长多给予有效陪伴，利用休息时间和孩子一起玩耍、阅读、交流，享受亲情的温暖。同时，家人也可以从孩子的话语中了解孩子的行为，及时给予正确引导。

2.主动寻友

除了亲子沟通以外，我还想出了"请客"的主意，即让小天一家邀请小朋友们去家里做客。利用这个机会，让小天紧闭的心门得以敞开，深刻感受"独乐乐不如众乐乐"。

3.榜样示范

父母是孩子最好的老师，幼儿许多的行为习惯都是因家长的习惯影响而形成的。于是，我建议小天的家长阅读《正面管教》和《家庭教育》等书籍，让他们从书中汲取经验，注意自己的言行举止，潜移默化地改变小天。

二、教师教育手段的改变

1.真诚关爱

对于孩子，老师的教育方式如果单一粗暴或者急于求成，结果往往会事与愿违，造成对立的局面。于是，在"捣乱"事件发生后，我调整心态，平和而温柔地对待他，从情感上真诚地接受他。果然，小天对我说了真心话："我在小朋友画上乱涂，是因为他们画得比我好，我比不过他们。"

明白这些后，我告诉小天："每个人都有自己的特长，你也有过人之处呀，你的拼图玩得超级棒。"

2.艺术批评

在小天对其他小朋友做出攻击性行为时，我应该给予批评。当然，幼儿有着独特的心理特点，批评需要技巧。于是，我转变了和他沟通的方式，我开始带着小天看《大卫不可以》一系列的绘本，用故事的形式告诉小天是非对错，在故事的帮助下，小天终于认识到了自己的错误。

3.因势利导

小天其实是一个有才华的孩子，关键在于他没有展现出自己的才华，从而与群体渐行渐远。因此，让他发挥优势，吸引伙伴，是他走回集体的重要措施。小天拼图又快又准确，可以用积木玩具拼搭出优秀的作品，我开始有意识地展示小天的作品，引导他协助小朋友们玩拼图，培养其合作意识。小朋友们都喊他"拼图大师"。小天开始自信起来。逐渐地，我发现小天对小朋友的攻击行为越来越少，他也开始有了玩伴。

通过这些，我知道"捣乱鬼"小天已经"变形"了，小朋友们常围在他身边，小天的笑容也多了，他一定会越变越好。

特别的爱给特别的你

祁门县祁山小学　汪小彦

【案例描述】

一天早上，我刚走进教室，班上的孩子就跑来跟我告状："老师，小磊这星期家庭作业没做……""老师，小磊早上一来就踩我凳子……""老师，小磊还把口水吐我身上……"

说起小磊这孩子，真是让我伤透了脑筋。自从一年级带他以来，几乎天天都有孩子打他的小报告。他上课要么无精打采，要么做小动作干扰别人；一下课就生龙活虎了，满世界追逐打闹，从这张桌子跳到那张凳子，还喜欢对同学动手动脚；家庭作业经常不做，即使做了，也不做完，书写更是不堪入目；有的时候还和其他任课老师顶嘴……每次批评教育他时，他要么一副爱答不理的样子，要么嘴上答应得好好的，过不了几天又原形毕露。这不，今天老毛病又犯了。看到他那副样子，我心中积聚多日的怒火就像一包炸药，被他"砰"地一下点燃了。我怒气冲冲地走到他的座位上，一手拎起他的书包，一手抓住他的后背，把他拉到了教室门口，大声说道："你不想读书就不要读了，打电话叫你家长接你回家！"此时的小磊就像一只受了惊吓的小猫一样，缩成一团，眼神里透出一丝惶恐和无助。就在拉他回教室的时候，我无意中看见了他手臂上伤痕累累，我赶紧把他的袖子往上撩了撩，才发现他的两只手臂上全是被鞭子抽打的伤痕。那一刻，我的眼泪忍不住流了下来。我知道，所有的语言都是苍白无力的，我只有紧紧地抱着他，安慰他那颗受伤的心灵。事后我才知道，他手上的伤痕是因为上周数学家庭作业没做被他爸爸知道后狠狠抽打的。难怪他周一一来就开始违反纪律，这也许是他发泄的一种方式。

【案例分析】

针对小磊的情况，我决定对他做一次家访，了解具体情况后再对症下药。原来小磊的爸妈早在小磊很小的时候就离婚了，小磊判给了他爸爸。可是他爸爸常年不在家，他平时都是跟着奶奶一起生活。奶奶不识字，耳朵还有点背，在家和小磊几乎没有什么交流。他爸爸脾气不好，要么不管，要么就是一顿毒打。长此以往，小磊变得越来越叛逆，越来越厌学……针对小磊的问题，我决定先让他认识自己的错误，于是我再次找他谈话，谈话中，我了解到他心里十分怨恨爸爸，也怨恨老师。我轻声问他："你为什么会恨爸爸？"他头也不抬地回答："因为他从来不管我，还经常打我。""那你为什么怨恨老师呢？"他不好意思地说："因为老师经常上课批评我。"我接着问："老师为什么会常在课堂上批评你，你知道吗？"他羞愧地说："因为我不听话，经常违反纪律，没有按时完成作业，书写也不工整……""你已经认识到了自己的错误，说明你是一个勇于认错的好孩子，但是，这还不够，你觉得应该怎样做才好？""我今后一定要遵守纪律，认真完成作业……""那你可要说到做到哟！""好！"小磊满口答应了。

为了激励小磊，我经常下课时找他谈心，和他说话的时候也总是面带微笑。有时候他的衣服没穿好，红领巾没戴好，我就随手帮他整理好。渐渐地，他对我不再像以前那么抗拒了，有时还会主动跑到办公室找我聊天。有一次，我看见他上课时没有乱动，就表扬他这节课非常认真。听了这话，他表现更好了，而且还破天荒地举手回答问题。抓住这个契机，我及时奖励了他一颗五角星。以后他每次表现好时，我都立即给予奖励。三个月后，我惊喜地发现小磊同学慢慢改掉了注意力不集中、上课多动的坏习惯。

为了提高他的学习成绩，除了在思想上教育他、感化他，我还特意安排了一个责任心强、学习成绩好、乐于助人的同学——小浩跟他同桌。事前，我先和小浩进行了一番谈话：为了班集体，不要歧视他，要尽自己最大的努力，耐心地帮助他改正缺点，慢慢进步。小浩同学满口答应，并充分利用课余时间帮助他。在同学的帮助和他自己的努力下，小磊各方面都取得了不小的进步。我惊喜地发现，每次轮到他值日时，他总是特别积极。地扫完后，他还要检查一下同学的课桌里有没有垃圾。教室打扫干净后，他总是把每组的桌椅摆放得整整齐齐的。

看到小磊的表现越来越好，我决定任命他为班级的桌椅组长。我在班上宣布的那一刻，小磊既兴奋又激动。一下课他就跑到办公室对我说："老师，我一定会认真负责，管好我们班级的桌椅。"我赞许地点了点头，对他说："老师相信你，加油干吧！"从那以后，小磊变得更加积极上进了，学习成绩也有了很大的进步，他的厌学情绪也慢慢消除了。

【案例反思】

"捧着一颗心来，不带半根草去。"这是著名教育家陶行知把一生奉献给教育事业的真实写照。作为一名班主任，我们要时时怀着一颗爱心，把特别的爱给每一个特别的孩子。

一、亲近学生，了解原因，因材施教

我们班主任要善于接近、体贴和关心学生，尤其是那些特别的学生。在这个过程中，我重视与学生的思想交流，经常利用课余时间和学生促膝谈心。为了更多地了解学生的心理活动，我还经常到学生家中家访，了解剖析学生异常行为产生的真实原因，从而根据学生的个性来因材施教。

二、阳性强化，调动学生，激发主动

阳性强化法是心理咨询行为疗法中常用的一种方法，也称正性强化法。如果想建立或保持某种行为，必须对其施加奖励，对不良的行为予以漠视和淡化，促进正确的行为更多地出现。简单地说，当孩子某一问题行为不出现时，立即给予"奖赏"，以建立正常行为模式，从而调动学生学习主动性。

三、同学关注，轻松愉快，建立自信

为了转化厌学学生，我在班上成立了"一对一"帮扶小组。我要求帮扶学生严格要求自己，给厌学学生树立榜样并要认真观察他们一天的表现，找到他们的点滴进步；要求厌学学生主动参与学习活动，积极向同伴学习。目的就是要让他们感受到同伴的帮助、老师的关爱，促使他们在一个和谐的发展空间，自觉、主动地进步，从而进一步树立起自主学习的信心。

陶行知先生说："真教育是心心相印的活动，唯独从心里发出来的，才能打动心灵的深处。"身为教师，我们要用爱心浇灌每一朵花期不同的小花，给予那些特别的孩子特别的爱，我相信奇迹一定会发生。

"含羞草"也能昂起头

祁门县新安学校　计　云

经卷面调查数据显示，新安学校三至六年级学生（144人）中有约20.8%的学生（30人）羞于开口说英语，在这20.8%的学生中有约53.3%的学生（16人）知道单词的发音，却不开口说英语。为什么会产生这种情形？北京师范大学程晓堂所著《改什么？如何教？怎样考？义务教育英语课程标准（2022年版）解析》给出这样的解释：学习英语离不开语音学习，英语的语音除了字母和单词的发音以外，还包括语调、节奏、重音等。很多英语学习者知道单词发音却不开口说，原因可能在于不会很好区分重音、语调又或是没有掌握好节奏感，索性不开口说。由此看来，学习英语不应局限于了解知识，还应提高运用英语的能力。英语新课程标准指出英语的学习要以具体的内容为抓手，学生通过课程内容的学习掌握相关知识，发展核心素养。英语话剧表演是英语学习的一个重要内容。基于以上思考，我决定在五年级开展英语话剧表演活动。

【案例描述】

五年级一班的小涵每次看到我时总是不好意思打招呼，有时即使打了招呼声音也是小得几乎听不到，在英语课堂上更是很少看到她参与到课堂游戏当中来，难道她不喜欢游戏吗？这不符合儿童的心理特点，原因只能是游戏不够有吸引力或者她对英语不感兴趣。

一节英语故事课上，我像往常一样引导学生观察故事图片，预测情节，学习新词和理解故事脉络。到了读后活动，我一改常态运用了话剧的教学方式。孩子们很喜欢话剧表演，都争先恐后地举着小手想扮演故事中一角，无意中我看到了小涵渴望的眼神与欲说又止的神情。我便示意让小涵扮演，她会意地朝我点了点头，可问题来了：她扮演谁呢？基础不牢固的她在英语课上常常瞪着一双茫然的大眼睛似懂非懂地看着我，嘴巴半张半合机械地读着。不让她演，无疑会打击她。想到这，我临时设计了一个小组探究活动，让学生找出故事中没有说话的角色，并为她设计一句台词。学生接到任务后叽叽喳喳地讨论着。当我走到小涵那一组时，看出了她的眼神有些闪躲，我俯下身问道："你能找出整个故事中没有说话的角色吗？"她低声呢喃道："Elephant."我继续追问："那你有没有设计好台词呢？"她没有回答，只是把头埋得更低了。我鼓励她说："没关系，老师和你一起想，让我们想象一下：大象看见瘦小的兔子成功射门时，它是怎么想的？""不相信。"她立即答道。我顿时感受到眼前的女孩思维敏锐，具有可塑性。我亲切地问道："我们以前有没有学过表达这种感受的语气词？""Re-real-really."她用一种几乎颤抖的声音结结巴巴地说着。我激动地说："Well done. Give me five！"她迅速地举起手与我击掌。随后我拍了拍她的肩膀示意她进行多次练习。

在巡视过程中我发现大部分小组学生初期创作并不顺利，通过及时沟通我了解到了学生的畏难情绪。因此我暂停了学生的剧本创作活动，引导学生先组内构思剧本中的一个场景，再让每个学生创作一至两句适合自己角色的台词，之后再根据组内需求增加场景和台词，并配上音效、道具、旁白等。令我惊讶的是，小涵这一组考虑到故事没有背景，为故事添加了一个旁白：It's sunny, Zoom、Zip、Dog and Elephant are playing football on the playground.小涵同学还设计了一个太阳闪耀的动作，大大地增加了故事的真实性、趣味性。

因为有前期的阅读和小组讨论，在第一次话剧预演中大部分学生能惟妙惟肖地演绎出每个角色应有的性格，对故事也有了进一步的认识。但同时也出现了一些问题：部分学生不会表现踢足球、射门的动作，在分组展示中说话声音也很轻，还会忘词；学生的创意很有限，偏向定势思维，分组展示中的肢体动作、表情、语气等几乎千篇一律；分组讨论中也出现了优等生或者积极分子把控全场的现象，没有做到人人参与讨论，小部分学生在此氛围下也就懒得思考，直接照搬集体讨论的内容。

考虑到学生不会表演踢足球、射门的动作，我马上意识到学生应该是没有踢足球的体验。课后我及时联系学校体育老师并邀请她教学生如何踢足球、如何射门。果不其然，第二次话剧预演时，学生都能完美演绎踢足球、射门的动作，当大部分学生都已处于话剧表演应有的积极状态时，我乘势引导学生找出"Zoom"的台词，并启发他们思考"Zoom"的心理变化：当"Zoom"听说新来的体育老师是一个很棒的足球运动员，可当看到的是一个又矮又瘦的兔子老师时他有什么感受？怎么读出这种感受？说话时可以加入什么音效？话音刚落，课堂沸腾了起来。这时我特别留意了小涵同学，她也手舞足蹈地演着。

为了释放学生的天性，提高他们的创造力，我先让学生在组内分配好角色后思考说台词时的肢体动作和表情，然后让选择同角色的学生一起讨论怎样更好地表演，最后各角色再回到原组练习并展示。此举效果突出，课堂上那一株株含羞草蜕变成了"戏精"，而我们的小涵则是最耀眼的一个。

通过两次话剧预演，学生们在原有的对话剧的认识基础上，进一步学会语言表达技巧，学生的创造力、热情被点燃了。对于仍很拘谨的小部分学生，我也引导他们关注音效、道具，帮助他们更好地按照自己的能力、水平来选择自己能胜任的角色，以轻松的心情投入话剧创作中。在最后的话剧表演中，小涵凭着突出表现力，拿到了"The best Elephant"称号。

【案例分析】

一、科学定位学习者的认知特质

本案例中小涵是一个有能力开口说英语但羞于开口说英语的学生。为什么她会羞于说英语呢？老师的第一反应是她害羞，是性格原因。如果我们将其归咎于性格原因，那么我们有可能就会止步于此。正是因为我意识到了这种教育认知的局限性，所以我对全校三至六年级学生做了问卷调查，并对调查结果做了科学分析。通过翻阅书籍《改什么？如何教？怎样考？义务教育英语课程标准（2022年版）解析》，精准定位她的认知特质，找到了科学的解决方法，从而收到了良好的教育效果。

二、优化话剧创作路径

通过将剧本创作拆分成从易到难的小任务，有效地降低了学生在创作初期的畏难情绪，各组学生也更为顺利地完成了各自的剧本创作。在此环节，我特别强调要进行合理分工，组内每个成员都要参与剧本的创作，课后每组成员需要写下剧本创作中自己完成的任务并签名。实践证明此路径大大改善了第一课时出现的优等生或积极分子控场、并非人人参与讨论等现象。

【案例反思】

著名的教育家陶行知提倡"教学做合一"，作为教师要在做上教，引领孩子在做上学。基于以上的思考才有了此次话剧表演。案例中话剧表演的脚本来自五年级人教版英语教材第一单元的"Story time"，它是一个以教师和学生人际关系为主题的对话故事，讲述主人公Zoom初遇体育老师时的心理变化（听说时崇拜—见面时鄙视—展示时折服），告诉学生不能以貌取人，要尊敬、爱戴老师，贴近学生的生活经验。鉴于我已经任教本班两年，再加上对于班上大部分学生的英语水平、认知特性非常熟悉，我将对话故事创编成话剧表演，一方面提高学生综合语用能力，另一方面也是践行英语新课标倡导的英语活动观理念，即在体验中学习，在实践中运用，在迁移中创新。一种新的教学方式或许不能照顾到所有学生，但我尽量朝着这个目标去做。为了照顾班上个别英语基础薄弱的学生，我力求让他们在感受英语学习氛围的基础上乐于学，实现会说一句简单的英语的突破。此次教学尝试让我意识到话剧表演是一个有深度的课题，还有很多实用的路径等着我去开发。

用爱叩响学生的心扉

祁门县祁山小学　许晶华

【案例描述】

四年级时，我接手了一个班，班上有个叫小禹的孩子，长得虎头虎脑的，是班上的"问题学生"。开学以后我特意留心观察了他一段时间，发现小禹上课时经常无精打采，要么做小动作，要么故意大吼大叫，有时还会在课堂上呼呼大睡，对学习提不起一点兴趣，下课时追逐打闹，喜欢说不文明的话，作业经常不做。于是，我利用课余时间找他谈话，希望他能知错就改，认真完成作业，争取不断进步。他连连点头，一副虚心接受的样子，可是一出办公室门，又一如既往。我有时趁科任教师上课，到班里听课，发现他也能认真听讲，不过最多坚持听讲十几分钟，之后又开始动了。我多次打电话与家长沟通，共同教育，但还是无济于事。

后来，我认真反思了一下，我每天都在批评他、教育他，数落他的缺点和不足，都没有效果；是不是我只注意到了他的缺点，却从没有看到他的优点？当我重新审视他的时候，我发现他也并不是一无是处，比如说他爱干体力活，爱帮助别人，还有他喜欢表现自己，只是采用的方式不太恰当而已。他或许就是因为自己的行为一直不被肯定才会表现得不听话，以此来吸引大家的注意吧。

【案例分析】

为了有针对性地教育小禹，我决定到他家进行家访，全面了解孩子的情况。通过家访，我了解到小禹是在单亲家庭中长大的，他的爸爸在他还没有出生时就抛弃了他和妈妈，而他的妈妈为了生计不得不外出务工，把他交给外婆带。外婆一边带他，一边在服装厂里上班，对他的管教也力不从心。

了解情况后，我立即和他妈妈取得联系，告诉她孩子最近在学校的表现，让她明白作为母亲经常与孩子进行交流沟通是非常必要的。如今是信息时代，可以通过电话、微信视频等方式经常关心孩子，了解孩子的学习、生活、身心发展状况。与小禹妈妈达成了教育共识后，我又对小禹外婆进行电话家访，了解小禹在家的表现，并指导她如何配合学校教育管理好小禹。

在小禹生日这天，我把他带回了自己家，亲自下厨给他做了一桌丰盛的菜，并拿出给他买的生日蛋糕。饭桌上看着他眼里闪烁的泪光，我知道他找到了家的感觉。我和女儿一起为他唱生日歌，并送他生日礼物。他接到生日礼物时竟哇哇大哭起来，接着我和他边吃边聊一些家庭琐事、兴趣爱好，拉近心与心的距离，走进他的内心世界。经过这次交谈，我了解到小禹的本质并不坏，只是由于家庭的缺陷，缺少父母的关心，从而产生了自卑情绪，不想和同学沟通交流。课后我经常找小禹聊天，带水果给他吃，带他和同学们打球等，我发现小禹的进步是明显的，脏话少了，上课在教室里大吼大叫的次数少了，上课睡觉的次数也少了，也开始认真写作业了……

在一次校运动会800米长跑比赛的报名中，班上没有一个同学参加，我不甘心地扫视了一下全班，发现小禹的眼里有光，凭直觉我知道他能参加这个项目的比赛，就抓住这个机会鼓励他参加。开始，他把头摇得跟拨浪鼓似的说："我不行，我肯定不行的！"我用期盼的眼神望着他，亲切地对他说："老师相信你通过训练一定行的！"接下来每天课外活动时，我在操场上都能看到小禹刻苦训练的身影。功夫不负有心人，他在学校长跑比赛中拿到了二等奖，得到了同学们的掌声，他的脸上露出了久违的笑容。

此后，我还多次为他提供实现自我价值的机会，如：让他当体育委员，推荐他参加学校体育社团等，让他体验到成功的喜悦，增加良性刺激，使他摆脱自卑心理，激发他的自信心和上进心。与此同时，对于小禹在校的进步表现，我还打电话给他的妈妈和外婆予以表扬，同时要求家长配合教育，在家里对小禹给予及时的鼓励和适当的奖励。在与家长的合力教育下，小禹脸上的笑容越来越多，性格也逐渐开朗起来，脸上开始充满了自信和朝气，周围也有了和他一起玩的小伙伴。

【案例反思】

陶行知先生说："你的教鞭下有瓦特，你的冷眼里有牛顿，你的讥笑中有爱迪生。你别忙着把他们赶跑。"是的，每个孩子的成长都有精彩的可能性。小禹的转变让我明白，教育是心灵的艺术，我们教育学生，首先要与学生建立一座心灵相通的爱心桥梁。教师应尊重、爱护每一位学生，要设法了解"问题学生"内心想法，开启他们心灵的天窗，带着一颗真诚的心，走进"问题学生"的心里。同时，教师要给他们多一点关爱和鼓励，让他们的"闪光点"发光，使他们感觉到老师时刻在关注他、爱他，他一样受到老师的重视。有时教师一个鼓励的眼神，一个小小的拥抱，一句温暖的话语，都会让"问题学生"感受到爱的力量，这会大大激发他们的学习动力，增强他们的自信心。

俗话说："浇树浇根，育人育心。"当我们用真心换回学生的诚心后，我们是最幸福的！让我们拥有爱心，真诚地去爱每一个孩子，让爱燃起心火，用爱叩响心扉，指引他们在自信中健康、快乐地成长。

学生才是班级的主人

祁门县永泰技术学校　章贤芳

李镇西老师曾在《做最好的班主任》一书中说，即使对属于班主任分内之责的班级常规管理及各种事务，班主任也不应该一手包办，而应该放手让学生学会自己管理班级，处理班级事务。

但要让学生真正参与到班级管理中，绝不能仅仅靠几个班干部，也不仅仅表现在对班级制度的建立上，更多的是班主任要了解学生，倾听学生的心声，引导学生认识到每个人都有参与班级管理的义务与权利，同时每位学生都应该受到班集体的监督，这样才能使学生真正成为班级的主人。

【案例描述】

故事发生在新班级成立的第一周。

早上，我在学校公告栏里看见班级的卫生评分被扣了2分，于是我快速走进教室，看见地面很不干净，估计只有前门和过道被扫过，学生的桌凳下还残留着一些纸屑垃圾，于是我责问今天的值日生是谁。

经过了解，得知是班上的劳动委员小江。大家说他今天早读课差点迟到，可能没来得及认真打扫卫生。小江是一个瘦瘦小小、生活自理能力比较差的小男孩。刚开学的时候我为了鼓励他，特意选他担任劳动委员，但从开学以来，我就多次听说他教室和宿舍的卫生都打扫不好，每次只做表面工作，已经有几位同学对他心存不满。

当时，小江刚好去倒垃圾了，于是在气头上的我对其他同学说："按照我们之前说好的班规，扫地不干净，被扣分的要继续扫两天，忘记扫地的要继续扫四天。那这次就罚小江再扫四天。"

说完我就走出了教室，迎面看见小江倒完垃圾回来，我就把对他的惩罚告诉了他，小江的脸一下子涨得通红，不再搭理我，直接怒气冲冲地走进教室。

以我对他的了解，我估计他会到教室里和同学们大声诉说对我的不满。我整理好课本特意提前走进了教室，本打算迎接大家的愤愤不平，却没想到迎接我的是学生们脸上明媚的笑容。

于是，我笑着问同学们小江有没有抱怨我，学生们顿时明白了，纷纷对着小江笑着说："哦，没有。"

我继续笑着说："看来，小江的思想觉悟确实比较高，我以为他会表达对我的不满呢。但是犯了错误就应该接受相应的惩罚，希望小江能够认识到自己的错误并改掉偷懒的小毛病。"

小江突然脸一红："您刚才当着隔壁班同学的面批评我，我感觉太没有面子了。"

我笑道："哦！你还知道要面子啊，太好了。如果你以后还是不好好打扫卫生，被扣分了，就惩罚你一周，让你更没有面子。"

我一说完，学生们哄堂大笑，小江说："老师，我知道错了，我以后不会这样了，保证每天按时到校，打扫卫生。但是，班规里可没有说打扫卫生被扣分，就罚扫四天啊！"

别的学生也说："就是！老师你做得太不民主了，我们应该讨论一下，不能你说惩罚几天就几天啊。"

我忙说："好的！那我们再讨论一下班规。只要不按时值日，惩罚继续打扫卫生四天；值日被学生会检查扣分的，惩罚继续打扫卫生两天。同意的举手。"

全班学生举手。

我说："那么同意小江继续打扫四天的举手。"

部分学生举起了手，这时班长小方站起来说："老师，我可以作证，小江今天早上扫过地了，可能扫得不是很认真，后面还去倒了垃圾，这应该属于后面的那个惩罚吧，不应该罚扫四天，两天差不多。"

我说："那么，我再问一下，同意小江继续打扫两天的同学请举手。"

所有人都举起了手。我说："好的！那我听大家的意见，这次就惩罚小江同学再扫两天地。"

小江笑嘻嘻地说："谢谢大家,我以后一定好好打扫……"

【案例分析】

我们在班级管理和日常教学中,可能会对学生强调要绝对"忠诚",服从老师的安排。但是我认为,真正的忠诚不是盲目的愚忠,也不仅仅是绝对服从。我常常告诉学生,一个希望班级健康发展的学生,绝不会无条件地服从班主任,他常常会有不同的看法,更会向班主任提出合理的建议。

我鼓励学生提建议,却不鼓励学生提意见。意见和建议的区别还是很大的。"建议"的特点不仅是指出问题,还分析问题,并提出改进的方法。这个心态和态度是积极健康的,同时为班级管理制度提出合理的建议,也能很好锻炼学生的个人能力。在上面的案例中,学生就针对小江的处罚方案提出了合理的建议,在我接纳建议之后,他们对我更加尊重;同时也体现了同学之间互帮互助、团结友爱的同学情。所以在班级管理中允许学生提建议,是一件能让大家共同进步的好事!

【案例反思】

虽然教师是成年人,比学生成熟,但不一定比学生懂得多,很多时候,我们真的需要接受孩子们的建议,改进自己的做法,共同构建和谐友爱的班集体。

班级管理制度不是班主任用来约束学生的"三纲五常",而是教师通过"赋权",与学生一起协商讨论、共同制定的规章制度。其好处有三:第一,青春期的孩子逆反心理强,教师强加给他们的约束,他们会反抗,但对自己定下的规矩,他们会心悦诚服地遵从;第二,师生共建班级管理制度的过程也是学生自我学习、自我提高的过程;第三,通过建立班级管理制度和规范,实现班级事务"责任权利"的结合,可以形成"人人有事做,事事有人做"的局面,使班级事务的运作及违规行为的处理都做到有章可循、有"法"可依。

一堂"学会反思"的课

祁门县祁山小学　许梅芳

【案例描述】

"想想今天发生的所有事情，有没有哪一瞬间或是哪一件事让你有所反思的?"当我拿着道德与法治课本走进教室，抛出这样一个问题。学生们立马畅所欲言，即使我没有下达可以讨论学习的指令。讨论学习也不是没有好处的，很多时候思维的火花不就是这样碰撞出来的吗? 这样想着，几分钟过去了，我示意他们停止讨论。"今天有没有哪一瞬间让你有所反思的?""没有。"小汪同学干脆利落地回答。"那可以将时间往前推，曾经有没有哪一件事让你有所反思?""我从来都不会反思自己，因为我认为我做的所有事情都是对的!"小汪同学是一个争强好胜的同学，平时交代他的任务都能靠自己的方法快速顺利地完成，当然也容不得别人对他说三道四，即使是指出他的缺点，也得委婉地告知。

这话一出，班上立即又沸腾起来。"是不是你做过的所有事情都没有让你后悔的?"我已记不太清他是怎么回答我的了。那一刻我想着这堂课要继续进行下去，必须要先拔出这根"刺"。我还算是了解小汪同学的，知道他虽话多，看似是"目无尊长"，但是他并无恶意，只是真实地反映他当时内心的想法。所以我当时并无任何情绪波动，至少表面上是这样。我此时需要做的就是想办法积极地去处理这个问题。既然这么爱说，不如……

"小汪同学，这节课交给你来吧!"当时我已想好他若不接招也许会收敛一些，如果接招，这堂课交给他也不是不可以。三秒钟过去，他愣了一下，似乎没有想到我会出这一招，紧接着"争强好胜"的性格立马就表现了出来："好，我来就我来！"似乎还带着一丝不服气，但也无奈"接招"。我暗自窃喜，课堂真正的互动就此展开。

一阵热烈的掌声过后，"小汪老师"正式上线。"同学们，我们在生活中离不开反思，其实当我们思考过去的事情，并从中得到经验或教训时，就是在反思。其实反思是一种很好的习惯，请你们结合自己的亲身经历，说说你的反思经验。"他给了三分钟思考的时间，但自己又滔滔不绝地说了一通关于"反思"的话题。有的同学说："你都是自己在说，没有给我们思考的时间。"他不管这么多，只是看着钟表，时间到后再次询问。没有一个同学自告奋勇地回答，他见状并没有感到尴尬，似乎是做好了应对的策略。"如果你们没有的话，那我就来说说我的反思。"当他说了自己和妈妈吵架，躲起来一个人偷偷地哭，最后想到姑姑说的话，不仅没有生妈妈的气，反而理解了妈妈。他再次问有没有同学愿意来分享的。此时一个声音冒了出来："小汪，现在许老师是你的学生，你可以让她来分享一下。"这话来自我们班的课代表。

"幸好我有所准备，原本就是想借这一课提及卫生问题并作出处理。"我暗自想着。"就拿最近发生的事来说，最近我走进教室发现垃圾不少，像是没有打扫过。所以刚在上课前，我先询问了值日生中午有没有打扫，在得到否定的答案后，让他们立即进行简单的打扫。我看了时间，前后一共花了不到五分钟，所以证明值日生完全可以稍微早一点到校后进行打扫。然后我就在反思，打扫卫生不及时是不是因为我改变了打扫教室的时间呢？以前都是上午放学及下午放学时打扫，自从上学期有了延时服务，考虑到大家中午的时间比较短，晚上放学也比较晚，为了减轻大家的负担，才改变了打扫的时间。可是按照现在的情况来看，大家似乎不愿意在上课前花时间来打扫，我就在想，明天我来上课前如果还是这样的话，我只能改回以前打扫的时间了。"我的反思引来了一阵讨论声，多数还是希望按现在的时间来打扫。"既然让我说，我就停不下来了。"我补充道，"其次就是刚刚我走进教室时，看到小汪同学如此热情，我就在反思课堂本应是师生互动的过程。既然小汪这么爱说，我自然不能剥夺他的'话语权'，我就想倒不如将课堂交给他吧。以上是我的反思过程。"这一环节结束后，小汪同学打算把课堂还给我，我夸赞道："你继续呀，上得很好的。"我其实期待他有更大的发挥空间，他则不好意思又无可奈何地接下这个任务。

这一堂课后面的时间过得很快，小汪同学也出色地上完了这一节课。课后他扭扭捏捏地跟随着我来到办公室，当我询问他有什么事时，他支吾半天然后轻声地说："老师，对不起。"我笑了，摸摸他的头："对不起什么？我还要谢谢你呢，帮我上了一节课，别提有多轻松了。"顺手拿起桌上的小零食奖励给他，没让他继续再说。作为一个六年级的孩子，我想他一定学会了"反思"，那么就没必要再加以补充，点到为止即可。

【案例分析】

"无论面对何种情况，第一法则就是管理好自己的情绪。"记得刚以教师的身份步入课堂时，我就深刻认识到，教师是不能将自己的情绪带进课堂的。如果只是因为自己当天心情不好，班上几十名学生就要因为你而处于低情绪的学习状态中吗？作为教师，你对学生的行为有着非常大的影响，所以想管理好课堂一定是从管理好自己的情绪开始的。

【案例反思】

庆幸的是我并没有在课堂伊始就阻止小汪的发言，而是顺势尊重他的发言，当我真正将课堂交给他时，他就没必要进入防御状态，这样就避免了学生发生"反击"行为。毕竟在那一刻，他才是课堂的"主宰者"。课后他这么一个好强的人竟能向我道歉，那么我想他一定是深刻认识到了自己的错误，这样足矣。"作为新教师，能做到尊重学生的最佳办法就是管理好你自己。"

个案跟踪

祁门县幼儿园　程启慧

【案例描述】

佳佳是我校中一班的一员，她性格沉闷，胆小害羞，特别不自信。对于老师的询问，她总是以最简单的言语回答，更多的时候是通过点头或摇头表示的；小朋友欺负她了，她会一整天闷闷不乐，却不敢跟老师和小朋友说；上课时不爱举手发言，大家都高兴地做游戏，她却在一旁远远观看，不敢也不愿意参与；在孩子身上应该体现的好奇、爱问、爱动手等特征在她身上表现得不明显，对周围的事物缺少兴趣，在班级中她更多的是一名观望者而不是一名参与者。

观察1

午间活动的时候，小朋友们都结伴在看书、折纸。佳佳用完餐后就搬了小椅子过去，坐在一旁，静静地看着。慢慢地，我发现佳佳一直在旁边观望，看到别的小朋友看着故事书有说有笑的，她也开始露出了不一样的表情，有时跟着她们一起笑，有时跟着她们一起伤心。户外运动时，佳佳也一直扮演观众的角色，我们在做游戏，她总是在原地站着，叫了她，她动一动，但一会又做回了观众。就这样，佳佳总是沉默地站在一边。

观察2

起床了，孩子们都自己穿好衣服，只有佳佳还慢吞吞地，观察了一会后，我一步一步地教她。

第二天，起床了，佳佳还是和前一天一样，不会穿衣服。

要放学了，我让孩子们自己去拿衣服并穿好，做好准备工作，但是佳佳好像没听见，还在椅子上发呆，要叫几遍才有反应，而且穿外套时不知道正反面，手不知道往哪个袖子里伸，折腾到最后还是没有穿好。

观察3

每天午餐前的一段自由活动时间，孩子们可以表演自己拿手的节目，老师也可从中了解孩子们的兴趣爱好及教学成效。今天的表演时间又到了，我边看边想该请谁时，一只举得高高的小手吸引了我的目光，仔细一瞧，竟是佳佳，从她的眼神中我看到了，她很想老师能让她表演。

佳佳缓缓地走上来："大家好，我给你们念首儿歌。"念完了，孩子们报以热烈的掌声。孩子们都把大拇指送到了她的面前。她抬着头笑了。

【案例分析】

情况分析1

出现这种情况原因很多：

家庭原因：可能在家里总是与爷爷奶奶在一起，缺少父母的关爱，而且在家里也没有同龄的伙伴。

个人原因：幼儿没有自信，不敢与人交流，所以她不愿意主动地融入群体。

但从佳佳的表情可以看出，其实她很想和其他小朋友一起玩，孩子们玩时的欢声笑语和行动已经感染了她，可是她不知道自己该用何种方式参与其中，其他孩子没有主动邀请，她也不确定同伴们是否会接纳和喜欢她，所以她选择了观望。

采取措施1

（1）鼓励佳佳积极地参与其中，体验和同伴一起游戏的快乐。

（2）教师有意识地邀请佳佳参与游戏，给他创造机会。

（3）进行手拉手活动，让比较开朗的孩子带着佳佳玩，让她不觉得孤单。

（4）进行家园互动，鼓励家长对孩子进行正面引导，并提供机会让她接触同龄同伴。

情况分析2

经过两个镜头的描述，我们可以看到佳佳的生活自理能力与班级其他幼儿相比较弱，产生这样结果的原因是多方面的。

（1）家长溺爱、包办代替。佳佳在家中主要由奶奶照料，奶奶很多事情都亲力亲为，喂她吃饭，帮她穿衣服，导致孩子在家中生活自理能力得不到很好的锻炼，久而久之就缺乏她这个年龄段所应该有的生活自理能力。

（2）幼儿注意力不集中，没有养成良好的学习习惯。我们将生活能力的培养渗透于一日活动中，在家庭中可能得不到培养的生活能力在班级中能弥补，但是我们发现佳佳在我们教这些技能时，总是不认真听，也不跟着做。久而久之，别的孩子会了，她还是不会。

总之，原因是多方面的，孩子自己不好学，家长也没有真正地给孩子提供学的机会。

采取措施2

（1）教师与家长进行交流，建议家长与幼儿园配合，让佳佳在家中也能锻炼生活自理能力。

（2）建议佳佳的父母多与佳佳相处，让父母担负起教育的重任。

（3）建议佳佳的奶奶转变教育观，不要包办佳佳自己的事情。

（4）鼓励家长对佳佳进行正面引导，并提供机会让佳佳进行尝试。

情况分析3

经过近几个月的观察、引导，佳佳有了很大的变化。老师创设的轻松的教育氛围以及同伴的鼓励与支持，使佳佳获得了自信。她在愉悦、轻松的环境中，渐渐打开了"心门"，愿意跨出这道坎，尝试接受大家。这对她的健康发展是极为重要的一步。

采取措施3

（1）及时发现佳佳身上的闪光点，及时表扬，帮助她建立自信。

（2）与家长沟通，让家长为佳佳提供更大的活动空间，扩大孩子的交往范围。

（3）鼓励佳佳与周围的同龄小朋友交往，逐渐发展到能与周围的成人打招呼等。让佳佳能自信、大胆地与人交往，积极地促进她的社会性发展。

【案例反思】

佳佳开始慢慢地接受这个集体，并和个别幼儿开始交流，但范围并不是很大，只是偶尔和几个小朋友一起说笑。我们还是要采取措施，让她变得更开朗、自信。不过现在的她不只是一个旁观者了，她也开始慢慢地参与到同伴的活动中。

我们本着发现问题、解决问题的态度，和佳佳家长进行了沟通，孩子的家长在家中也没有继续包办代替，孩子的动手能力有了进步，从孩子自己穿衣和叠被子上就能发现，她不像以前那样手足无措了，虽然有时反应还是比别的小朋友慢一点，但是能看到她的进步。

教育，向幸福而生

祁门县祁山小学　许　梦

【案例描述】

刚刚大学毕业的我，考上了教师编制，被分配到一所农村小学，一个星期25节课，一个人除了带本专业的数学课，还要带英语、音乐、美术课。说实话，除了要面对一群叽叽喳喳的孩子，我还有改不完的作业、上不完的课，有时候真的不知所措，但是每次孩子和家长亲切地喊我"许老师好"时我的烦恼就烟消云散了。我觉得这个时候我是幸福的。

学校安排我带一年级，当我把这班孩子带到三年级时，由于怀孕，暂时由新来的老师接班。在我离开的时候，我们班家长问得最多的一句话就是："许老师，你生完孩子还回来吗？我们和孩子都希望你能回来，孩子舍不得你。"还有家长说："如果你还回来的话，我就不把孩子转到私立学校去了。"（由于当时未能及时答复，这个孩子还是转走了，开学回来以后为自己当时没有正面回答感到后悔。）休产假的时候，家长发信息给我说："孩子想来你家看看你，说挺想你的。"今年我如愿回到了原来的班级，走进班级，我能感受到孩子们脸上的喜悦；走在放学路上，我能看到家长们脸上的欣慰。有时候他们还特地和我说："许老师，你回来后，孩子很高兴，回家一直说我们的许老师回来了，我们的许老师又回来了。"回来以后，孩子们上课更认真了，有时候会给我送些小惊喜（棒棒糖、小卡片等），他们说："希望我吃了甜食，看了小卡片以后心情会变好，这样子就不会再走了，不会不教他们了。"家长的认可，孩子的喜欢，这一切足够让我幸福了。

在被学生和家长感动的同时，我同样也被身边的老师感动着，每当我看到他们认真耐心地一遍又一遍地辅导学生时，每当我看到他们发现孩子发生意外时焦急的眼神时，每当我看到他们因为孩子的进步脸上露出来的喜悦时，每当……我感动着，更感觉到肩上的责任。能够与这些优秀的教师一起工作，我觉得很幸福。

【案例分析】

我们教师的幸福是什么呢？有人说是"春蚕到死丝方尽，蜡炬成灰泪始干"的无限付出，有人说是"落红不是无情物，化作春泥更护花"的伟大无私。我觉得，教师的幸福是写在孩子脸上的喜欢，幸福是家长认可的笑容，幸福绽放在这小小的三尺讲台上。

【案例反思】

教书育人之魂是爱。作为教师，首先要爱自己从事的职业，其次要热爱自己的服务对象——学生，再次要热爱你团队里的人、事、物……没有爱的生活就像是一片荒漠。赠人玫瑰，手留余香，学会爱人最终会惠己。学生最佩服的是有学问的老师，最喜爱的是有责任感的老师，而最敬爱的是有博爱之心的老师。只要我们热爱学生，与学生心与心交流，真情对话，学生定会亲其师，信其道。热爱教育事业的人，要懂得享受课堂，善于营造一个充满生命活力的课堂，和学生一起欢乐与痛苦。热爱教育事业的人，要懂得享受学生的成功与学生对你的真情回报。热爱教育事业的人，要懂得享受生活，感恩生活。开朗豁达的生活态度，高雅向上的生活情趣，大度大气的处事方式，会让你的周围充满殷殷之情、盈盈之爱，你的天地会更宽，能量会更大。

教书育人之根在于勇于承担责任。作为教师，要有强烈的责任意识。责任感首先源于对从事工作的热爱，不能把工作当负担，与其生气抱怨、发牢骚，不如积极快乐地面对。当你把工作当作生活与艺术时，你就会享受其中的乐趣。其次是我们不能逃避责任，放弃责任就等于放弃了生活，责任可以使人坚强，并发挥自己的潜能。

让我们心中有爱，怀揣责任，拥有一颗感恩的心去努力工作，认真履行自己的职责，少一些抱怨与消极，学会享受课堂，享受教育，享受生活，我们就会觉得有这样一份工作是幸福的；在成就学生的同时，也成就了教育事业，自会赢得学生、家长、学校、社会的尊重，我们的生命就会充满温馨，我们就会收获更多幸福！

吃"肥皂"啦

——一次点心引发的风波

祁门县幼儿园　叶秀萍

【案例描述】

一日午睡起床时，孩子们正在穿衣服，从活动室中传来了惊喜的声音："肥皂？今天我们吃肥皂？"

"吃肥皂，今天我们吃肥皂！"孩子们欢快地叫着。

"老师，今天的点心是肥皂。"泡泡和玥玥跑过来告诉我，语气中流露出一丝神秘。

"哎呀！真的吃肥皂？"我走到活动室一看，今天的点心是橘黄色的糕点，乍一看还真像彩色肥皂。我拿起一块糕点自言自语："真奇怪，今天居然请我们吃肥皂！"同时故意露出一脸惊喜和疑惑。

"哈哈，老师真的以为是肥皂！"孩子们窃窃私语，那是他们在笑话我连糕点都认不出来。

我提了个问题："看，这肥皂还像什么？"

"像电脑键盘。""像个小枕头。""像一张桌子。""像一块毛巾。"……

我说："你们要是吃肥皂，可别边吃边吐泡泡哦！""啊？吃肥皂，嘴里吐泡泡？""我们的嘴里会吐肥皂泡？"孩子们被我说的话逗乐了。

曼凌说："我听过一个故事，小蜗牛吃了一块草莓形香皂后，从嘴里吐出来许多肥皂泡，泡泡还带着小蜗牛飞上天了呢。"

"对哦，吃了肥皂会吐出泡泡。要是你们吃肥皂吐泡泡飞上了天，我可怎么办？"我紧锁眉头说。

"哈哈……我们要是飞上了天，老师就抓不住我们了。"孩子们大笑。

我更愁了："那可糟了，我们班41位小朋友都吐着肥皂泡在天上飞，可老师只有一个。老师怎么做才能抓住你们呢？"

晗晗说："老师别怕，你坐上直升机到天空去抓我们，把我们一个个抓回来！"

我连连点头："这个主意好！"

子烨说："老师，你拿一张渔网撒向天空，把我们都网住，带回来。"

我赶紧拍手："这个办法不错，叫一网打尽。"

乐乐说："老师，你拿一根长绳子抛到天空中，让我们抓住绳子，然后把我们一个个拉下来。"

我竖起大拇指称赞道："这是个妙计，只是老师要花很大的力气。"

安安说："我的办法是让老师坐上热气球，飞到天空中把我们抓回来。"

图图说："让老师变成翼龙来抓我们。"

浩浩说："让老师变成奥特曼来抓我们。"

孩子们积极地想着各种办法。我把糕点分给孩子们，他们吃得津津有味，似乎在期待着有肥皂泡将他们带到天空中去。

吃完点心后，我和孩子们一起到户外玩起了"飞飞抓抓"的游戏。孩子们乘着肥皂泡在"天空"中飞舞，我则想尽办法去抓他们……

【案例分析】

一日生活皆课程，这就考验着我们如何把握教育契机。中班孩子的天真可爱，由一次点心而引发奇妙的想象，我们应该以孩子的视角看孩子所看，想孩子所想，才能达到师幼愉快、积极互动的效果。

一、认同孩子的联想，接纳孩子的情绪反应

孩子把点心说成肥皂，这是一种联想。我从中看到了孩子有关肥皂的已有经验。对此，我既不否认，也不简单肯定，而是故作惊喜和疑惑。此

时，我的神情和语气传递给孩子的是对联想的认同和接纳。整个事件中，孩子表现出了惊喜、兴奋等情绪，对此，应予以接纳，从而营造安全的心理氛围，使孩子敢想敢说。

二、顺应孩子的思维特点，提供想象的空间

对于"肥皂"一说所表现出来的疑惑、好奇，让孩子们快乐无比，更激发了孩子们的积极性，为他们后面的想象提供了支持。

我提出的"这肥皂还像什么"的问题拓展了孩子们的思维，促使孩子们运用已有经验进一步联想。而我的"吃肥皂吐肥皂泡"的联想更是调动了孩子们的经验，引发了孩子们无限的想象。在民主、平等的氛围中，孩子们的已有经验被充分激活，于是，曼凌小朋友说出了小蜗牛吃香皂吐泡泡的故事情节。显然，这样的故事充满趣味。我利用这一信息适时抛出了第二个问题："要是你们吃肥皂吐泡泡飞上了天，我可怎么办？"孩子们的思维瞬间活跃起来。此时，孩子们已从联想转为解决问题，思维能力和解决问题的能力得到了提升，在表述自己想象的情节时语言表达能力也得到了发展。

三、尊重孩子的想象，给予支持性的回应

孩子们积极地运用已有经验想象着各种抓小朋友的方法，每一种方法都是一个有趣的情节、一幅生动的画面。孩子们感受到的是想象的乐趣，此时的气氛是积极愉快的。

面对每一位孩子的想象，我都专心倾听、具体反馈，给予尊重和支持，用点头、拍手、竖起大拇指等动作表示对孩子想法的赞赏，用"这个主意好""这个办法不错""这是个妙计"等短句表示对幼儿积极思考的鼓励和肯定。回应的每一个神情、每一个动作都给了孩子极大的鼓舞，孩子们感受到的是老师对自己的关注。在提供支持性回应的同时，我还善于提升孩子们的已有经验，帮助孩子丰富词汇和表达的经验。有了老师的支持性回

应，孩子们表现得十分自主。

四、调整角色定位，以孩子的视角体味童真

在整个互动过程中，老师的角色在引领者、支持者和合作者之间相互转化。在引导孩子的思维从"像什么"到"怎么办"这一过程中，教师是引领者。而当教师以孩子的视角去看孩子看到的世界、去理解孩子的言行时，教师就是孩子的伙伴。于是，面对"肥皂"时教师会疑惑，面对"小朋友被泡泡带上天空"时教师会发愁，面对"抓泡泡"的方法时教师会鼓掌……教师用童心和孩子们一起享受游戏。教师的一个亲切的微笑、一个鼓励的眼神、一个赞许的点头，都会提升幼儿的自信心，从而使幼儿感受由联想带来的愉悦，从而更加积极主动地参与活动。

【案例反思】

一、一日生活皆课程，心中有课程

"一日生活皆课程"的理念，即幼儿在幼儿园一日生活中的每个环节都是幼儿园课程的一部分，蕴含着很多教育的契机。教师只有树立"一日生活皆课程"的意识，才能运用自己的智慧迅速做出价值判断，把握教育契机，并及时进行有效互动，促进孩子的发展。提升把握教育契机的能力，需要教师拥有敏锐的观察力、灵活的应变能力和丰富的知识。

二、做到活动有目标，眼里有孩子

随着课程改革的深入，以幼儿发展为本，致力于为幼儿一生的发展奠定基础应成为学前教育工作者的行动指南。因此，教师要依据幼儿发展目标，依据自己对幼儿细致的观察，从他们的活动中敏锐地捕捉蕴含的教育

价值，给予及时而适当的引导。这就要求教师心中时时有目标，眼中处处有孩子，使课程寓于过程之中，寓于生成之中，寓于师幼互动之中。

三、教学互动有平等，课堂有生成

师幼互动是幼儿园最核心的人际互动。在一日生活中，多数教师比较关注集体教学活动、区域活动和小组活动中的互动，而忽视生活活动中的互动，往往在生活活动中扮演组织者、指导者和管理者的角色，导致幼儿的生活活动环节沉闷、无趣。建立平等、民主的师幼互动氛围，依赖于师幼间积极良好的情感关系。在日常生活中，教师要善于与孩子建立亲密的关系，以孩子的视角去看孩子看到的世界，用智慧点亮生活活动的教育价值，促使幼儿健康快乐地成长。

用爱呵护，静待花开

祁门县祁山小学　叶水云

【案例描述】

小陈是我带的第一届学生，中等成绩，不怎么合群，在班级不爱与人说话，喜欢一个人独来独往，对周围的人和事都不屑一顾。出于教师的责任感，上课时我经常叫他回答问题，发现他的闪光点，在班里公开表扬他，但即便这样，我依旧无法走进他的内心。后来，为了及时了解他的思想动态，我和学生们商定："今后的周记不规定主题，但要写自己内心的感受，必须写出真情实感。"我规定在每周一早读后上交，这样我可以在第一时间了解他们的情感动态。小陈就在一次周记中表达了自己自卑的心理。原来他的父母都是聋哑人，他与他的父母经常受到别人的嘲笑。家庭的因素让他觉得自卑，心思也更为敏感细腻。他渴望与同学们相处，却又不敢与同学们相处，同学们在玩耍时，他望而却步，只能在周记中透露出他的心思，就这样他在矛盾中苦恼、挣扎着。

心思细腻的他有时因误解而变得敏感烦躁。记得一次出黑板报，我选中了他，并让他负责，原以为他会开心，没想到他捏紧拳头好像要把我吞了似的说："我不出，你换别人出。"当时我有些惊讶，又很生气。"这么好的机会给你，你为什么不要？"冷静片刻后，我把他叫到了办公室："你的书写和画画那么好，出黑板报是展示你优势的一个机会，也可以让更多同学欣赏你，了解你呀！"看着他沉默地低下了头，仔细询问后，才得知他认为这是一种"惩罚""羞辱"，所以才痛苦愤怒。为了开导他，我认认真真地阅读了他的每一篇周记，在周记中用评语的方式与他谈心，鼓励他，我愿意永远倾听他的心声，做他的心灵避风港。慢慢地，他开始对我产生信任，和同学们也走得近了，他脸上终于有了笑容，他还在同学们的推荐下当选了班级卫生委员。班级卫生情况自然不用说，学习上也充满了干劲。这令我欣喜的变化，与其说是靠教育，不如说是爱的感化。除此之外，我还在小陈父亲来接他时，将小陈的父亲请进了办公室，通过手机打字的方式告知他小陈的进步很大，今后在家还要多关心小陈、支持小陈。同时又对小陈说："你的父亲比一般的父亲还要伟大，不应该因为缺陷而嫌弃自己的父母，更不能因此而自卑，要奋发读书，将来好好回报他们。"第一次我发现他流泪了，使劲地点着头。看着他们离去的背影，我知道这次谈话内容虽不多，但很有用。

【案例分析】

一、平等对待，善待特殊学生

家庭情况特殊的学生由于种种原因，比如说，在家里受到批评、在学校受到歧视等，从而在他们的内心深处产生了自卑感，变得很敏感，心存戒心，不恰当的批评容易使他们自暴自弃。但这只是表面现象，在他们的内心深处还是非常渴望得到老师和同学的谅解和信任的，他们需要温暖和关怀。因此，我们在教育他们时应平等对待，帮助他们克服困难，树立信心。

二、作业评价，洞察特殊学生的思想

"师者，所以传道受业解惑也。"作为老师，除了传授给学生知识以外，还要对他们的思想、行为进行指导，这种心灵的沟通仅靠课上时间是不够的，而课下的谈心、交流又会浪费太多时间。对于班主任来说，有一个恰到好处的心灵沟通方式，那就是学生周记。它能够以潜移默化的方式，润

物无声，收到良好的效果。周记虽然不是面对面的交流，却以一种独特的方式，在教师与学生之间搭建起了心灵之桥。运用好周记，教师与学生会成为朋友，心会更加贴近，"亲其师，信其道"，有了情感上的亲近与交流，教学定会事半功倍。

三、家校协作，助力特殊学生的成长

及时、有效的沟通是转化"特殊学生"的重要步骤，班主任要及时与家长联系，商讨教育孩子的有效方法，了解孩子在家及学校的情况，给予家长正确的心理指导，从而最大限度地发挥家长在子女教育中的作用。

【案例反思】

每个孩子都是一颗等待破土而出的种子，我们作为园丁不正是要帮助他们成长并期待他们绽放魅力的花朵吗？伴随着默默耕耘，有一天，你会发现，你教过的知识，他们都记得，而你曾给予他们的帮助和真爱，他们都会留着，并回馈你最美好的笑容——这世上最美的花！让我们静待花开！

缺爱的孩子更需要我们的关爱

祁门县幼儿园　方彦玲

【案例描述】

我们班有一个叫瑞瑞的孩子，每天上课时，他基本都是沉浸在自己的世界里。偷偷拿走别人椅子，用脚去踢周围的孩子，或是拽拽女孩的头发；有时会高歌几句或者突然尖叫几声；有时会突然给别的孩子一个耳光。有一次他和班里的男孩打架，因为打急了，就用牙齿去咬，怎么拉都拉不住，结果咬伤了两个孩子。最终，几个人合力才拉住了他，但他还是一副很不过瘾的样子，咬牙切齿地还要打。更让人头疼的是他做事拖拉，动作迟缓得惊人，每次做操、排队、盥洗、吃饭总是最后一个。但户外活动时，他就像脱了缰的"野马"，根本就不听指挥，一个人跑到别的班教室门口大喊大叫。把他领回来后，他又跑到滑梯边上蹿下跳，甚至头朝下从滑梯上滑下来。

瑞瑞为什么会有这样的不良习惯和偏激的行为表现呢？我在脑子里画了一个大大的问号。为了解开心中的疑问，我联系上他的父母，希望从他们那里找到答案。通过了解，我得知在他八个月的时候，他妈妈就去世了。他跟着爸爸过，爸爸又再婚，后妈基本上对他不闻不问。现在后妈和爸爸都外出务工了，他跟着爷爷奶奶过。爷爷白天要干活，奶奶还要帮自己女儿带小孩，他们也不会教育孩子，又觉得孩子可怜，什么事总顺着他。可以说瑞瑞从没有受到正常家庭的教育，更没有享受到正常家庭的幸福和快乐，也就形成了如此不良习惯和偏激的行为。

【案例分析】

通过家访，我找到了瑞瑞一系列行为的原因，那就是因爱的缺失而引起的一系列反应，因而我采取了以下措施：

一、用心呵护，用爱关注

没有真正的爱就没有真正的教育。对于瑞瑞这样缺爱的孩子来说，他更渴望得到老师、同伴的关注。所以，我把他当成自己的孩子，特别留意他的一言一行，对他多一点期待的眼神，多一点会心的微笑，多一声嘘寒问暖的关心，多一句表扬鼓励的话语，让他体验到被爱和幸福。比如，活动课的时候和他说说话，聊聊天；请他当小老师，让他去办力所能及的事，就餐时让他给小伙伴们发碗、勺；班级开展活动他上场的时候，在小伙伴的掌声中给予他多一分鼓励和期盼的眼神，并及时表扬和奖励他。这种爱就像润物的春雨、和煦的阳光，能温暖他心灵，他的脸上也因此露出了开心的笑容。

二、走进游戏，走出阴影

"没有亲情的教育是残缺的教育。"一次自由活动时，我发现瑞瑞对扮演爸爸妈妈的游戏非常感兴趣。我就想能否换一种方式让他来体验亲情的温暖呢？ 能否让他在角色的相互影响中，逐步改变因家庭给他造成的心理偏差，让他的身心和其他孩子一样得到健康发展呢？我们请家长参与我们"逛公园"的角色游戏，在老师妈妈和家长爸爸的带领下，瑞瑞和班里其他的小朋友都扮演起"临时孩子"的角色，而瑞瑞离"爸爸"最近。在游戏活动中，我们预先用各种动物玩具布置了"动物园"，瑞瑞和小朋友们跟着"爸爸"看狒狒在假山上跳来跳去，看熊猫在竹林里吃竹叶，看大象用鼻子吸水等，而且"爸爸""妈妈"们和小朋友们一起边走边看，边说边笑，瑞瑞全身心投入了游戏,不乱喊乱叫,不打小朋友了。在相继开展的"医院""逛超市""开汽车"等区角游戏中,瑞瑞主动要求当起了"医生爸爸",给"娃娃家"的孩子们打针,还当过"警察爸爸",帮助蹒跚的"老大爷"过马路等。在区角活动中,瑞瑞逐步体验到了游戏的快乐,既喜欢当孩子,也愿意充当小大人。小小的"娃娃家"有"爸"、有"妈"、有"孩子",洋溢着大家庭的温暖与幸福。

慢慢地,瑞瑞变了,他会经常晃着脑袋,盯着我的眼睛期待地问我:"老师,你是不是最喜欢我呀?是不是还会请我给小朋友当爸爸?"哪怕有时我批评他两句,他一点也不记仇,还拉着我的手说:"老师,你真好!我喜欢你!"这些童言稚语让我心中一颤,我看到了他的进步,看到了他的渴望。

三、接纳孩子的缺点,让孩子学会承担责任

面对瑞瑞的很多缺点,我总是努力让自己的心情平静下来,因为,接纳即是宽容,坦诚就是信任。只有宽容和信任才能让瑞瑞明白我的宽容大度,我的"够朋友",但接纳不能等同于纵容,坦诚不等于放任。我帮助他正视并逐步改正缺点,克服弱点,不断进步,让他去做一些力所能及的事情,从而培养他的独立能力。让他意识到自己对家庭和班级也负有一定的责任,在他长大成人后能自觉担负起对家庭对社会的责任。

四、融入集体,感受爱的温暖

瑞瑞因为家庭的原因表现出强烈的自卑感,有时看到别的父母接送小朋友羡慕不已,甚至表现出对其他人的嫉妒。尤其当其他小朋友嘲笑他时,甚至会大打出手。这时,作为一名教师,不能一味地责备他,而应该给予他更多的理解和包容,鼓励他与其他小朋友一起玩乐、做游戏,使其融入集体中。同时,我也让小朋友多关注瑞瑞,邀请瑞瑞到他们家做客,让瑞瑞能够感受到温情与暖意。

【案例反思】

苏霍姆林斯基认为，对儿童的教育如同对大理石进行雕塑，完成一座雕像需要六位雕塑家：家庭、学校、儿童所在的集体、儿童本人、书籍、偶然出现的因素。

孩子的恶作剧、小破坏其实大部分隐藏着他渴望被关注、被重视的心理行为。爱是最好的教育，每个孩子都犹如一块未经磨砺的璞玉，只有在倾注了细心、耐心、爱心，砥砺之后才能看到玉石的闪耀。这个成功案例让我坚信：每个孩子都是好孩子。

可以说，爱是教育的起点，是教育的出发点和归属点。爱的教育是技巧与策略，更是一种伟大的情感。我将用自己的爱，自己的情，汇聚成一片特殊的爱心海洋，让瑞瑞这些特殊的孩子能够徜徉于这片爱心海洋中幸福快乐地成长，让爱永远根植于他们的心中。

双管齐下，共同成长

祁门县祁山小学　余小叶

【案例描述】

一年级时，班上有个叫小辰的小男孩，聪明、爱看书、知识面广。但有个缺点：只能听好的，不能接受批评。但凡犯了错误，别人一说，他立马发脾气，趴在桌子上，或钻到桌子底下去，或躲到门后面。甚至课堂上回答错问题，老师还没批评他，他就开始发脾气了。每次都是老师反复劝解、安抚后他才恢复正常。许多孩子不愿意跟他交朋友，他也变得越来越孤独，慢慢地失去那股机灵劲。

"老师，小辰钻到桌子底下去了，胡老师怎么拉他，他都不出来。"正在办公室改作业的我老远就听到班长火急火燎地喊。这是一堂胡老师的道德与法治课，我得赶紧去救场。从办公室到教室的路上，我就在想：这次一定要抓住这个机会，好好地教育他。但是这个小孩自尊心太强了，接受批评的能力差，吃软不吃硬，不管事情是怎样发生的，先把他拉出来再说。走到教室门口，孩子们便七嘴八舌地告状："余老师，你看，小辰钻到讲台底下去了。""老师，他上课看课外书。""老师……"我扫了全班同学一眼，大声训斥道："现在是上课时间，你们就这样遵守课堂纪律的吗？"顿时，教室里鸦雀无声。我偷偷瞟了一眼讲台底下的他，发现他也在偷偷瞟我，大概他没想到我不训斥他，而是训斥全班同学吧。"小辰只是想到桌子底下玩一下，你们就知道打小报告。"此刻的他，悄悄抬起了头。我走到他身边蹲下来，用温柔的语气说："小辰，手弄脏了吧，来，老师带你去办公室洗洗吧。"

只犹豫了片刻，他就把小手伸向我，我牵着他回到办公室，用洗手液把那双脏兮兮的小手洗得干干净净的。洗完后，我拿了本课外书给他看，而我则静静地改作业。这个平时爱看书的孩子此刻有点坐立不安。过了一会儿，他果然站了起来。见时机已经成熟，我问他："怎么啦？书不好看吗？"他低着头说："不是的，我想回教室。""你刚才不是不想上课吗？""不是，是我偷偷看《唐诗三百首》，被胡老师发现了。我很害怕，不知道怎么办，就钻到讲台底下去了。"

【案例分析】

通过调查，我了解到他的父母都是医务工作者，平常工作忙，没时间陪伴他，是爷爷奶奶带的。因为孩子特别聪明，爱学习、爱阅读，老人对他很溺爱。父母偶尔教育他，他就发脾气，父母也难得在家，所以就睁一只眼闭一只眼。

怎么办？第一步，针对上课看《唐诗三百首》这件事，我决定在班上开展一次古诗对抗赛，让这个孩子和全班同学比赛。接下来，每天语文课之前他和全班同学打擂台，一人背一首古诗，不能重复。两个月下来，无论是他还是其他孩子，都爱上了古诗，更爱上了阅读，形成了良好的班级氛围。在这个过程中，他发现同学们也很棒，慢慢地不再骄傲自负，开始静下心来踏实学习。第二步，我得让孩子明白父母之所以包容你，是因为他们爱你，他们工作很忙，但并不亏欠你。我想家校合力，效果会更好。于是我举办了班级家长讲坛，请家长来讲述自己的故事，从而让孩子明白父母在工作中的勤奋、责任、担当和不易。他的爸爸就是其中的一员，他的爸爸作为一名医护人员，曾经去休宁支援抗疫工作。爸爸在班级讲述抗疫故事，当背景呈现出爸爸脱下防护服一身湿透、脸上满是勒痕的照片，累了躺在走廊上睡着的照片时，家长和孩子们都被深深感动了，纷纷给予最热烈的掌声。看着小辰拍红掌心的双手，红红的眼睛，我想这一刻他长大了。

【案例反思】

通过这个案例我发现，现在的孩子多以自我为中心，觉得大家都必须围着他一个人转。在家是"老大"，到了学校，也改变不了这个观念。当发现与自己认为的不一样时，马上就接受不了现实。他不知道别人的优秀，也不懂父母的付出。所以，单纯的说教对他来说没有用，根本听不进去。我们老师需要做的就是在不打击他自信心的情况下，让他明白他不是最优秀的，还得继续努力。我就是通过比赛和家长讲坛两种方法，双管齐下，改变他，让他成长。从那以后，我明显感觉到他的变化。我与他的父母交流，得知他比以前懂事了，也能接受批评了。家校合力，让孩子改变了。

其实，许多父母都是很优秀的，不管你从事的是哪个行业，只要努力，就一定有成绩。这一点，你得让孩子明白，成为他的榜样，他才会以你为荣，才会进步，言传身教比什么都有用。我们老师需要做的就是成为孩子心灵的唤醒师，用我们温柔的眼神去抚慰他们的精神世界，用我们细腻的情感去拨动他们柔软的心弦，用我们的聪明和智慧去点亮他们心中的一束光。

我的数学课代表

祁门县祁山小学　张小敏

【案例描述】

我带的第一个班级是一个五年级的转学班。上完第一节课后，令我印象最深刻的是东东同学。在全班都起立高喊"老师好"的时候，他在座位上坐着纹丝不动。后来的上课时间，他一直双手交叉抱在胸前，跷着二郎腿不停地抖动。我决定要好好了解一下这个个子和我一般高的"特殊"男孩子。

后来的课上，我请他起来回答问题，他慢悠悠的动作告诉我他很不情愿，费了很大劲站起来后也只是随意摆摆头，说他不知道。我微笑着让他坐下去，将该知识点又讲解了一遍，再提出一个类似的问题请他回答，这次他还是告诉我不知道，并且眼神里充满了烦躁的情绪。我还是耐心地对他笑了笑，示意他坐下。

在作业批改中，我发现他的作业每次都和坐在他前面的同学一模一样，甚至连错别字都是一样的。我找他单独来办公室谈话，我问他上课能不能听懂，他没有回答。我问他作业是否会做，他也没有回答。我怀着满腔的热情，想要帮助他，可是他一言不发，甚至表现得很不耐烦。后来的作业还是一样，课堂上的表现依然如故。

面对这个"油盐不进"的"小魔头"，我觉得很无奈，想着在我之前，他已经遇到很多老师了，可能大家都没法改变他。学习习惯和态度对孩子来说真的太重要了，当今社会是一个学习型社会，我不能就这样轻易地放弃。于是我查看了很多关于"后进生"的案例，努力想要找到适合东东的教育方法。

于是，我和东东的妈妈进行了深入的沟通，也联系了东东之前学校的老师，发现东东在学习上没有目标，没有信心，更没有兴趣。因为在低年级时基础就非常薄弱，所以他心里就觉得自己不可能学好，也没法进步。与其面对着难题发愁，还不如拿其他同学的作业抄一抄。上课反正也听不懂，干脆就不听了。

在了解了东东的这些想法之后，我又一次和东东单独谈话了。我告诉他，只要他不放弃自己，我绝对不可能放弃他，只要他想要进步，我一定竭尽全力。一方面，我肯定他的聪明，肯定他头脑灵活，他用不可置信的眼神望着我。我回以坚定的眼神，并告诉他，他不比班级任何一个孩子笨，只要努力，想要追赶上哪一位同学，都是可以实现的。另一方面，我从家庭出发，肯定他平时在家里帮父母做家务，照顾年幼的弟弟，让他一定要继续坚持。东东听了我的话连连点头，虽然仍是一言不发，但我觉得已经取得很大的进步了。

在班级里，我任命东东为临时数学课代表。他满眼惊讶地看着我，我问他有什么问题，他笑着摇了摇头。接下来的日子里，我发现作为数学课代表的他，收发作业积极、有序，慢慢成了我的得力助手，和我说的话也越来越多，我在他脸上再也没有看见愁苦的表情，只有快乐的笑容。但他的数学成绩还是不乐观，他主动找到我，说这样的成绩作为数学课代表他觉得很羞愧，他想要提高成绩，上课也很认真听了，可效果就是不太好。他主动来找我让我觉得很开心，我决定一定要多花时间和精力来帮助他。我告诉他，数学知识的难度是螺旋上升的，现在提高成绩速度缓慢，是因为之前的基础比较薄弱，所以我们得多花一点时间，先把之前学习的知识梳理一下，巩固一遍。我给他制订了一些计划，购买了一些习题，每天给他单独布置任务，第二天课间休息时间再慢慢给他讲解。一学期很快结束了，这次期末考试，东东考了66分，拿到成绩的他兴奋得上蹿下跳，确实，对比上学期的24分，已经有了很大的进步。我告诉他，只要我们继续坚持，还会取得更大的进步。

【案例分析】

东东的改变让我认识到，老师身上有很重的责任。每个家长把家里的宝贝交给老师，对老师都充满了信任、期待。而作为老师，站在讲台上，就要履行教育职责，面向全体学生，尊重学生的个体差异，促进学生的德智体美劳全面发展。

【案例反思】

一、深入了解，耐心倾听

每个孩子都有其自身的独特性，每个孩子的成长过程都不一样，这就使得每个孩子对学习、对生活的态度不一样。教师应该用心了解每一个孩子，只有了解了孩子，才能更好地选择合适的教育方法，帮助孩子更快成长。教师可以通过孩子自身、家长、其他科目老师、同学等多渠道进行了解。耐心倾听孩子的想法，了解他们内心最真实的自己，帮助他们树立正确的价值观，端正学习态度。

二、因材施教，孜孜不倦

对于不同的学生，我们应该选择不一样的教学方法，一把钥匙只能开一把锁。教学有法，教无定法。针对每个不同的孩子，我们需要制订不同的计划，面对不同的孩子，我们的态度、方法都应该有所不同。选择合适、有效的方法，帮助孩子更快更好地成长。

三、积极肯定，不断强化

 对于孩子取得的小进步，老师需要毫不吝啬地夸奖，肯定孩子，引导孩子继续向着正确的方向前进，取得更大的进步。适当地采用代币奖励法，让孩子在每个学习阶段都能保持动力和积极性。积极和家长沟通，及时告知家长孩子在学校取得的成绩，鼓励家长在家督促孩子，端正其学习态度，促进孩子全面发展。

用表扬代替批评

祁门县祁山小学　郑美玲

【案例描述】

一年级刚入学，我发现班上坐不住的孩子大有人在，刚开学那两个星期真的是忙得不可开交，上课忙，下课忙。为什么说上课也忙呢？因为你要么听到有那么几只"小蜜蜂"在嗡嗡地说个不停；要么是这里动一声，那里响一下；要么就是看到一双双忙活的小手。开始我是用课堂管理口令来管理纪律，比方说"小眼睛，看老师。123，坐坐好。小小手，叠叠放。说坐正就坐正……"发现喊了两个星期下来，没有什么效果，孩子嘴上喊着，手上还是做自己的事，口令对他们来说就和唱儿歌一样。

班上有两个令我头疼的孩子，一个是潘同学，一个是金同学，他们开学的时候是一分钟都难静下来，前一秒叫他坐端正，转个身的时间就又在忙了，不是去和周边的同学做小动作、讲话，就是自己在玩尺子，切橡皮或者玩笔……这两个孩子不仅坐不好，而且站也是站不好，我和搭班的王老师对他们很是发愁，不知用什么法子好。

【案例分析】

一次偶然的机会，在网上看到管建刚老师的《一线表扬学》，我赶紧将它买了下来。拿到手之后我如获至宝，里面生动的案例和精深的理论知识让我受益匪浅。结合本班的实际情况我是这么做的：当有孩子遵守口令教学时，我就表扬这部分孩子，并给最迅速做出相应动作的孩子贴上小星星，

（班级文化墙上贴了一张"你追我赶"的评比栏，上面写上了每个孩子的名字，下课我会让孩子们把上课期间获得的星星贴在自己的名字上，五颗星星换一面国旗，五面国旗就可以参与抽奖。获取星星的渠道有很多，体现在各个方面）有的同学看见有人获得表扬了，就纷纷学着他们的样子坐得端端正正。这就是管老师说的"表扬他们里批评他"。

针对潘同学和金同学的问题，课下我联系了他们的父母，沟通几次后，孩子们的父母说："老师，我打也打了，骂也骂了，真的不知道该怎么办。"有一天，潘同学的妈妈打电话给我说："老师，我感觉这个孩子有多动症，明天请假带他到市医院去做个检查。"我那一瞬间感到有些吃惊，因为之前读大学的时候听心理学老师讲过多动症孩子的表现，我觉得潘同学还不至于到那种地步。我对她说："你要么再观察一段时间，我们一起努力。"我让孩子母亲近期在家陪着孩子静坐，从十分钟开始，每天增加几分钟，每一次都对孩子进行适当的表扬。有一天上课，我发现他没有在忙活了，我就立即走到他身边，对全班同学说："潘同学今天有进步，坐得很端正，在认真听老师上课。"并且给他书上贴了一颗星星，他有点害羞地低下了头。第二节课，从不举手的他，还举手回答问题了，我再次在班上表扬了他，并且贴上了一颗星星。现在这位潘同学一节课时间都能好好地坐着了，也积极回答问题了，她的妈妈还特地打电话来感谢我。

再说金同学，刚开始对我和搭班的王老师还有点耍横，是个自尊心极强的孩子。我想着如果表扬能让他转变，我何乐而不为呢？有一次，我正在教孩子们读新学的声母，我走到他身边说："金同学你今天认真听课了，请你来读一读这个声母。"他有点不好意思，轻轻地读出"n"和"l"，我立即说："读得非常正确，如果下次声音响亮些就更好了。"我给他书上贴了一颗星星，那是他第一次获得星星。在那一瞬间，我看他看着那颗星星，羞涩地咧开了嘴。有一次他的作业迟交了，我说："作业迟交了，你还知道自己拿过来交，说明把老师说的话放在了心里，相信你以后也会记得老师说的话，老师奖励你一颗糖。"他拿着糖开开心心地跑出了办公室。现在这位金同学的上课状态是，回答问题会高高举起手站起来，嘴里还说："老师，请我，请我，我也想说……"看着孩子的转变，作为老师我心里很是欣慰。这就是管老师在书中说的"奖励性表扬"。

【案例反思】

作为老师，看到学生的缺点、不足，对学生进行批评、指责，这里的教育是人的本性使然。看到学生的缺点、不足，换个角度从中找到闪光点，将学生的注意力从"缺点""不足"中转移出来，向着明亮方向前进，这才是作为专业的老师的教育。

我们都喜欢同欣赏自己的人在一起。如果你是一位想着法表扬学生的老师，你便能轻易地走进学生的心灵，学生会在愉悦的状态中接纳你。学生真心接纳你了，心门便向你打开了，你才能真正去影响他、教育他。我们都听过陶行知先生"四颗糖"的故事，作为老师的我们要学会从学生的"坏事"中发现"好事"，不吝啬地去表扬学生。

唤醒家长，让孩子在关注中成长

祁门县祁山小学　郑淑兰

【案例描述】

琪琪刚入学的时候，不仅不爱写作业，而且对老师总是爱搭不理的。如果你让他认真听课，他会把头一歪，一副懒得理你的样子。看着这么特别的孩子，我们只能给他多一点耐心。经过一个学期的学习，他总算意识到自己是一年级学生了。可接下来的寒假和长达三四个月的网课让他彻底"放飞"了。再回到学校时，他总是不愿意写字，也懒得听课。和家长沟通了几次，情况也没有改观。

一次，他妈妈到学校来接孩子，我就借机和她聊了聊，苦口婆心地劝她要多管管孩子。可他妈妈说："我管了，可是他不听。"我觉得这样说很不负责任。他妈妈说："他太好动了，一点儿也不听话。他爸爸也挺烦他的……"当听到这里时，我赶紧叫琪琪到外边去玩一会，并小声提醒琪琪妈，在孩子面前说话要注意。可他妈妈却不以为然："他都知道的，他爸爸就是烦他，讨厌他。"琪琪没有走，我只好接着和他妈妈聊这个话题，并希望通过疏导，让琪琪和他妈妈最终发现，他爸爸并不是真正地讨厌他，甚至可以说是爱他的。于是我问道："他爸烦他？怎么可能？"妈妈说："真的，他爸爸真的挺烦他的，一天到晚动个不停，不爱学习，怕写作业……他爸爸一点儿也不喜欢他。"我觉得很无语，但还是想着办法帮她找孩子的优点，试着去理解孩子爸爸的心情。琪琪的爸爸是名快递员，每天工作很辛苦，可能真的是因为太累了，而且孩子确实也不听话，所以他觉得烦，但绝不是讨厌。作为父母，再怎么也不至于讨厌自己的孩子。我深信这点，并试着把这一观点传输给琪琪妈。

在我的开导下，她慢慢从抱怨的情绪中走出来，并试着回忆生活的点点滴滴，找到孩子的闪光点："其实，只要不提学习，琪琪还是挺勤快的。他会帮我做家务，会帮我捶背，会在我和他爸爸回家的时候把鞋子摆放好……"说着说着，她笑了。脸上的表情由不满、无奈变成了满足、快乐。

"其实，琪琪还是个小暖男呢！"我顺势说。

真的！在那一刻，我也被她和琪琪感动了。这位妈妈很爱笑，说孩子不听话的时候她在笑，说她管不住孩子的时候她在笑，说孩子爸爸讨厌孩子的时候她还在笑……琪琪就更不用说了，虽然他不爱学习，但很多时候他还是很可爱的。可为什么这一对可爱的母子，现在似乎有点儿水火不相容呢？于是我又试着了解琪琪的心思。没想到琪琪最好奇的问题是："我到底是不是你们亲生的？"琪琪妈听到这个问题后，觉得很不可思议："当然是亲生的，怎么不是亲生的呢？"这时，琪琪脸上露出了会心的笑。我帮他回忆爸爸妈妈对他的关心，让他觉得爸爸妈妈是爱他的！我又列举了他爸爸妈妈在生活中的各种艰辛，尤其是他的爸爸。我要让他觉得，爸爸其实是爱他的，只是因为太忙太累，而自己有时候又确实不听话，所以爸爸有点不耐烦了，但并不是讨厌他。我又让他记住：天下的爸爸妈妈一定是爱自己的孩子的。此时，他的脸上又多了份自信。于是，我对他提了个小建议：回家之后，为辛苦一天的爸爸、妈妈每人泡一杯茶。琪琪欣然同意。

接下来，我又给了琪琪妈几个建议：不要在孩子面前说孩子不听话，也尽量不要在老师或其他家长面前说自己的孩子不好。每个孩子都是上天馈赠给你们最好的礼物，你要学会坦然地接受孩子，包括接纳他的缺点。不要和别人比，要和他自己比，只要他今天比昨天进步了，你就应该肯定他。

就这样，前后聊了两个多小时。后来我又把琪琪的故事写成文章发布在公众号里，探讨了在琪琪身上折射出来的一些有关孩子与家长的普遍性问题。大家感触都很深，纷纷发表了自己的感言。琪琪那天是带着得意的、满足的、自信的微笑离开学校的。回家之后他给辛苦了一天的爸爸、妈妈泡了热茶。隔天，我就在她妈妈的朋友圈看到他爸爸、妈妈和他互相报听写的视频，特别有意思！他妈妈说他很有个性，确实，他以前对我都有点爱搭不理的，有段时间甚至不愿意来上学，我也不知道怎么应对。现在可好了，他一见到我就开心地笑，尽可能地表现得更好。每次看到他那看似努力而又稚嫩的样子，我就觉得欣慰无比。

【案例分析】

孩子是父母的一面镜子，当你觉得孩子不听话的时候，可能也正是孩子认为你不讲道理、不体谅他的时候。因此，当你觉得你的孩子不听话的时候，不妨回过头审视一下自己的态度——是不是觉得自己有点神经过敏，或者暴躁过头了？当你做了以上尝试之后，看看你的孩子是不是可爱多了？

家长要多鼓励自己的孩子，让孩子找到学习的自信。当孩子对学习有兴趣了，自然就愿意写作业了。与此同时，家长还要严格要求你的孩子。在你的孩子未养成良好的学习习惯之前，请密切关注你的孩子，该做的作业得做，而且要认真做；该读的书得读，而且要认真读。当他觉得没有商量的余地的时候，自然就按部就班地写作业，认真学习了。

当孩子写作业慢时，陪伴孩子写作业是件痛苦的事。建议家长分析一下慢的原因，是因为不懂，还是因为边做边玩呢？估计很多同学都是皆有之。边做边玩的习惯肯定是不能要的，一定要养成写好作业后再玩的习惯。如果不能持续专注，可以定时，一次十分钟或十五分钟。时间到，休息五分钟再做。看看他能几次完成，中间可以设置些小奖励。

如果是因为不懂，要么你就耐下心来教他，一点一点地帮他进步。如果没有足够的时间和耐心，那你就多给他一点爱心。你告诉自己，每朵花的花期都是不同的，看着别人的花儿绽放得如此灿烂，你的心里固然羡慕。但你一定要想到，你的孩子也一定会如此绚烂地绽放，只是他可能要迟点儿。这个时期，你除了默默关注外，还别忘了"浇水""施肥""打理"。

【案例反思】

父母是孩子的第一任老师，也是终身的老师，从某种意义上说，父母在孩子成长教育中的作用是大于老师的。但在我们身边，有些父母对孩子的教育与熏陶是缺失的。因此，我们要唤醒父母对孩子的那份爱，让他们知道如果自己做得更好，孩子也能成长得更好。我相信，每位家长都愿意去做的。无论做得多或少，只要他愿意去尝试，去改变，总是会朝着好的方向发展的。

如果一次谈话，一次沟通，能让家长有所悟，在行动上有所表现，我想，你就有继续坚持下去的理由了。只要有机会，我就会与家长沟通。家长来学校接孩子的时候，家长进学校给孩子送东西的时候，甚至路上偶遇的时候……时间或长或短，视自己的感触，视时间、地点等因素而定。聊到兴头上，一两个小时也有可能，短的也就一两句话。有沟通总是会有收获的。琪琪自从那次沟通之后，变得爱笑了，有了认真学习的意愿，也开始努力了。

唤醒家长，可能是件很费劲的事，但能让孩子在关注中成长，真的其乐无穷！

不说话的涵涵

祁门县金字牌中心学校　夏昱昭

　　儿童选择性缄默症是一种比较容易被成人用胆小、内向等词语来概括而忽视的儿童心理障碍。选择性缄默症是指儿童的言语器官无器质性病变、智力正常，并已经具备正常语言能力的儿童，在自己熟悉的环境中交流顺畅，滔滔不绝，但到了公众场合或者陌生的环境时，因为心理因素的影响，拒绝用言语交流。

　　对于真正有选择性缄默症的儿童，若成人仅仅是把这一行为归因为"胆小""内向"，不及时采取干预措施，会对这类儿童今后的生活、学习造成不良的影响。这要求幼师要有过硬的专业知识、精准的判断能力、良好的沟通能力、科学的干预手段，将幼儿的这个早期心理障碍及时调整。

　　对此我认真查阅了相关书籍，其中玛吉·约翰逊、艾利森·温特根斯著的《选择性缄默症资源手册》中"干预措施案例"这一章节给了我很深的启示。对此，我选取了在自己教育工作中遇到的具有儿童选择性缄默症较为明显特征的幼儿进行了个案研究，观察他相关具体行为，对其行为进行分析，制定并实施干预措施，取得了良好的预后效果。

【案例描述】

　　我的研究对象是小班的涵涵，3岁10个月。选择涵涵是因为他自入学以来，在幼儿园从来不与老师言语交流，除了愿意与自己同班就读的邻居伙伴交流外，不愿意与其他小朋友讲话，别的孩子在开心玩耍时，他总是一个人坐在座位上。以下是我观察到的涵涵两个特征明显的具体行为及对其行为的分析和采取的策略。

具体行为1：每当我想要用孩子们特别感兴趣的"小星星"贴纸来进行游戏，激励班级里性格内向腼腆的幼儿与我互动交流时，涵涵总是像被施了魔法一样定在那里不动，选择性屏蔽我的声音，也不在乎自己是否有贴纸。当我不再关注他，与其他小朋友互动时，涵涵的神情立刻恢复正常。

具体行为2：在集体教学活动中，涵涵从来不举手，一旦我眼睛看到他，他就立马定在那里，眼睛不转不眨。但只要不需要与老师互动的活动，涵涵还是可以与其他孩子一样正常地参与其中，具有正常的学习能力、运动能力、动手能力。

我找到常接送涵涵的奶奶，单独向她了解到一些情况：平时涵涵父母忙于做生意，很少与孩子接触，生活起居都是奶奶一手包办，孩子在家与奶奶交流正常。"我每天在幼儿园就是装傻，每次老师跟我说话，我就不看她，在幼儿园我只跟月月说话。"当奶奶告诉我涵涵是这样说的时候，我内心非常惊讶，这个不满四岁的孩子原来对自己在幼儿园"不愿意说话""不愿跟其他小朋友交流"的行为清楚明白，并且回家后也能正常地表述给奶奶听。

涵涵奶奶还告诉我，她担心孩子在不熟悉的环境下受伤，害怕不熟悉的同龄玩伴欺负涵涵，所以很少带他出去。涵涵在家会和对门邻居孩子一起玩，两人言语交流顺畅，但是对于周围居住的其他不熟的同龄孩子，涵涵从不与他们交流。

【案例分析】

一、具体行为分析

结合奶奶的反馈，我查阅书籍，认真将涵涵的表现与儿童选择性缄默症进行比对，发现涵涵身处园内、家中这两个场合下表现出如此大的反差行为符合儿童选择性缄默症特征。资料显示，儿童选择性缄默症如果及时发现，采取正确手段干预，后期的效果良好，孩子可以恢复到正常的社会交往中。对比查阅的资料，我分析涵涵出现选择性缄默症特征的原因有：

1.孩子缺乏安全感，与父母间未建立健康的亲子关系

涵涵的父母忙于生意，孩子的奶奶对孩子过度保护，涵涵对奶奶有很强的依赖性。奶奶也一直给他灌输容易被外界伤害的思想，所以孩子对不熟悉的外界充满不安全感，时刻保持着警惕心理。

2.入园前，照养人对孩子社会交往能力培养不足

奶奶从不带他参与社交活动，也从不对涵涵与外界交往的能力进行正向的引导，加上涵涵对外界始终保持着警戒心，涵涵在陌生环境时，从不开口说话交流。

3.孩子所接触的社会环境单一，社会交往机会不足

涵涵在入园前近四年时间里，交流的对象主要是奶奶，造成了涵涵内心形成难以突破的定势。上幼儿园后，一时间面对不熟悉的老师和同学，造成选择性缄默，在园内拒绝与人交流，最多也只是用点头、摇头这种简单动作来表达。

二、干预策略

我通过查阅资料了解到，对于幼儿选择性缄默的表现，教师与家长不应过分表露出异样的反应，应该在潜移默化中，通过心理治疗、行为治疗、家庭治疗、学校和社会环境共同治疗联合的治疗手段进行治疗，在不知不觉中，缓解幼儿内心紧张与戒备情绪，鼓励幼儿参与集体互动。

针对涵涵的情况，我围绕心理治疗与行为干预的方法，制定了一系列辅导措施，及时干预涵涵的选择性缄默症。

1.家庭治疗

我与涵涵的奶奶及父母沟通，希望他们能够做到：

（1）父母每周末至少抽出一天对涵涵进行高质量亲子陪伴，比如亲子户外运动、亲子游戏、亲子手工、亲子阅读等，用高质量亲子陪伴，让涵涵感受到来自父母的爱，感受到原来除了奶奶的爱之外，还有来自其他人的爱，让最亲近的人给予涵涵关爱，帮助涵涵慢慢打开心扉，慢慢尝试接

触外界，培养涵涵活泼开朗、阳光的性格。

（2）奶奶改变自己的育儿观念，不要对孩子过度宠爱。在家中让涵涵做力所能及的事，帮助涵涵改掉遇到问题总是想要躲在奶奶的庇护下的习惯，养成独立面对一些事情的能力。

同时，奶奶要杜绝在孩子面前传递外界处处充满危险的负能量信息，要公平、客观地向孩子描述外界，正面引导孩子，一分为二地向孩子描述外界的情况，并教会孩子应对困难和危险的方法。

（3）家长要多带涵涵去一些除了家庭之外的其他场所，多为孩子创造社交的机会，培养他适应外界不同环境的能力。同时，家长平时要以身作则，给涵涵做榜样，在孩子面前更要表现出对生活的热情。

2.学校和社会环境的参与和支持

（1）园内教师采取积极的措施面对涵涵的情况。所有教师和同伴对待涵涵要做到不取笑、不投异样的眼光，在潜移默化中，积极引导涵涵，减少他的紧张情绪，在园内给他创造一个温馨、有爱、轻松的环境。

（2）在园内开展集体教育活动，教育幼儿学会包容和接纳不同性格的儿童。教育幼儿对待同伴要热情、主动，互帮互助。教师帮助涵涵在班级中找到归属感与荣誉感，在集体活动中，针对涵涵的学习能力、动手能力多表扬涵涵，让涵涵产生自豪感，为涵涵慢慢学会接纳、适应外界做好铺垫。

（3）在园内多开展丰富有趣的亲子活动，拉近家长与幼儿园的距离。同时以家长为中介，带动涵涵参与到集体活动中，拉近涵涵与幼儿园的距离。教师从一开始设计不需要言语交流便可以参与的游戏活动，到逐渐增加需要言语交流的游戏活动，让涵涵在循序渐进中学会接纳外界、融入园内生活，慢慢消除对园内教师的戒心。

（4）社会支持。发动居住在涵涵家附近的幼儿家长的力量，让他们多带自己的孩子去找涵涵玩，家长们在课余时间、节假日多组织一些幼儿集体活动，邀请涵涵的家长与涵涵参与，社区多组织开展社区亲子活动等。

三、干预效果

第一个月，以园内的教师与涵涵的家庭成员为主，园内的环境支持为辅。自从涵涵的父母每周都抽出时间陪伴涵涵进行高质量的亲子陪伴之后，涵涵与父母间的感情突飞猛进，涵涵脸上的笑容多了，会自己主动对着绘本说故事给妈妈听，唱妈妈教的歌曲。在园内，当其他幼儿主动对涵涵发出游戏邀请时，涵涵也会参与其中，但是还是不主动与其他幼儿交谈。

第二个月，随着家庭治疗与园内辅导同时持续进行，涵涵在老师没有关注的情况下，能够用一些简单的语言与班内的同伴交流，但是当他发现了老师的目光聚焦自己时或者当老师尝试用言语与他沟通时，他还是不开口说话，还是表现出被定住了的模样，只不过定住的时间较之前有所缩短，次数有所减少。

第三个月，涵涵已经由原先最多只会用点头、摇头来回应老师，改成会用语言"是""不是"来回应老师，看到老师目光后也很少再出现被定住的模样，这是一个质的突破。

第四个月，涵涵能轻松加入园内的亲子活动，面露笑容，在父母的带动下，能在活动时用简单的两个字来交流。园内有计划地开展针对性的活动，帮助涵涵慢慢融入集体，涵涵在不知不觉中能用简短的话语进行交流。

第五个月，园内教师通过家访等宣传方式，与涵涵家附近的邻居以及社区服务工作人员沟通，达成科学育儿、多开展亲子活动的共识。让涵涵除了在家庭、园内有所改变外，也能够逐渐融入社会的集体大环境中，涵涵与邻居孩子们玩成了一片，性格也越来越开朗了。

一个学期后，我发现涵涵和上学期相比，进步特别大，对老师的目光不躲闪，面对老师的言语交流不抗拒，能够神情自若地与老师对答，很好地融入集体活动中，身边的玩伴也多了，也能够主动地去邀请其他孩子来与自己做游戏。涵涵奶奶也说涵涵在家中变得开朗活泼了，经常主动去找邻居小朋友玩。这次儿童缄默症的个案研究与干预措施非常成功，达到了良好的效果！

【案例反思】

个案中涵涵通过多渠道的帮助，经过半年的时间，已经可以完全融入集体中，选择性缄默症在多方位的干预下已经完全治愈。此次个案研究对于幼师们今后的工作是一个良好的启发，对于防止儿童选择性缄默症的发生、有效干预儿童选择性缄默症具有重要的意义！

希望此案例能够对幼师同行有所启发与帮助，将此个案研究中的方法与启示应用到同样具有选择性缄默症的幼儿身上，帮助幼儿身心健康成长！

四根手指头的魅力

祁门县渚口中心学校　吴贵红

【案例描述】

一年级第一学期开学不久，开始拼音教学，经过一段时间的学习，我发现班上有一个学生对拼音的四个声调实在难以掌握，这让我感到有点不可思议。这个孩子平时虽然不太爱说话，但上课认真听讲，专注力也很高，但就在声调掌握上出现了困难。

【案例分析】

对于一年级孩子来说，四个声调确实比较抽象，没有直观的感觉。因此，我在上课时用了小汽车爬坡的直观图来表现声调，天天还带着孩子们做手上动作，"一声高高平又平，二声就像上山坡……"可这个孩子还是不能把声调直观地表现出来。

面对这样的情况，我决定采取特殊的方法帮助她克服声调学习上出现的困难。

第一，"新朋友"变成"老朋友"。每天下课之后，我把她找来办公室，一对一地教读。先带她读，再让她自己读。我坚信不管是学拼音，还是学汉字，只要天天读，天天看，一定会有效果。就像是遇到陌生人，经过一段时间的沟通、交流，也会变成相识相知的老朋友。

第二，重新认识声调。我发现指读时，她还是分不清音节的四个声调。我反思自己，是不是孩子没弄清四个声调符号，哪一个是第一声，哪一个是第二声……她仅仅是分不清声调符号，不是读不出，因此不敢乱读。所以教她重新认识四个声调符号。

第三，发现问题。读了一段时间后，她可以从头到尾熟练地读准确，可是我从中指出一个声调让她来认读，她就把握不清了。她要从第一声一直拼读到第四声，再来找出所要读的声调。虽然不能直接读出，但已经有很大的进步了。

第四，想策略。找"桥梁"使声调符号和声调音"对接"。经过一段时间的练习，我发现她原来是四个声调符号和四个音之间没有准确地"对接"好。四个声调符号，她认识；四个声调音，她也能发得出。怎样使声调符号和声调音完美"对接"呢？

有一天，我发现低年级孩子在学习数字加减法时，很多孩子会借助手指头来计算。后来我想声调学习能不能也用上我们的手指头呢？我试着让她伸出四根手指来当四个声调，没想到，无论我报"第几声"，她都可以很快地并且很准确地找到相应的手指。再通过音节加上声调，试了试，她也能读正确。经过几天的努力，她已经会读每个音节的四个声调了。

现在，不管你指到什么拼音音节，她都会微微地弯曲四根小手指，嘴上直呼出正确的音节。

可爱的手指，是美丽的桥梁，搭起声调符号和声调音的通道。这就是四根手指头的魅力。

【案例反思】

我们身为教师，在自己的职业生涯中，会遇到各种各样的情况。比如，在这声调符号与声调音"对接"的教学中，我认识到了耐心和爱心的重要性。我认为让学生很好地掌握声调符号与声调音"对接"，就是我摸索如何更好地成为一名教师的过程。

第一，遇到问题要想办法解决，不能一味地认为是孩子的问题。不同的人接受不同类型的知识有快有慢，要想办法去解决问题。

第二，要有耐心。我们只有不厌其烦地改变教和学的方法，不厌其烦地反复带孩子从做中学、用中学，才会寻找到解决问题最适宜的方式。

第三，要仔细思考，发现问题。我们遇到教学问题，要仔细思考，找出问题所在，这样才能"对症下药"。

第四，需要一双善于发现的眼睛。我们要善于在生活中发现能为我们的教学服务的好的方法。

总之，面对教学中出现的困难，我们得拿出自己的耐心和爱心，为学生量身定做有效方法，解决他们的问题。

我的管理故事

做一名幸福的乡村教育接力者

祁门县历口中心学校　倪　媛

2016年，我来到号称"祁门西伯利亚"的雷湖中心学校上班。学校坐落在山坡上，没有校门，沿着一条弯弯曲曲的小路进入校园，地面高低不平，还掺杂着砂石。学校没有正规食堂，早晨学生把午饭带到学校，老师负责给学生热饭。中午，学生端着饭盒坐在阶梯上，匆匆解决自己的午饭。教师宿舍"家徒四壁"，没有独立卫生间，做饭就在走廊上搭个临时锅灶。每逢夏季，校长就会叮嘱我们少出门，生怕操场上会有蛇出没……

我担任一年级班主任和语文老师，班级有32人。面对这一群整天叽叽喳喳的"小麻雀"，"麻烦"也不少。

"倪老师，小洋的饭又打翻了。"午饭时学生突然来报告，我立马放下碗筷，赶紧查看电饭煲中的饭——只有一小半碗。这怎么办？难不成又得吃泡面了？我看看放在旁边的两个紫薯，灵机一动，给孩子做了一份紫薯粥。他吃完后舔舔碗："老师做的饭真好吃！下次想吃，就把饭打翻。"那一刻我深深感受到教师不仅仅要教书，首要的责任应该是育人。从那以后我开始教育孩子养成文明用餐的习惯，要求他们到教室里坐在椅子上用餐。偶尔还有类似情况发生，我会发动饭带得多的学生分一小部分给他。学生不像之前那么随意，都小心翼翼呵护着他们的午饭。

在那所偏远的小学校，我把精力倾注于学生的成长上，利用课余时间组织他们阅读与习作，为学生编辑《起帆远航》作文集，在公众号上发表学生的作品，激发他们的习作兴趣。

教师是美的耕耘者，更是美的播种者。我非常注重学生的美育，和他们一起唱歌，与他们一起跳舞，伴他们一起诵读，带他们走出学校，登上县城演出的舞台。一次我带一名学生去县城参加讲故事比赛，她告诉我这是她第一次来县城，也是她第一次看到外面的世界。美育让沉寂的山村小学焕发出勃勃生机，为山里孩子插上梦想的翅膀，让他们舞出生命的激情与活力。

那些日子里，学校附近的村民都把我当成朋友、亲人一般，每次看到我，都笑脸相迎，主动问好，邀请我到他们家里吃饭，还把自家种的蔬菜、山上摘的杨桃送到我的宿舍。一位老爷爷总是周五一早来找我："倪老师，你们住在县城，跑这么大老远来教书，是真的不容易，家里这点菜你就带回去吃，周一来的时候随时到我菜地去摘。"望着满头白发的老人步履蹒跚的背影，感动的泪水在我眼睛里打转。

2019年5月因为休产假，我离开了学校，清楚地记得那天孩子们站在教学楼上目送我并大声喊："倪老师再见，我们等你回来。"可是，这一离别就没有再相聚。"我喜欢学校的天空，天空总是蓝蓝的，可是后来天空变成灰色的，因为倪老师不再教我了……"读到同事发来的学生的作文，我鼻子一酸，不禁自责：是我辜负了他们。

2019年9月，我来到历口中心学校，在这里我看到了乡村教育的春天。美丽洁净的校园、整齐划一的鼓号队、功能齐全的乡村少年宫……俨然是我理想中学校的样子。如果说雷湖中心学校令我留念的是那里的学生和家长，那么历口中心学校让我感动的是这里的教师。有一群人，他们投身教育，捧出一片丹心；有一群人，他们爱岗敬业，付出无悔青春；有一群人，他们桃李芬芳，吐露无限真情。

印象深刻的是我们的"历帆研修坊""信息技术2.0项目"和"作业设计"这三个案例。这三个案例本质上都折射出教师团队强大的凝聚力。在"历帆研修坊"中，有以校长室、教导处为首的管理团队，有汪老师和叶老师两位资深的学校"宝藏"级教师做导师，有脚踏实地的业务骨干许老师、黄老师任组长，加上年轻奋进的青年教师。每次有活动、比赛时，大家群策群力，抱团成长，竭力打造出优秀的作品。"信息技术2.0项目"，将学校全体教师以团队的形式划分为领导团队、专家团队、种子团队和帮扶教师团队，充分发挥每个人的优势，让每一位教师都各尽其职，每当一名教师在工作中遇到问题时，都能找到相对应的老师帮助解决。正是由于吴主任巧妙的团队构建、教师的精心合作，这个项目成功入选首批国家级优秀典型案例。在2021年底组织的安徽省"作业设计"大赛中，我们语文组也秉承着团队的优良作风，团结协作，在比赛中荣获省级二等奖。

从教六年来，每当看到孩子有点滴进步时，我的幸福感便油然而生，那种感觉，真好！每当在教学过程中遇到瓶颈时，总有人给我拨云见日，那种感觉，真好！每当感到生活茫然时，总有人给我指引未来的方向，那种感觉，真好！

教育家陶行知在推行平民教育时说："我们要用最短的时间，最少的银钱，去教一般人民读好书，做好人。"作为中国平民教育的先驱者，他一直怀着服务大众的情怀，在广大乡村面向最基层的百姓办好教育。

如今，作为一名乡村教师，我时刻铭记陶行知先生的平民教育思想，做一名幸福的乡村教育接力者，为乡村老百姓办好家门口的学校，为乡村孩子点亮美好的未来。

我在教育管理中成长

祁门县实验学校　武　威

　　说到教育管理，我讲两个小故事来阐述自己对管理岗位的理解。

　　第一个故事：三年前我刚接触学校的管理岗位，很有激情，也很想把事情做好。因为是刚接触行政工作，很多工作的内容都不太清楚，所以就跟在领导后面，等待分配任务。领导很有耐心地教我如何整理资料，如何给老师们分配任务，如何验收班级的工作成果。经过半年的锻炼，我积累了一定的经验，慢慢地，我开始自作主张，按照自己的想法处理事情，认为这样做效率会更高。领导曾多次暗示我要多和他沟通交流，我表面答应，心里却觉得自己能做得更好，并未把领导的话放在心上。直到有一天，各班的班主任因为分配荣誉的事情来办公室咨询，一下把我说得哑口无言。此时我才知道，有些事情是我自作聪明了！后来领导处理好事情，语重心长地跟我聊了起来，我恍然大悟，原来有很多事情是要经过深思熟虑的，不能只顾眼前，尤其是一些重大决策，必须要统筹方方面面的情况，严格按章办事。比如，班级荣誉评选要做到班主任来咨询的时候，有理有据，这样才能以理服人。通过这件事情，我更加尊重领导，遇事和领导汇报、沟通，这样不仅出色地完成了工作，而且加深了和领导的感情，受到的表扬也更多了。

　　第二个故事：政教处经常给班主任布置任务，每次班主任的情绪和态度都会对我的工作产生很大的影响。例如，团里每周有"青年大学习"的任务，要说这个工作确实难做，每个礼拜都需要完成。我首先找到一些熟悉的老师，在布置任务的时候就让他们赶紧截屏发到群里，接着我要在群里回应他们，给他们点赞或者回复表示感谢的笑脸，最后在任务时间截止的前两天，不管有多少教师完成，都在群里说只有少数班级未完成，请大家抓紧时间。如此操作下来，每周我校"青年大学习"任务的完成率都稳居前列。人都是有惰性的，如果没有一定的策略，很多时候任务很难及时完成。

总结一下我的教育管理经验：一要树立大局意识，全面统筹考虑问题，形成辩证思维；二要充分发扬民主，依规决策；三要合理安排工作任务，讲究策略，创新方法。

对流思维下的学校管理样态

祁门县阊江小学　朱海丽

陶行知先生提出生活教育理论，坚持教育要培养"有生活力的公民"。我们当前进行的教育改革，诸如"五项管理"、"双减"政策、五育并举、核心素养等都能从生活教育理论中找到契合点。百年中国，百年教育，百年先生，走近陶行知先生这位伟大的人民教育家，就会感叹，越是朴素的理论越具有指导价值，越能给人以启发。

《用生命的母语做教育——陶行知与杜威教育思想对比研究》一书，指出陶行知教育思想的一个稀罕处——对流思维。"当我们仔细研究陶行知的教育思想，发现其以教育为利器，打破社会隔阂、团结民心、开启群智的一大智慧，就在于'对流思维'。"书中对"对流思维"的解释，是从"对流"这一物理现象切入的。对流原指冷暖气团间的相互流动，是一种热量传递方式。陶行知先生将这种现象与教育联系起来，认为教育的事情，绝不是教师对学生、大人对小孩、领导对群众的单边价值传递，要真是这样，就真成灌输了。教育应该是教师与学生、大人与小孩、学校管理者与教师等两者或三者甚至更多角色间的优势互补，是相互作用的。"小先生制"就是对流思维下的产物。当时陶行知先生提出"小先生制"，一方面是因国情而做出的破题之策，能更好推行平民教育；另一方面，"小先生制"本身确实能提高学生自学、自研的能力，能培养学生的自信。

当我们今天在呼吁"学生是课堂的主体"，倡导"生本课堂"时，殊不知陶行知先生几十年前就让学生站在了教育舞台的正中央，甚至将整个教育过程、评价、认定以及所需的教材等，都交还给"小先生"自己了。民主社会强调的"自由""平等"，新课程理念强调的"探索""创新""自主"，都已是那种情境下的教育常态。

思维决定行为，行为决定结果。在教育管理实践中，"对流思维"这种思维方式，会让学校教育管理更加多元化，会让学校教育呈现不一样的精彩。

案例一：小小职能岗，化解大问题

学校给学生制定行为规范，老师对学生的表现做出评价，似乎是学校习以为常的管理方式。用对流思维的方式来提出问题，学生能不能给自己甚至老师制定规范，督查其行为表现，并进行评价呢？学生能不能参与到学校管理中，发挥学校主人翁的价值呢？

我校设立了诸多学生职能岗，让学生参与到学校管理中，呈现了积极的样态。早上学生走进校门，红领巾监督岗的成员会检查同学们是否规范佩戴红领巾，是否带零食进校园等。学校人员密集，意外事故时有发生，课间时分，穿着"小交警""文明监督员"字样马甲的督查岗成员会到各个楼道、走廊，提醒同学们不要乱跑，注意文明言行，大大降低了意外事故发生率。现在各班都使用智慧黑板，放学如果不及时关闭电源，电器损耗是非常大的，也存在安全隐患，而"电器管理员"负责班级电器的开关职责，就减轻了教师的负担。同学之间有矛盾有摩擦，不用都靠老师来处理，班级"小法官"及时介入处理，往往能起到更好的效果。眼保健操各班是否全员参加，教室卫生情况如何，督查岗的同学会带着小本子认真检查并记录。红领巾广播站，从机器的使用、保养到每天的播报，都是学生自我管理。小小的职能岗将很多问题化解于无形，降低了学校管理的压力。

陶行知先生提出对儿童要实行"六大解放"，即解放头脑，使之能思；解放双手，使之能干；解放眼睛，使之能看；解放嘴巴，使之能讲；解放空间，使之能接触大自然和社会；解放时间，使之能学习渴望学习的东西。在学校这一个个小小职能岗上，学生体验着读书以外的校园生活，成为校园的管理者，他们的脑子要思考，随时处理突发的小问题；他们的眼睛要判断，并做出决定；他们要公正并妥当地协调处理同学间的纠纷，说服同学接受他们的意见……这些职能岗为学生锻炼各项能力搭建了舞台。

案例二：教师生日会，提升幸福感

以往教师过生日，学校会发放一些慰问品，但发放过程像是完成一项任务，早早就将生日卡发给老师，没有一句生日的祝福；教师收到生日卡也感觉平淡，没什么幸福感。一件非常有意义的事情，常常被做得没有意思。

用对流思维来思考，除了学校为老师过生日这个单向思维，是不是可以考虑老师与老师间互相祝贺生日，学生为老师祝贺生日，或者过生日的老师可不可以为学校做些什么？这样庆祝生日是不是更有意义也更有意思呢？

每月月初，我校当月过生日的教职工就期待着集体生日会的到来，大家都会提前精心准备一张最美的生活照，将照片发给校工会，校工会安排制作生日会视频，大家都有上镜的机会。其他教师也没闲着，各年级要轮流为过生日的老师准备一个节目，课间练一练，晚上再上舞蹈室练一练，大家一起剪辑音乐、创编动作，跳一跳，乐一乐，放松的同时，也挖掘出不少多才多艺的人才。

集体生日会当天，全体教职工齐聚一堂。生日会主角自然高兴，其他老师也都像过节似的。集体生日会的意义得到了真正的体现，教师获得的归属感和幸福感，化成工作的动力，助力学校工作的开展。

"生活即教育，社会即学校"，陶行知在那个年代，就已经以发展的眼光提出了跳脱应试教育的理念。教育是为了改进生活方式、提高生活质量，是为了促进社会发展得更好。对流思维下，生活、社会对于教育和学校来说又能产生什么样的作用呢？在这种思维下，就会发现教育的事情并非只有学校可以做。用对流思维来思考学校管理，思考教育教学，会让我们打开一扇新的窗。党的二十大已将教育的蓝图绘就，号角已然吹响，唯有不断创新变革，才能紧跟时代步伐。我们要继续学习陶行知先生的教育思想，以先生的"教育理想国"为方向，做好新时代教育的答卷。

我的成长历程

祁门县历口中心学校　刘　锋

1994年初中毕业参加中考时，由于对教师这一职业的排斥，我并不想填报师范专业，可是中考成绩出来后，我仅超过中专录取线4.5分，这样的分数让一个在农村长大的孩子没有了选择。好在我的老师，当时彭龙中学的校长方老师向我伸出了援手，他去乡教委、乡政府、县教育局多方奔走，为我争取到了徽州师范学校的一个委培名额，就这样我成为了彭龙乡政府委培的一名师范生。1997年毕业后，我本应该回彭龙乡工作，可因为各种原因，彭龙乡政府拒绝接收，我因此被分配到历口镇叶村小学，成为一名名副其实的乡村小学教师。

初为人师的那几年，我是真的没有想过怎样当好一名老师，在我内心深处，仅仅把教师当作一个职业、一个谋生手段而已。直到评审小学二级教师因为学生考试成绩不佳被刷下来时，我才彻底警醒，方老师为我争取委培名额四处奔走，父亲为给我筹集学费想尽办法……我还有什么理由不努力？也是从那时开始，我对教师这个职业有了新的思考，对自己的未来有了新的规划。思想有了改变，成绩自然显现，工作也得到当地百姓的肯定。

因为有了成绩，2006年我被调至历口中心小学（现在的历口中心学校）工作。在这样的大家庭中，管理更规范了，压力随之也更大了。为尽快适应新环境，我不放弃每一次学习的机会，认真学习学校的各项规章制度，虚心向前辈和有经验的老师请教，学习他们的经验、做法，在不断学习实践中，我很快适应了新的环境，连续四年任六年级的班主任兼数学教师，教育教学成绩得到学校和家长的充分肯定。

体验到成功的喜悦，我更加严格要求自己，不断加强学习，努力追求卓越。2010年9月，我被老师们选为校工会主席，我秉持为教师服务，为学校发展服务的理念，始终坚持工作在最前沿，把校工会办成教职工温馨的家，同时也增强了教职工的凝聚力。

2011年8月，我被任命为总务副主任；2016年8月，我被任命为总务主任。总务主任是学校的"大管家"，在学校工作中既是指挥员又是战斗员，需要腿勤、眼勤、手勤。担任总务主任期间，我坚持每天巡查校园，看看校园卫生是否到位，教学设施是否存在安全隐患，食堂的饭菜质量如何……坚持每周走进教师办公室不少于两次，了解教师对学校后勤工作有什么建议，有什么问题需要帮助和解决。总务主任的另一主要职责就是协助校长做好学校硬件设施的改善，"校安工程"的实施、教学楼和教师周转房建设、电子白板的更新换代、大宗物品的采购验收等，我始终坚持亲力亲为，确保质量的同时尽力为学校节约开支，更好助力学校发展。

2017年8月，我被教师推选、组织任命为副校长。有人说副校长是学校管理工作中唯一一个时刻处在角色冲突中的人物，很难定位。而我得益于参加过几次学校后备管理干部培训，能够正确把握好"副"字和"校"字之间的关系，工作中做到不越位、不错位、不缺位，成为校长和教师的黏合剂。仅仅准确定位是不够的，任何一个校长都喜欢执行力强、综合素质高、吃苦肯干的副手，因此，我坚持不断学习理论知识，在实践中不断锻炼自己，提升自己的管理能力，不断向校长看齐，不骄傲、不自满，不断反思总结。学校工作，离不开团队的力量。在学校团队建设中，我相信，没有团队的合作，就没有个体的成功，我始终坚持敢于担当、不敷衍、不揽功的原则，尊重和理解每一位同事的工作成绩。事实表明，五年多的副校长工作，我赢得了校长的信任和肯定，赢得了老师的信赖和尊重。

未来，我还是愿意真心做人，用心做事，不断追求卓越，让校长放心，让老师满意。

做自己该做的事

祁门县彭龙中心学校　王劲松

时光荏苒，白驹过隙，转眼从事教师职业已 27 年。一路走来，经历风雨，也享受过阳光；品尝过失败，也获得过成功，而获得更多的是幸福和成长。10 年前，由于工作需要，学校安排我负责后勤工作。这些年来，在我眼里一所学校就像是一个剧团，校长是导演，学生和老师是演员，而后勤人员就是在剧团里跑龙套的，观众永远看不到我们，但我们却是不可或缺的。今天，我就来说说我的后勤管理故事。

一、师生眼中的"修理工"

我们学校地处乡村，规模小，人员少，学校后勤工作基本上由我一人承担。麻雀虽小，但五脏俱全，其他学校后勤部门要做的事，我们也一样不少。尤其是一些常用的教学设施和物品，几乎每天都有损坏的。教室里的课桌椅、书柜、门锁、照明灯、窗帘等，今天这个班级坏这个，明天那个班级坏那个。都是一些小物品，一是别人不愿来修，二是学校经费有限，也不划算。那我就背起工具包，自己动手修理。刚开始，学生看到我来修理东西，都觉得很稀奇，走过来围观，后来时间长了，也就习惯了。除了班级里，许多老师的办公电脑，宿舍里的水龙头、马桶、电灯坏了，也是第一时间找到我。只要我能修理的，都会尽力而为。

最让我头疼的是每到秋冬季的学校用水问题，由于学校一直都与当地村民共用一处饮用水源，每逢枯水季，学校供水捉襟见肘。自从开始使用水冲式厕所后，学校不得已购买了两台抽水机，从学校后面的水沟里抽水来用。可是抽了几个小时后，抽水机在响，但就是抽不上水来，非得拧开盖子，给里面灌满水再抽才行，于是每天给抽水机灌水成了我的一项重要工作。时间长了，我听声音就能知道哪台抽水机要加水，哪台不用加水。就这样，我成了大家心目中名副其实的"修理工"。

二、同事眼里的"管家婆"

学校小，一年的公用经费有限，各个方面都需要花钱。作为后勤人员，实在是巧妇难为无米之炊。为了不影响学校各项工作的开展，只能精打细算，克勤克俭。

一是做好物品的采购和保管工作，规范校产管理制度。每次购买办公物品，我都会严格按照学校制度和要求进行。购买前多了解市场信息，货比三家，同等商品比价格，同等价格比质量，选择价廉物美的购买。采购的物品及时进行入库登记，领用物品必须填写领取单；同时做好对学校公共财产的管理、维护和调配工作，全力做好全校师生的服务保障工作。

二是加强学校物品使用管理，做到既能满足使用，又不浪费。有时看到教室、宿舍、食堂里开"无人灯"，我就会去关掉；办公室里，老师上课去了，我会去关掉电脑显示屏；看到在打印资料的老师，我会走上前去跟他说，要在设置好预览的情况下再打印，以免浪费纸张；教室里、办公室里的劳动工具要以旧换新，避免浪费；每到周末或节假日，我就会在学校工作群里发通知，提醒大家离校前除了要关好门窗外，一定要关好水电。久而久之，大家都开玩笑地对我说："你就是学校里的'管家婆'。"

三、家人心里的"隐形人"

俗话说"剃头的担子没有两头热"，一个人的精力总是有限的，忙了这头，就顾不上那头。自从负责学校的后勤工作后，家里的大小事情都丢给了爱人。"你就卖给了学校，家里什么也指望不上你。"爱人经常这么埋怨。我说："学校的工作，总要人来做，我既然负责这块工作，我就要做好，这是我该做的。"后来时间久了，她也懒得说了。

　　是的，这么多年来，我把大部分时间都用在了工作上，可以说对得起学校，对得起学生，唯独对不起我的家人，尤其是孩子。在别人的眼里，孩子的爸爸是老师，在学习上有得天独厚的条件，可我却没有认认真真地给孩子辅导过一节课。在他的眼里，自己跟普通的孩子一样，没有享受过爸爸的"特殊待遇"。他现在虽然是一名高中生了，而我却只参加过一次他的家长会，只带他去学校报过一次名。前不久，他对我说，在他心里，妈妈有99%的好，而我只有1%。当我听到这句话时，我真的哑口无言，内心充满惭愧和自责。因为孩子说的没错，在他的成长记忆里，我给予他的陪伴少之又少，当他最需要帮助的时候，我却不在身边。在家人的眼里，我就是个整天不见人影的"隐形人"。

　　这么多年来，我一直舍小家为大家，默默地为全校师生做好后勤服务工作。这么多年来，承蒙学校领导的关心、同事的支持和家人的理解，让我一路走下来，虽有遗憾，但问心无愧。我想只要还在后勤这个岗位上，我就会坚持下去，做自己该做的事。

阅读+分享，教师成长的捷径

祁门县实验学校　黄海林

作为一名教育管理者，除了完成教育教学常规工作外，更要考虑教师的专业发展问题，为教师的成长赋能。一直以来，我校都坚持采用"以课领训"的方式开展校本研修，利用组内公开课、青年教师展示课、骨干教师示范课、校际交流课等促进教师成长，但效果并不明显，问题到底出在哪里呢？

一次偶然的机会，有位中年教师跑来问我："黄主任，我想和你交流一个问题。把异分母分数转化成同分母分数的过程叫作通分，那把异分子分数转化成同分子分数是否也能称之为通分呢？"这突如其来的问题还真把我给难住了。细想之下，我有一个惊奇的发现，教师对教材中的这类问题有着很强的好奇心和求知欲，在办公室里时常也能听见他们激烈的辩论，而且还会从各个不同的角度来证明自己的观点，不过大多时候是你说服不了我，我也说服不了你。那我何不借此机会，让教师带着自己教学中感兴趣的真问题去学习和交流呢？于是抱着试一试的态度，我向教师推荐了一本书《教学110——小学数学主流话题疑难问题透析》，书中罗列了近百个相关问题。没想到消息一出就有一些老师问我从哪里可以买到，这当中除了年轻教师外，还有几位平时看上去并不怎么"上进"的中年教师。有了一个良好的开端，后来遇到此类问题他们也会相互之间借阅交流。

有了此次推荐的经验，我也时不时地把自己读的好书向大家推荐，立刻得到了部分教师的回应。从反馈的结果可以发现，教师对能直接反映教学中疑难问题的书籍比较感兴趣，于是我就结合平时教育教学及公开课中反映的问题，先后向大家推荐了贲友林名师工作室编著的《学生视野中的小学数学问题研究》、顾志能老师编著的《问题点燃课堂——小学数学"生问课堂"教学模式的实践研究》、张奠宙老师等著的《小学数学教材中的大道理——核心概念的理解与呈现》等书籍。之所以给大家推荐这些书，是因为这些书籍都能从学生或教师的角度出发，阐述在平时教学中老师遇到的实实在在的真问题。当老师将这些问题弄清楚之后，获益的除了老师本人，还有我们的学生和学校，老师又何愁上不好课，开展不好教研活动呢？

当然，只有输入没有输出是不可能将理论内化为行动的。顾志能老师的《问题点燃课堂——小学数学"生问课堂"教学模式的实践研究》一书给了我灵感，那就是将书中的理论在课堂中加以实践，用课例的方式加以呈现和分享。如何分享？从谁开始带头分享？火车跑得快全凭车头带，为了调动大家分享的积极性，我和教研组组长身先士卒，率先示范。现在我们每学期都会安排不少于4位教师进行阅读分享，内容涉及理论提升、课例展示、专项技能、课标引领……

从当初的无心插柳到如今的有心栽花，我们的教师完成了从不爱看书到自主阅读的转变，我们的教学教研也由当初的"一团和气"变成如今的"百家争鸣"。阅读让我们的教师更加睿智，分享让我们的教师更加自信，"阅读+分享"成了我校的特色教研活动，成了教师专业发展的内驱力。

做"有意义、有意思、有可能"的教育

祁门县阊江小学　汪顺来

我从事教育工作已近30年，任校长8个年头。一项工作时间长了就容易厌倦，一件事情时间久了就容易乏味。当了教师就有了教师的职责，当了校长就有了校长的责任和担当。记得有一年寒假结束前，与班子成员闲暇讨论，学校操场围墙要翻新，围墙上的图案是否和以前一样设计成关于运动的。我觉得应该画一些学生感兴趣的、对师生有意义有意思的图案。我校是"珠心算"教学基地、珠算文化非遗传承基地，做徽文化传承，学校理应是最好的平台。村庄建设、酒店餐厅建设都有自己的特点和文化，何况校园是育人的地方，更要有文化和特色。关于学校徽文化长廊的想法与班子成员一拍即合，有意义又有意思的徽文化墙顺利改造完成。

秉承"每一个孩子都重要，每一门课程都育人"的育人理念，我们找到了"学校用什么影响孩子一生"的答案，那就是课程建设。阊江小学以课程建设为抓手，以"品正担当、上善若水"为核心文化，以"源清影直、云帆阊阖"为校训，致力做"有意义、有意思、有可能"的教育。

一、做有意义的教育

2021年，全国政协委员、无锡市锡山高级中学校长唐江澎，在全国两会上提出："好的教育，应该是培养终生运动者、责任担当者、问题解决者和优雅生活者。"之后这一观点被大家热议。什么是好的教育？好的教育应该给孩子健全而优秀的人格，给孩子赢得未来幸福的能力。而这样的教育，才是有意义的教育。

有意义的教育，是对学生的发展有价值的，为学生具备核心素养和关键能力蓄能的教育。怎样做有意义的教育呢？我们要围绕立德树人根本任务，从课程的设置、学校文化的定位、师生活动的开展着手。

真正有意义的教育，是既提升学生的学习成绩，又提高学生的学习能力，既着眼脚下，又放眼未来的教育；是既让学生拥有丰富的知识体系，又让学生拥有健康的体魄、广阔的视野和乐观的人生态度的教育；是学生愉悦、教师幸福，一起自然快乐成长的教育。

有意义的教育是以成人视角来看待教育。如果以儿童视角来看待教育，那就要让教育变得有意思了。

二、做有意思的教育

有意思的教育，就是站在儿童的角度观察、感受、领悟、实施的教育，是学生感兴趣的、超出他们的预期并给他们带来愉悦和惊喜的教育。怎样才能让教育有意思呢？阊江小学从儿童视角出发，积极开发建设有意思的课程——"品正"课程。

（一）"品正"课程的结构和内容

"品正"课程是基于立德树人根本任务而打造的课程，紧扣五育融合教育理念。我们的"品正"课程分为"美德善行、启智善思、强体善健、美雅善美、勤劳善为"五大课程体系，以基础课程、拓展课程等形式呈现。在课程目标上指向完整的人的培养，把儿童培养成能够适应未来生活的主体，夯实儿童未来生活必备的健全人格、能动学力和文化底蕴等素养。

其中，"能动学力"指的是能动学习的能力。在能动学习中，过去教学中受到重视的知识、技能与今天教学中关注的"思考力、判断力、表达力"与"主体学习的态度"均被当作综合学力，成为培养的目标。这种教学不仅传授知识，而且培养沟通能力、综合学力，更有助于学习者形成终身学习的意识。换言之，"能动学力"有助于学习者把平日学到的知识同社会问题的解决连接起来，成为发现自己兴趣与爱好、思考未来自己生存方式与工作的一种契机。

1.美德善行

"美德善行"是"品正"课程体系的关键。学校肩负育人使命,"为谁培养人,培养什么样的人"是我们始终贯彻在学校管理和教学中的。要打牢学生的精神底色,扣好人生第一粒扣子,培养政治素质好、道德品质高、法治意识强、行为习惯佳的建设者和接班人,是需要在课程建设中不断夯实的。

(1)课程育人。积极发挥课堂教学主渠道作用,不仅思政课要突出德育功能,其他每个学科的德育功能都要充分发挥。同时打造"情系闽江"水文化校本课程,挖掘水的品质内涵,以"爱闽江""知闽江""护闽江"几个板块,立体多元地呈现多彩家乡,以"爱家乡"为"爱国家、爱人民"奠定意识基础。

(2)文化育人。利用学校的墙面,创作宣传文化,如操场徽文化墙、"品正润身"微景观等。综合楼的文化墙以"好奇""赞赏""幸福"三个主题为明线,以水文化提炼的校园文化为暗线,串联其间。水文化进入教室、办公室、楼道,走廊字画作品展示也以"水"为主题。

(3)活动育人。一是进行仪式教育。通过一年级入学仪式、周一升旗仪式、少先队员入队仪式、六年级毕业仪式等,营造教育氛围,激发积极向上的精神状态,并将内隐的教育外显化。二是开展节日活动。围绕春节、清明、重阳等传统节日,国庆节、母亲节、劳动节、六一儿童节等特殊节日,开展系列活动,将德育功能潜移默化在活动中。三是开展班队活动。每周一围绕不同主题开展班队会,并与各类实践活动融合,各年级每学期开展一次主题实践活动:到污水处理厂进行环境保护体验教育;到养老院等进行关爱老人、孤儿、残疾人等爱心教育;到博物馆、蛇伤医院祁蛇馆等进行传统文化教育;到纪念馆进行革命传统教育;到法院、检察院、公安机关进行法治教育。四是开展少先队阵地活动。学校少先队紧抓队员养成教育,组建红领巾职能岗,一批批"小交警""文明监督员"等认真履职,进一步发挥队员主人翁作用。

2.启智善思

"启智善思"是"品正"课程体系的根本,以"培养认知能力、促进思维发展、激发创新意识"为内容,构建"基础课程+拓展课程"的框架,落实智育提质的目标。

(1)基础课程。以语文、数学、科学、英语等国家课程为主要内容,充分发挥教师主导、学生主体作用,把握学生认知规律,校本化、班本化上好每一堂课。

(2)拓展课程。开发经典诵读校本课程,编写《每周一诵》校本教材12册,推动国学、古诗词等经典的学习在学校落地。开展阅读推广活动,师生共读,阅读点灯人、阅读达人积极分享阅读收获,推荐书籍,通过视频的方式进行推广,并整合为学校阅读资源。开设每周速算课程,将珠心算融入数学课堂,提高学生数学学习兴趣,提升学生速算能力,评选出"速算小神童"。每年10月开展科技节主题活动,评选出"科技小明星",提升学生科学素养。

3.强体善健

"强体善健"是"品正"课程体系的基础,以"享运动乐趣、强健康体质、展运动技艺、炼意志品质"为目标。

(1)体育课。按照国家课程标准,在开足体育课的同时,让学生掌握科学锻炼技巧和健康知识,形成正确的健康观。通过掌握跑、跳等基本运动技能,提高学生身体素质。在常规体育课中专门开设篮球课,帮助学生掌握专项运动技能。

(2)体育社团。利用每天下午课后延时服务时间,组建以武术、篮球、羽毛球为主,其他体育运动项目为辅的体育社团,帮助学生掌握专项运动技能。

(3)运动会。每学年上学期举行一次田径运动会、达标运动会,将亲子运动、趣味运动等项目相结合,促进学生全员参与,增强学生体质,帮助学生体会运动乐趣。每学年下学期举行算盘操、跑操、广播体操比赛,以及足球、篮球年级赛,为学生搭建舞台,让学生展示运动技能,锤炼意志。

(4)大课间。我们进一步充实大课间活动内容,以广播体操、跑操、年级花样体育活动为主,融入武术专项训练、算盘舞、足球、篮球,形成学校独具特色的课间运动。

4.美雅善美

"美雅善美"以"培养艺术兴趣、激发创新意识、提升审美格调、掌握艺术特长"为课程目标，是"品正"课程体系的提升板块。

（1）艺术课程。以音乐、美术等艺术课程为主要载体，开设美育课程。音乐课程以培育和发展学生音乐学科核心素养为统领，美术课程以国画写生为必会技能，帮助学生掌握艺术基础知识和基本技能。

（2）艺术社团。结合学校实际，在每天下午课后延时服务时段开设以鼓号队、合唱、舞蹈、书法、线描、手工、红茶、机器人等为主的社团活动，帮助学生掌握艺术专项特长。红茶社团、合唱社团，更多的是帮助学生提升气质。

（3）艺术节。每学年六月水韵艺术节，通过校园美化、班级美化等方式展览书法、美术作品，以文艺表演、戏剧表演等方式展示音乐学习成果，搭建学生展示平台，提高学生审美体验能力。

5.勤劳善为

"勤劳善为"以"崇尚劳动、热爱劳动、善于劳动"为课程目标，是"品正"课程体系的拓展板块。该板块注重家庭劳动日常化、校园劳动规范化、社会劳动多样化，让家校合作更加紧密。例如：寒假家庭劳动打卡、开心农场劳动实践课、班级劳动课，争创劳动小能手比赛等。

（二）以有意思的活动促课程实施

"品正"课程通过完善的德、智、体、美、劳五育并举的育人体系，搭建全员、全程、全方位的育人网络。

1.提升师资队伍建设

营造教师间融洽奋进的团队文化，以"工作室"提升教师专业化成长。发挥校级心语工作室、曾健名师工作室、陈云蕾名师工作室作用，以"凝聚一批人，带动一班人，影响一群人"为目标，进行深度实践探究，促进骨干教师与青年教师双向成长。积极开展大教研组活动，将教研活动立足于教学实践，以课题研究为抓手，将课题做深做实。举行集体生日会，提升教师幸福感，增强集体凝聚力。

2.国家课程的校本化实施

致力国家课程校本化，我们从学生的角度出发，把"教材"转化成"学材"，把握好课标和教材、教学和学生发展之间的关系。围绕"教学评一致性"、大单元整体教学、课堂思维进阶、作业设计等前沿热点开展活动。

3.校本课程的特色化实施

将校本课程开发与学校特色结合，相辅相成，共同提升，让我校经典诵读课程、水文化课程、珠心算课程等校本课程特色化，对学生能力进行全面培养。

三、做有可能的教育

教育的意义，就在于为孩子们创造无限的发展可能，就在于为孩子们创造各种机会，把可能变成现实。教育，本来就不应该用同一种方法培养具有不同潜质、不同个性的学生，而是应该让他们每个人成为更好的自己。在接近学生最近发展区搭建一个平台，让他们跳一跳能获得成果，感到愉悦，收获幸福。这样的教育才是关注生命成长的教育、面向未来的教育、创造无限可能的教育。

学校教育要面向每一位孩子，为每一位孩子创造有可能的教育。学习不好的孩子，也有成为他自己的权利。留守儿童、家庭离异儿童、特殊儿童，一个都不能少，逃学厌学、易怒暴躁的孩子也不能少。学校要尊重孩子，为他们创建能为他们发展提供可能性的、适合他们发展的场所和活动。

技术赋能创新，品质引领未来

祁门县历口中心学校　冯国泰

作为一名教育工作者，我们肩负着为党育人、为国育才的光荣使命。作为一所地处红茶核心产区的百年老校，怎样利用好所处地理位置与资源优势，在"双减""五育并举"的背景下办好新时代、新背景下的新教育？我们在行动，坚持技术赋能创新，品质引领未来，做新时代乡村教育发展的担当者。

一、技术引领教育新样态

教育发展，教师先行。我们首先得培养一批有乡村教育情怀、扎根农村、服务乡村振兴的新时代乡村育人"大先生"。那如何才能调动教师的积极性呢？

1.数字教育，因人定案

我校是信息化2.0试点校，经过三年的大力整校推进，学校全体教师信息素养得到很大提升，现在正向数字化转型迈进。在"信息技术2.0项目"中，我校案例《中小学信息技术2.0"选、学、研、用、评"助推乡村学校教育变革》入选全国中小学教师信息技术应用能力提升工程2.0典型案例。我校分别被评为"黄山市信息技术应用能力提升示范校""安徽省信息技术应用能力提升示范校"。科学技术日新月异，互联网、云计算、大数据、人工智能等现代技术深刻改变着人类的思维、生产、生活和学习方式。同样，技术也深刻影响着教育，目前已经对教育管理、教学模式、师生关系等产生影响，未来将产生更加深远的影响。为使信息技术更好地服务教学，学校全体教师以团队的形式划分为领导团队、专家团队、种子团队和帮扶教师团队，充分发挥每个人的优势，各尽其职。专家团队是由学校信息技术能力较强的骨干教师组成的，向种子团队传授技能、技术和经验，解决信息技术应用中的各类疑难问题。种子团队是由各教研组选出的青年骨干教师组成的，他们可以帮助组内教师，解决信息技术在教育教学应用中的一些简单、实际问题，如在实践中有些问题无法解决，就把它们收集、整理，反馈给专家团队，再由专家团队研究解决。这样的模式，有效促进了信息技术在教育教学中的应用。每当一名教师在工作中遇到问题时，都能找到相对应的老师帮助解决。正是巧妙的团队构建、教师间的合作，使每位教师都有相对应的归属感。

每次教研活动主题根据教师需求"因人定案"。作为祁门县"融杭接沪"试点学校，我们积极与结对学校杭州市回族穆兴小学交流学习。每次专题活动，各教研组会根据我们教学过程中的薄弱点、疑惑点进行梳理归纳，再根据我们的需求，与结对学校谋划，这样教师对活动充满期待。如我们语文教研组赴杭州结对学校前，确定此次"融杭"就以"快乐读书吧教学谈"为主题。穆兴小学应我们的要求，第一，设计了展示课《快乐读书吧：小故事大道理》；第二，召开圆桌座谈，6位教师从不同学段阐述了各自的教学经验和阅读活动的开展情况；第三，举办专家讲座《儿童阅读课程化的思考与实践》。此次"融杭"，学校还要求教师活动结束后每人写一篇美篇，学校将教师的美篇上传到百度网盘，做成二维码，教师通过扫码就可以欣赏自己和同事的美篇，留下永久的回忆。这样就引发了教师的思考，提高了教师参与活动的积极性。

2.眼中有师，尊重支持

作为教师，我们要眼中有生；作为学校管理者，我们要眼中有教师。对教师工作要给予更多尊重和理解，这主要表现在管理者的态度和言行上。要给教师更多信任和空间，放手让每位教师选择自己喜欢的事，给教师精神上的发展自由。注重发现每个人的特点与特长，让教师的特长在学校能够得以发展。学校青年教师叶静，从杭州学习回校后，第一时间根据学校资源优势，设计了跨学科课程"春花、夏茶、秋实、冬蔬"，学校立即给予支持，共同策划"春花、夏茶"研学活动。一、二年级开展"油菜花主题研学活动，学生在教师的指导下赏花、制作书签、田间写生、吟诵；三至六年级开展"我为家乡做代言"之探秘"祁红"研学活动，取得了成功。学校在开学初立足于红茶文化，策划了"茶乡溢茶香，茶韵满校园"特色茶文化项目化课程方案，成立茶文化进校园课程的领导小组，叶静老师和四位刚走上教师岗位的年轻教师作为活动的主要负责人。教师的活动方案得以实施，教师的成就感、价值感油然而生。

3.德才双优，团队构建

2018年11月学校成立了"历帆骨干教师研修坊"，充分发挥业务素质高的教师的特长，让他们担任历帆骨干教师研修坊的导师，助力青年教师的成长。同时，借助祁门教育公众号平台宣传身边的教育榜样。历帆骨干教师研修坊始终坚持以学习型、研究型共同发展为目标，以提高教师课堂教学变革能力，优化课堂教学结构，提高学生核心素养为着力点，深入持续地开展形式多样、富有成效的研修活动，使教师在教学教研活动中有集体归属感、成长幸福感。

（1）公开课有主题。每学期每位教师在公开课研修活动开启前，各教研组会认真谋划学年的微主题，使研修工作目标更明确。例如，2022年版新课标落地后，语文组以"实用性阅读与交流"为研修主题，所有教师公开课紧紧围绕此主题进行，旨在在新课标理念下打造新课堂、新样态。

（2）评课形式有改革。我们公开课后进行评课的形式已经经历三次变化。起初，我们的评课是待教师全都上完公开课，再聚在一起统一评课。历帆骨干教师研修坊成立后，我们打破时间上的限制，组成线上磨课群，在线上磨课群中随时评课，大家线上相互交流。今年我们不但打破时间上的限制，还打破空间上的限制，授课教师提前将自己的教案、课件上传至磨课群中，每一节课后大家一起在办公室、走廊随时评课，一起进行思维的碰撞，激发教师对新课堂更高的追求。

（3）抓实课题，提升品质。近年来，学校多项市级课题获得优秀、良好等次，研究工作不断取得丰硕成果。教科研氛围日益浓厚，水平不断提高。目前我们学校正在研究的课题有"提高农村青年教师教学能力的有效策略的研究"和陶研课题"校本文化资源下乡村社团路径的实践研究"。

二、创新赋能课程新样式

没有活动的学习是没有生机和活力的。我们的理念就是要让学生动起来、让学校热闹起来。每次活动前都要精心设计，活动中精心组织，发挥青年教师信息技术能力强的特点，将活动中的照片、小视频等发至学校群、家长群分享，记录孩子们在活动中的幸福与收获。

1.寓教于乐，增加科创活力

我们学校虽地处农村，但也让孩子们感受到了科技魅力。开设科技创新社团、机器人社团，开展科学小发明、科幻画绘画、少儿科技进校园等学生喜闻乐见的活动，让学生近距离接触科学、认识科学，在寓教于乐中学习科学知识。

2.课后服务，融入乡土特色

（1）"增""减"之间求突破。严格执行"双减""五项管理"，在开齐、开足、开好国家课程前提下，增加美育艺术类、体育运动类、科学创造类、劳动实践类等课程。作业变革"减法"提质，提高作业设计质量，为学生提供多元化的教育内容，让教育回归初心。

（2）学校在"五育并举"教育理念下，结合实际，在"实现课堂增效、严格作业要求和多彩课后服务"三方面取得一定成效。不仅开设滑轮、手工剪纸、科技创新、机器人、书法、英语绘本等14个普通社团，还新增一个"乡土民俗文化"社团。此社团由6名教师走班教学，分别负责不同教学内容，有家乡的童谣、民歌，传统的游戏，徽州故事，村规民约等，旨在在学生心中种下一颗了解家乡、热爱家乡的种子，切实丰富学生的社团活动，拓展学生学习空间和兴趣。

（3）祁门红茶是中国十大名茶之一。历口镇作为祁门红茶的发源地、祁门红茶核心产区，得天独厚的地理位置孕育出上等好茶。为推动我县创建五大行动省级实验区，提高学生的核心素养，历口中心学校立足于红茶文化，策划了"茶乡溢茶香，茶韵满校园"特色茶文化项目化学习活动。我校以"培千年沃土，润五育之花"为办学理念，以培养友善、活力、进取、雅致的学生为目标。家中来客，就会泡杯茶，以茶表示敬意。祁门红茶取得如今的世界地位，离不开一代又一代的红茶人筚路蓝缕，苦心钻研。希望历口中心学校的学子都具备这样的创新精神、进取精神。最后以茶可雅志，喝茶是一件风雅的事情，我们的活动可以陶冶学生的情操。整个活动后，学校会引导学生树立"传承祁门香，争当群芳最"的意识。

扎根乡土，着眼未来。道阻且长，行则将至。我将与和我一样有乡村教育情怀的同仁们努力探索一条适应时代发展、符合学生需求、彰显地方特色的乡村教育发展之路。

基于新课标的学校导向设计和实践执行

祁门县实验学校　康琰琰

义务教育新课程方案、课程标准一经颁布，就成了学校教育教学的根本，是育人蓝图，具有准绳作用。这是毋庸置疑，不可撼动的。新课标的顶层设计，具体落实到学校，是有地域差异的。比如苏浙沪的基础教育很好，他们的国家课程执行力很强，新课标的校本转化动力足。早在2019年，他们就在进行大观念、大概念下的大单元教学。2019年10月10日，我的名师工作室也以课题研究的形式尝试了大单元教学研讨。三年后，新课标修订出台，自己才知道那是在照猫画虎。在这样现实的地域差距下，作为学校教育教学的管理者，唯有把新课标的基本精神和核心概念领悟、吃透，才能做到"以其昭昭，使人昭昭"。由此可见，让新课标落地，学校需要充分发挥导向和实践作用。下面我就从"导向设计""转化执行""应用场景"三个方面和大家共同梳理，一起思考。

一、"导"——导向设计

在新课程方案、课程标准这样纲领性文件的指导下，如何厘清育人目标、校准改革方向、优化课程内容和组织形式？老师们被许多熟悉和不熟悉的概念、名词充斥着，比如课程的核心素养内涵、课程内容组织形式、学业质量等。学校应该提供什么样的导向，让学科老师不走弯路，向课程育人的方向前行呢？我认为，要对准课程标准的三个导向——目标导向、问题导向、创新导向，设计好学校的"四个位"。

1.素养立意，提高"站位"

义务教育新课标最显著的特征是核心素养，标志着课堂教学从关注知识、关注学科到关注能力、关注育人的根本性转变。核心素养是义务教育新课标的"基因"，义务教育新课标是以核心素养为立意构建起来的新型课标。

下面用一张素养表（表1）和崔允漷教授的一段话来说明学科课程"高站位"的育人行动路线图是怎样设计的。

表1　义务教育各学科培育的核心素养

学科	培育的核心素养
道德与法治	政治认同、道德修养、法治观念、健全人格、责任意识
语文	文化自信、语言运用、思维能力、审美创造
历史	唯物史观、时空观念、史料实证、历史解释、家国情怀
英语（日语、俄语）	语言能力、文化意识、思维品质、学习能力
数学	会用数学的眼光观察现实世界，会用数学的思维思考现实世界，会用数学的语言表达现实世界
地理	人地协调观、综合思维、区域认知、地理实践力
科学	科学观念、科学思维、探究实践、态度责任
化学	化学观念、科学思维、科学探究与实践、科学态度与责任
物理	物理观念、科学思维、科学探究、科学态度与责任
生物	生命观念、科学思维、探究实践、态度责任
体育与健康	运动能力、健康行为、体育品德
信息科技	信息意识、计算思维、数字化学习与创新、信息社会责任
艺术	审美感知、艺术表现、创意实践、文化理解
劳动	劳动观念、劳动能力、劳动习惯和品质、劳动精神

学生应具备能适应终身发展和社会发展需要的品格、关键能力和正确价值观，这样的核心素养，采取通过学科课程素养认领形式来推行。"想得到的美丽"是育人目标，"看得见的风景"是课程核心素养，"走得到的景点"是教学目标，构成了切实可行的育人行动路线图。素养立意，意味着教师的教学实践要从学科意识、学科领地的局限上升到学科育人、课程育人的新高地；课程内容以及组织方式也要进阶，不断优化，全面开启核心素养新时代。

2.目标导向，精准"定位"

新课标的目标导向，大家都很熟悉，就是"三有"培养目标——有理想、有本领、有担当。有理想就是指将来要干什么，要追求什么，这是不是一个好的追求；有本领就是指拿什么去实现理想，如精神品格、思维品质、知识修养、能力习惯、身心健康；有担当就是指干的事情对世界、对国家、对社会、对未来有什么价值。这是对"培养什么人、怎样培养人、为谁培养人"教育根本问题的回答，也是新时代义务教育学生画像。一想到画这样一张画像，每一位老师就会有方向感地去重新定义新时代的教育观、课程观、学生观。学校也要重建一个新时代学生不断寻找"三有"生命目标的"导航系统"并掌握驾驭这个系统的关键能力。

3.问题导向，落实"到位"

新课标的问题导向就是课程发挥育人功能还不够，要增强课程指导性和实践性。老师们可能只关注自己本学科的课程标准，而学校管理者要把义务教育阶段十几门课的课程标准摆在一起，对比翻看所有目录，掌握新课标的基本框架。

学校管理者要从基本框架中读出课程标准实施的"新"信息和引发的"新"思考。

第一，素养进阶——如何进行学段、学科整合，组织综合性、跨学科学习，实现横向关联互动、纵向进阶衔接。

第二，课程结构化——如何基于主题、任务、项目、情境，按学生的学习、发展逻辑来结构化组织课程内容。

第三，学科实践——如何设计和组织学科实践活动，创设真实情境，在用中学、做中学、创中学。

第四，学业质量——如何依照学业质量标准贯彻"教学评一致性"教学原则。

学校抓好"素养进阶中横纵衔接、课程结构化教学、创设真实情境解决问题、教学评一致性"，就是新课标落地的关键所在。

4.创新导向，夯实"本位"

新课标的创新导向就是推进育人方式变革，强化课程综合性和实践性。教学评一体化、大单元设计、结构化思维教学、项目化学习、作业与命题改革，无论哪一项策略都是着力发展学生核心素养，凸显学生学习主体地位，关注学生个性化、多样化的发展需求。

二、"转"——转化执行

导向设计"四个位"明确后，就要通过实践行动落实"转化"。所以教学改革定位的方向在哪里，学校管理就跟进到哪里。

1.结构化的日常研修：新课标下的日常校本研修要有目标、有结构、能迭代

学期初，定好研究主题；学期中，分享落实，每周两个学时，固定化、常态化，必须保证效果；学期末，总结经验，相应评价也得跟上。从学期初、学期中一直到学期末，都要有一个完整的反思学习链条，对研究主题的共同制定和不断反思，是为了保证教学的改革方向和提升团队平均水平。新课标颁布以来，我们以教研组为单位，确定一个阶段研究一个大的主题，比如我们学校的小学语文组"结构化思维教学——聚焦任务群"、小学数学组"模型建构——主题式学习"，从课堂实践、校级交流、研磨展示到新课标下教学设计大赛都围绕这个主题，助力老师从一节一节课中走出，聚焦专题研究，形成研究成长团队，共同改进目标；助力老师走出学科立场，站在育人立场上来反思教学。此外，每周两个课时90分钟的日常教研，我们原来是听一节评一节，听两节评两节，就课论课、原点踏步，现在我们打算执行北京中关村第三小学的"组块式结构"：10分钟分享学科育人育德，10分钟讨论"课堂引导性新标准"落实情况，60分钟梳理核心课程，还有10分钟分享"师生关系"课堂教学小故事，师生关系决定教学力。

2.评价先行的课堂逻辑：新课标下的课堂教学逻辑要评价先行、评价嵌入、评价陪伴

所有的教研改革，都是为了实现课堂的真实、高效与素养进阶；而新课标中学业质量标准无疑成了助推课堂教学逻辑改变的"强力股"。学业质量标准是什么？它是依据学习内容的不同层次，综合评定学生面对真实情境，在完成相应的学习任务过程中所表现出的正确价值观、必备品格和关键能力，由此体现核心素养的发展水平和课程计划的实现程度。

首先，在每一节课堂的学习目标制定时，要依据学业质量标准注入"标"。评价先行，就是明白要"教什么""达到什么程度"，解决当前课堂教学起点的问题，让学习目标"标准化"起来。

其次，在问题解决和组织学习活动中，嵌入评价量表。评价量表是一种真实性评价工具，是对学生的作品、成果、行为、表现进行评价或等级评定的一套标准。《义务教育语文课程标准（2022年版）》指出：课堂教学评价是过程性评价的主渠道。教师应该树立"教学评一体化"的意识，科学选择评价方式，合理使用评价工具，妥善运用评价语言。在小组合作汇报展示过程中，教师应提前设计评价量表，告知评价标准，引导学生合理使用评价工具，形成评价结果，让学习活动"组织化"起来，关注课堂的学习发现，克服课堂的随意性和经验主义。

最后，利用结果性评价评定学习水平，进行学习总结，考核标准统一化，考核结果客观化，提高教学质量，让学习思维"可视化"。

我们学校要求遵循的课堂教学逻辑就是评价先行的"目标标准化"、评价嵌入的"学习组织化"、评价陪伴的"结果可视化"，以学业质量标准落实课堂教学实践的每一个环节，让老师们从过去囿于知识的学科逻辑中跳出来，走向核心素养发展的学习逻辑。

比如：我们学校语文、数学课堂教学中多元评价的"全程参与式"学习单，就是老师们能动性地把纲领性的课标指导运用在实际的课堂实践中，这些多样的、创新的评价量表变成了一个个鲜活而真实的可视化的学生学习思维，向素养立意又迈进了一步。

有了"评价先行"，学校课堂中"学"的位置立刻凸显、清晰了；把学生始终立在学习中央的"教"更有深度，更有价值。

3.提供学习支持的校本研修：新课标下的校本研修要以学生学习的方式打开

俗话说，教师有什么样的体验，他就会把这种体验传递给学生。换句话说，新课标下，教师有什么样的校本研修体验，他就会怎样组织学生学习实践。所以，校本研修要跳出传统的"大笼统"听报告和"签到式"教研的路径，依据新课标的课程内容和组织方式的新变化，设计研修大任务，聚焦真实的问题，提供学习支持，寻找教师的专业生长点；以"学生的学习方式"开展研修，在用中学、做中学、创中学。如采取教师小组合作、教师团队探究、教师大任务认领、教师的项目化学习等方式，最大限度地还原教师面临的新课标下的教学场景。

例如，我们学校进行的"任务认领"的校本研修。

第一，列出关键问题清单。先由老师各自提出新课标领悟过程中的三个问题。结合这些问题，采用合并、筛选，聚焦到最困惑的问题，列出关键问题清单。

第二，认领关键问题。由学校管理者主动认领一个当下急需探究的问题，承担任务，以专题讲座形式完成"理论回答"。

第三，骨干团队学习。由骨干教师带团队用直接获得的"理论回答"逆向去进行课例验证。一般是观三次精品课例，验证理论答案，及时补充微理论，然后产生自己新的思考和实践。

第四，团队领取任务。青年教师团队领取自主开发课例任务，以团队探究、合作的方式，形成"实践性的回答"，各团队之间用参赛、展评的方式互相学习，互促成长。

第五，专家点拨，理论再提升。以一个大的问题，形成一个大的任务，创建"理论—他人实践—自我实践—新的理论"循环的探究场景。在这个过程中，学校管理者从单纯布置研修任务的"指挥者"，转变为教师教、学、研的"合伙人"。一方面，与教师们一起分析梳理新课标实施中的问题与挑战、资源与优势，将学习的过程作为统一思想、形成共识的过程。另一方面，带领教师们一起深入"田间地头"，更好地响应师生教与学的需求，与教师们一同研究更宽广视域下新的教与学方式，在团队的共研共创中寻找方法和路径。

再如，"交叉化"的校本研修——作业设计和测试命题。

三、四年级作业设计项目组，专门为五、六年级设计不同结构的作业；五、六年级测试命题项目组，专门为三、四年级评价命题。这样"交叉式"校本研修，就从"经验式的舒适区"走向"研究式的学习区"，在不同的学段目标、学段素养中进行横向关联互动、纵向进阶衔接，形成我们自己的案例运用的同时建立快速传播分享机制。老师们的每项小的研究行动都是有意义的，而好的管理就是在有限的时间里让有意义的研修价值最大化，将这些好的经验有效地传承、改进、再创新。

三、"用"——应用场景

1. 场景一：制订全员研悟新课标框架场景

制订教学计划表时，可以对照新课标，根据内容的增删与调整，教材整合从以往的内容单元走向大概念统整的结构化单元，在此基础上制订教学计划；在个人思考及团队教研基础上，用思维可视化工具呈现整本书备课情况，新课标中课程内容结构化框架可作为画思维导图的参照。

2. 场景二：创设校本研悟新课标活动场景

教师在进行学习设计时，要变三维目标为素养目标，对照学业质量要达成的指标；以大概念构建问题化系统，即关注主干问题设计及问题化系统的构建；从情境点设计走向情境链设计，用一个大情境贯穿始终，而非仅在课堂导入环节使用；关注课堂问题动态生成；重视目标、学习流程、评价任务一致性；从课堂小结、课堂整理走向学后反思，侧重点在借助深度体验反思感悟，达成单元大概念所蕴含的学科核心素养，重心落在单元知识的关联和转化上。

3. 场景三：设计教师研悟新课标任务场景

（1）编制试卷：通过作业设计、试卷编制，教师主动读教参、自主学新课标。教师在阅读新课标和教材的基础上，列出单元目标清单，然后依据学业质量标准编制一份单元测试卷。教师在说课时要说明试卷编制的立意、结构、涉及的大概念、问题设计，尤其要说明为什么选编这些题目，依据是什么，即新课标对该知识点学习目标的具体要求是什么。

（2）观课议课：在观课议课中可以关注以下7个新视角。

一是用学科核心素养理念评价新的学习目标的制订，关注目标达成指标是否具体、可测；

二是关注情境链的创设；

三是关注问题化系统及学习方法指导，即学习支架的设计；

四是关注借助大概念来落实学科核心素养；

五是关注是否从自主、合作、探究走向学科特色的学科实践活动；

六是关注检测题设计是否与学业质量标准和要达到的指标匹配；

七是关注课堂动态生成，即教学评一体化的落实。

新课标的落地，从学校精准的"导向"，到实践执行"转化"，再到教师具体操作的"应用"，我们正在为描绘好"有理想、有本领、有责任"的新时代义务教育学生画像而努力。以上只是学校实施新课标中的一些探索和尝试，我们与面向未来的学校高质量发展还有很长很长的路要走，唯有不断地实践学习。

以高质量党建引领学校高质量发展

——城北学校党建品牌"书记课堂"的实践与探索

祁门县志和教育集团城北学校　　郑　健

一、什么是"书记课堂"

"为谁培养人、培养什么人、怎样培养人"始终是教育的根本问题。党的二十大报告明确提出，要落实立德树人根本任务，培养德智体美劳全面发展的社会主义建设者和接班人。习近平总书记指出，要从党和国家事业发展全局的高度，全面贯彻党的教育方针，坚持优先发展教育事业，坚守为党育人、为国育才，努力办好人民满意的教育。要深化学校思想政治理论课改革创新，培养学生爱国情怀、社会责任感、创新精神、实践能力。

城北学校是一所九年一贯制学校，创建之初，就把"崇教尚学、立德树人"作为学校的根本任务，把思想政治工作放在教育首位。如何通过党建引领，加强政治理论学习，不断改进思政课教学方法，创新思想政治教育方式，保证思想政治教育不滑坡，品行修养与良好习惯养成教育不松懈，是摆在学校党支部面前的一个重要课题。经过多方商讨，学校提出了"书记课堂"这个设想。

在学校党支部的领导下，以党支部书记、政工干部、团委书记、少先队总辅导员为骨干，统筹全校师资力量，通过系列制度建设、阵地建设、方法探索，培养一支政治过硬、业务精湛的师资队伍，形成一套具有学校特色的校本课程体系，提高课堂教学质量，提升师生思想道德素养。"书记课堂"既是思政课具体课程实践，也是学校校本教研的引领者。

二、主要做法

（一）目标引领

（1）培养一支政治过硬的思政课师资队伍。学校发展、教育进步的根本依靠是一支德才兼备的师资队伍，教师专业化成长和全面素养提升，是学校党支部工作的重要内容。

（2）形成一套具有学校特色的校本课程体系。学校教育以国家课程为主，校本课程为辅，在上好国家课程的基础上，学校根据县域特点和校情、生情，尽量多开发校本课程，以满足学生成长的需要。

（3）创新思政课堂教学方式，提高教学质量。通过课堂教学观摩与探讨，对课堂教学的各要素进行观察与研究，提炼出课堂教学必要的反馈内容，从而可以根据授课内容与生情，改进方式方法，提高教学效果。

（4）营造一种向上向善的校园氛围。思政教育的落脚点在人的塑造上，用一支高素养的师资队伍去教育影响全校学生，"书记课堂"的要义就是凝聚一帮人，带动一批人，影响全校甚至社会。

（二）组织引领

（1）全面落实党组织领导下的校长负责制，组建"书记课堂"骨干队伍，明确各自职责。

（2）制定"书记课堂"工作制度和年度计划：

工作制度：

党支部专题研究思政课建设例会制度；

党支部"三会一课"制度；

团校、团队课制度；

"书记课堂"教研制度；

思政优质课评选制度；

周一升国旗制度。

表2　"书记课堂"年度计划

计划	国旗下讲话	城北讲坛	党课	队课
1月	元旦迎新	艺术节	—	特色章
2月	开学第一课	读书分享	—	颁章
3月	学雷锋	雷锋精神放光芒	学习党的二十大	学雷锋
4月	致革命先烈	革命史教育	—	研学
5月	青春教育	青春励志	—	劳动教育
6月	儿童节	艺术节活动	党章学习	入队
9月	开学第一课	抗战胜利教育	党史学习教育	颁章
10月	迎国庆	爱国主义教育	—	队日
11月	消防安全	生态教育	—	远足
12月	宪法教育	模拟法庭	条例学习	普法教育

（三）思想引领

1.主要抓手

以理想信念教育为核心，树立正确的世界观、人生观和价值观。以爱国主义教育为重点，弘扬和培育民族精神，培养勤劳勇敢、自强不息的精神和爱国主义情怀。以基本道德规范为基础，引导学生自觉遵守"爱国守法、明礼诚信、团结友善、勤俭自强"的基本道德规范，培养良好的道德品质和文明行为。以行为习惯教育为抓手，狠抓文明礼仪、卫生习惯养成。

2.重要阵地

每周一早上的升国旗活动，营造良好的校园文化氛围，增强学校的凝聚力、向心力和感召力，提高师生的民族自豪感和使命感。城北学校自创建起就把周一升国旗仪式作为一项常规的德育活动，特别是国旗下讲话，对全校师生进行爱国主义、集体主义教育，弘扬主旋律，取得了很好的教育效果。每月第一周的书记校长讲话，更是契合当月德育主题，既是一堂很有意义的思政课，也是当月德育的动员令，吹响了校园德育的号角。

3.常规讲坛

学校精心打造的多功能集中授课报告厅，可以容纳200名学生，是各类校外辅导员、专家到校为师生授课的地方，也是"书记课堂"专用教室。

全校高年级学生以年级为单位，每月进行一次专题思政教育。目前城北讲坛已成为同学们接受思想教育、扩展知识视野、提升品行素养的重要阵地。

（四）文化引领

（1）创设"崇教尚学、立德树人"的校园文化。在党支部的领导下，全校营造出尊师重教的浓厚氛围。在这里，教师以从教为荣，师生以读书学习为乐，学校里最有威信、最有号召力的是一线名师。

（2）抓住课堂教学主阵地，让教师明白教师的最高尊严在课堂，最高荣誉也在课堂。"书记课堂"骨干成员全部是一线教学的引领者，支部书记更是领头雁。他们作为初中语文骨干教师，都是站在语文教研的第一线，在集团内各校上公开课，参与各学科课题教研活动，承担安徽省义务教育线上教学资源建设任务。团委书记和党小组长分别是初中英语、地理优质课市一等奖获得者；宣传委员、少先队总辅导员是语文学科骨干教师、学科带头人，是市红领巾宣讲团成员、黄山市青年党史宣讲团成员、祁门县"改革开放四十周年"宣讲团讲师。

（3）成立青蓝读书社，支部书记担任社长，吸纳学校一批热爱生活、热爱阅读的教师参加，作为"青蓝工程"教师培养工作的拓展。读书社不定期开展读书沙龙活动，如专题研读、团体讨论、好书推荐，是党支部培养青年教师的重要阵地。

（4）成立青蓝工作室，支部副书记担任主持人，由名师领衔，以成为名师为奋斗目标、以个人兴趣和专长发展为方向。目前工作室成员16人，是学校青年教师成长的摇篮。

三、工作成效

（1）"书记课堂"加强了党的组织建设和思想建设，党组织的力量得到强化，党组织领导下的校长负责制和党支部的战斗堡垒作用及党员的先锋模范作用在学校教育各个层面都发挥着重要作用，为党育人、为国育才，成为广大教师的教育追求。

（2）"书记课堂"强化了师德师风建设，营造出全校重视思政课、研究思政课的浓厚氛围，提高了教师思政修养，培养了一支专、兼职思政课师资队伍。抓住育人的工作总目标，着眼学生生活实际，从生活细节入手，营造出了崇教尚学、乐学善思、明理笃行、讲文明、懂礼貌的良好氛围。

（3）"书记课堂"校本教研的开展，受到学生的热烈欢迎，学校根据时令特点、传统节日、重要纪念日，结合本地教育资源创设出来的思政课受到学生追捧，已形成了独具城北学校特色的思政课程体系。

（4）"书记课堂"在全县教育系统起到了示范与辐射作用。在社区党建活动和农村党支部共建活动中，通过上党课、党的二十大精神宣讲、文明创建等形式，扩大了"书记课堂"的影响力。青蓝读书社与祁门县农商行共同开展读书分享活动，推动青年职工共同成长，创新了支部共建内容与形式，得到了教育局工委的高度评价。

集团化办学，推动育人新生态重构

祁门二中教育集团凫峰中学　徐旭阳

本文内容主要是我们学校在集团化办学过程中的一些收获与思考。我将从三个方面进行分享，一是学校背景介绍，二是集团化重构新生态，三是反思与展望。

一、学校背景介绍

祁门县凫峰中学位于三县交界的祁门县凫峰镇率水河畔，是一所实行全寄宿制"3+1"管理模式的农村初中。"3+1"就是上三周的课，放一周的假。

2018年，祁门县首先在凫峰中学试点全寄宿制学校提升改造，为学校的发展奠定了坚实的基础。2021年，祁门县实施集团化办学，将凫峰中学纳入祁门县第二中学教育集团，再次为学校的成长与进步注入新的契机与力量。

作为农村学校的教师，我们都有这样的体会：随着城镇化进程的加速，农村学校面临急剧萎缩的困难局面。然而凫峰中学却较好地保住了生源，这与学校坚定执行全新的办学模式，并依托集团化办学，不断提高学校的教育教学管理水平有关系。

2020—2022年，我们学校连续三年的招生人数都在呈现上升的趋势，应该说生源还算是比较稳定的，但是农村学校的发展确实受到了一些条件制约。第一个制约因素就是教研缺乏动力，其中主要原因，一是教师老龄化，我们学校目前有20位教师，平均年龄是47岁，其中有4位年轻教师，如果把这4位年轻教师去掉，那么平均年龄是52岁。二是农村学校规模小，同学科教师少，所以一些教研活动的开展，特别是校内教研活动的开展，老师积极性不高。三是存在一些"躺平"现象，因为农村学校大量萎缩，导致教师的工作量普遍下降，我校教师的工作量就比其他农村学校的教师要大一些，所以他们心里不平衡。

第二个制约因素是农村学校的师资稳定性比较差，原因之一是年轻教师成长比较困难，因为教研比较差，导致年轻教师来到我们学校之后，专业成长确实有点难。原因之二是年轻教师晋升难，主要体现在职称评聘上，这对年轻教师的打击非常大，因为学校的职称名额是有限的，而在职的那些老教师把名额占满了，对年轻教师来说，他们几乎看不到希望，所以年轻教师不太愿意留下来。现在，我们学校有4位年轻教师，学校对他们相当重视，把他们作为重点培养对象，这4位年轻教师除了一位是去年刚刚招聘的，前面三位都进入了我们领导班子。也就是说，我们是把他们作为学校接班人来培养的，他们的成长关系到学校的未来。

第三个制约因素是学生的多层面需求难以满足。我们的老师虽然在专业方面问题不大，但是现在有课后服务，需要更多有特长的老师，在这一方面农村学校确实是有欠缺的。我们考虑过从外面聘专业人士授课，但我们地处偏远山村，从外面聘请教师难度也比较大。

这些原因制约了农村学校的发展。

二、集团化重构新生态

2021年，祁门县教育局把我们凫峰中学纳入祁门县第二中学教育集团，其目的就是想通过集团的力量来带动我们学校。

前段时间，我们跟着祁门二中教育集团开展了融杭交流学习活动。对于农村学校教师来讲，这种机会确实太难得，所以我们非常重视这次学习的机会，在这里也对祁门二中教育集团表示感谢。

另外，集团给我们两位刚入职的年轻老师寻找到了优秀的指导老师，这两位年轻教师分别与祁门二中的优秀教师结对形成师徒帮扶关系。在这个过程中，两位老师确实成长得很快。比如说，张泽杨老师的实验说课就在黄山市拿到了二等奖，后来又参加了安徽省的比赛，拿到了省三等奖。董亚婷老师是刚入职的，她非常认真、积极。我们放月假时有一个星期的休息时间，她这段时间经常到祁门二中去听结对优秀老师的课，跟着他学习，目前她已经成为我们学校英语学科的骨干教师。我们学校原先的英语学科比较薄弱，她来了之后，给我们学校带来了很多英语学科方面的活力。比方说，她开展了英语社团活动，原先像这种社团活动是根本没办法开展的，学生提不起兴趣。由于她刚刚入职，年轻有活力，她在英语这方面又有专长，她组织的活动学生特别喜欢。上一次我们学校艺术节，英语社团的同学们还表演了一个英文歌曲演唱节目。

集团化办学以后，我们学校的教研能力确实得到了提升。集团教研活动是由多个学校的老师聚集在一起开展的，这样对老师的帮助是比较大的。我们每学期都有这种活动，有多学科和多方向的。比方说，把祁门二中教育集团其他学校老师请到我们学校，听我们学校老师的课，我们学校老师也到祁门二中教育集团其他学校听课交流，这样就增加了教师研讨交流的机会。从教导处记录我们本学年的集团内教研活动的情况来看，虽然总的次数不是很多，但是已经对我们教师的教研活动产生了一定的推动作用。

再就是祁门二中教育集团也针对我们学校的一些需求开展了送教活动。比方说郑全新主任，他是英语学科的专家型教师，他连续两年到我们学校给学生做专题讲座，这对学生英语学科成绩的提高非常有帮助。

还有就是学生层面的活动开展。我们跟着祁门二中教育集团进行了大量的互动活动。我们学校全员参与集团组织的作文竞赛，先学校自评，然后送到集团评选，最后再形成文集。文集发到我们学校，给我们的学生树立了榜样，他们看到更多外校同学写的作文，学习他们的文字表达方式。我们还参加了集团的诵读活动，活动过程中，同学们能够看到更高层次的朗诵，这对他们的教育意义也是很大的。我们还参加了集团举办的运动会。加入集团后，集团举办了两届运动会，我们都组队参加，学生也取得了不错的成绩。

三、反思与展望

第一，集团内跨校的教研活动确实激发了成员校的教育教学热情，但毕竟次数有限，教研的深度与广度还有欠缺。所以我们需要更进一步的学科互动，助推教师的高层次成长，特别是我们的年轻教师。

第二，作为全寄宿制学校，学生在校的时间比较长，一个月21天在校学习确实容易产生心理问题，所以我们更需要丰富有关心理学方面的课程。但是由于缺乏相关的师资，学校有心无力，所以希望通过集团的力量来拓展学校的课程，让更多的学生得到全面发展。

第三，我觉得办好乡村教育也是乡村振兴的重要方面，所以希望政府加大投入，特别是在师资、硬件设施等方面，为乡村学校的持续发展不断注入新的活力，让老百姓的家门口有一所满意的学校。

阅读点亮心灯，书香润泽生命

祁门县祁山小学　方　芳

阅读是近年大家关注的课题，我想从以下四个方面进行分享。

一、初心——点亮心灯

故事追溯到2015年，我被调任为祁门县实验学校常务副校长，实验学校的生源来自全县各乡镇，他们的学习基础比较薄弱。我接手六年级的语文教学工作，一周下来，我发现部分孩子没有良好的学习习惯，同学之间的相处不够友好。班上有一个孩子，他不爱听课也不爱写作业，成了我办公室的常客。一天中午他在写字的时候我就问他："你为什么不爱读书呢？"他说："老师，我很多的字不认识，基础训练上面的拓展题我根本就不会做，上课我也听不懂。以前我的老师和我的爸爸都说，你就是这样的孩子，混到初中就好了，所以我觉得我这样的孩子就这样混混吧。"从孩子的言语当中，我感受到他的委屈和无奈，同时他对自己也是没有信心的。2016年4月，学校举办经典阅读启动仪式。学校给孩子赠书，开展了校园广播网的阅读栏目推送，每个班开展晨诵。那是我第一次有了开展阅读丰富孩子生活的想法。2017年下半年，我被调任为祁山小学校长。一天下午，一位老师跑到我的办公室说："校长快下去看，六年级有一个班的孩子在拿着扫把打群架。"我当时一愣：这样的一所百年老校，在大家都公认生源极好的学校里，为什么会出现这样的情况？我找到了六年级的老师，找到了六年级的孩子，与他们聊天，了解到我们的孩子在知礼明理等方面是有所缺失的。作为学校的校长、老师，我该做些什么？怎么做？我思考着……"鸟欲高飞先振翅，人要上进先读书"，这句话给了我灵感——继续做阅读。2018年

4月，祁山小学启动了首届阅读节。学校给孩子们、老师们赠书，并创设校园的读书角、班级读书吧、校园读书亭，我们在七棵树下做了七彩的椅子，孩子们课间能随时随处坐下来读书。学校开展了形式多样的班级阅读活动，还开展了首届校级"读经典书 做知行人"的六一庆祝活动。同时我们将小学要诵读的一些古诗词融入歌曲韵律当中，编排成了古诗词韵律操，所有孩子参与并展示，在律动当中积累了古诗词。我想这种氛围的营造，落实了我最重要的想法，那就是阅读不是一个人的事，也不是一个团队的事，阅读一定是所有人的事，必须全员参与，一个都不能少。在孩子阅读的过程中形式是多样化的，在家庭里诵读，他们是小朗读者、小指导者、小读书达人、小主持人、小点评者；班级里，老师们利用课前的5分钟，让孩子读一读《七彩语文》，读一读古诗词。所以从2018年一直到现在的六届读书节中，孩子经常会和我们说，阅读是有趣的，是有味道的；阅读让我交到了好朋友；阅读让我学会了做文明少年；也有的孩子说阅读让他更喜欢学校、同学和老师。我觉得最难忘的一件事，就是2018年的六一儿童节，我们学校以"读经典书 做知行人"为主题进行会演。我校有一位章玉华老师，他的班上有一个特殊的孩子，这个孩子对老师的指令不能会意，在集体站队时位置在哪他都不清楚，伸出左手还是伸出右手，他经常会忘。有一天一位老师说："如果上台的话，能不能不让这个孩子参与呢？"我们的章玉华老师说："我们的活动必须人人参与，我们的舞台必须是所有孩子的舞台。"她的这句话感动了我。是的，这样的老师、这样的活动怎能不让我们的孩子爱上学校、老师和学习生活呢？也有孩子说阅读让他学会爱，学会感恩，学会坚强地成长。读陈祁龙的《风中的痕迹》时，我问一位孩子："你读完这本书最大的感受是什么？"孩子坚定地说："我认为今后任何困难对我来说都不是困难。"我想这就是阅读的力量啊！所以从这个层面来看，改变一定始于阅读，阅读点亮心灯，阅读滋养生命。

孩子们在乐于读书中成长，那么我们老师该干什么呢？如果有一天孩子越来越优秀了，我们的老师还能成为他们的点灯人吗？还能成为他们的引路人吗？我们能否帮孩子扣好人生的第一粒纽扣？当人工智能出来的时候，又给我们老师带来怎样的新的挑战呢？未来教育一定是人文与科技双驱动的。在这个双驱动下我们培养的一定是全面发展的人。优秀的人培养更优秀的人，这才是教育最美的姿态。那我们老师如何成长为优秀的老师呢？我想最好的方法仍然是阅读。

二、担当——润泽生命

这个担当是我们作为老师的职业担当，既能让自己感到幸福，更能让孩子感到幸福。我校在孩子阅读的基础上，开启了教师的阅读活动。同样，我校开始每年给老师们赠书，在此非常感谢教师进修学校胡校长给全县教师赠书，为我们学校每年省了一笔不小的费用。当然，我更高兴的是有更多的人关注教师的阅读。去年我创建了一个教育集团师徒结对读书群，我推荐他们读《我的第一年》《怎样做乘风破浪的班主任》《如何为孩子点亮心灯》《怎么让学生服你》等书籍。我发现老师们有很多好的阅读习惯，他们会有批注，会有问号，会有感叹号，甚至用五角星标记。当然，在这个过程中，我们一定也会有阅读分享，用活动来促进老师的成长。同时，老师读一定要带着孩子读，孩子们的成长也会促进老师去阅读，所以在这样一个过程中，老师应该也有了极大的收获。有的老师说，阅读让我感受到了班主任工作的向美而生。最明显的就是六年级六班的汤维姣老师，这位老师是从渚口学校调到我们学校的，短短一年的时间成长得非常快，得到家长的一致认可，至今没有一位家长向我反映班级管理不善的。汤老师爱阅读，愿意参加各级各类活动，她的征文获得市级一等奖，班上的孩子也越来越爱阅读，阅读让她找到了工作的幸福感和成就感。

谢海燕老师是一位数学老师，但是现在她朋友圈晒得最多的是她读的书，而且她还带动了她的家人一起读书，读书让她对人生有了更多的感悟。今年教育局组织的读书征文比赛中，我校曾勤主任获得了教师组一等奖。她说阅读让她对人生、对生命的意义都有了新的感悟，阅读让她明白风雨过后生活会展示别样的美好。"阅读让我成了孩子最好的榜样""阅读让我们家庭的亲子关系更加和谐"，这是很多老师阅读后的感悟。很多老师都通过多样的阅读丰富了自己的生活，所以我觉得这就是阅读的最大魅力所在。

我们今年的阅读分享教师专场上，倪育红老师分享于漪老师《点亮生命灯火》这本书，把自己从教三十年划分为三个阶段，进取—"躺平"—再出发，她说阅读给了她第二次生命。所以她的感悟让我再一次感受到，阅读确实能让老师幸福起来，这就是阅读带给我们的力量，带来的看得见的成长。

习近平总书记在首届全民阅读大会开幕时就强调，希望孩子们养成阅读习惯，快乐阅读，健康成长，希望全社会都参与到阅读中来，形成爱读书、读好书、善读书的浓厚氛围。有的家长说："我的孩子读不读书，考不考上大学无所谓，只要他健康就好。"也有家长说："老师，孩子交给您了，您怎么教就怎么教，我不会教，我不懂。"于是让阅读走进千家万户，带动家长读书，带动全民读书，创造和谐社会、和谐国家、和谐生命，成了我们的使命。

三、使命——和谐生命

我们开展了亲子共读，创建了书香家庭。阅读走入家庭很难，那么我们就只能从最小的事尝试着去做。我们让家长给孩子留一个小小的书房，准备一个大大的书柜，并抽空陪伴孩子阅读，学校搭建平台给他们进行亲子分享。当然，我们还要做书香家庭的评选，在这一系列活动中，让家长主动参与进来，并且参与进来的效果越来越好，这才是我们的目标。

在这几年的实践中，越来越多的家长感受到亲子关系更加和谐了，家庭里学习的氛围更浓了，父母榜样的力量更大了。阅读改变了很多家长，改变了很多孩子，改变了很多家庭。

我跟我们的老师说，你看我们的家长也是真正的教育专家，那他们的这些教育知识从哪来？就是从阅读中来。我们每一届阅读节，在学校团队的谋划下，教导处的落实下，一项一项地实施好。所以我们的阅读不在一天，不在一周，而是日日如此，年年如此。

四、思考——行稳致远

阅读滋养了我们的生命，充实了我们的生命。一路走来，我有收获，有思考。

（1）阅读是提升素养的最好途径。阅读一定是素养提升的抓手，因为阅读能够让我们遵循文化的根脉去滋养生命，能够培养我们的文化自信和家国情怀。

（2）阅读路径探索。在阅读覆盖面上我们用了"三全"和"三共读"，即全学段、全学科、全家庭参与，形式上同伴共读、师生共读、亲子共读。在阅读的课程上，我们尝试阅读课程体系化，但是因为想法很浅，思考不深，做的不多。我们从时间和空间两个维度去做，如时间上，我们可以根据自己的作息生物钟选择合适时间阅读，任何时候都可以读书。空间上，家里可以读，班上可以读，校园可以读，社区也可以读。在内容上，我们也有时间和空间的维度。在时间上，我们可以读古代的，读现代的，读当代的。空间上，我们可以读自己国家的，可以读其他国家的。目前我们所做的课程包括师德建设课程、心理健康教育课程和智慧父母研修课程，以学校的育人大讲堂为支点，开展讲座、活动和分享等。

（3）阅读高质量的探索。有人说书天天读，读多了很烦，很枯燥。也有人说没有人陪伴我，没有人鼓励我，没有人给我提出更高的目标，所以读着读着有可能我就不愿意读了。那么这时候怎样让大家愿意读，并且读好、读深？这就是阅读高质量的一个探索。于是我们尝试进阶式阅读法，要让大家读得有味道、有思考、有力量，从而让阅读成为一种生活方式。

学生在老师的引领下写读书笔记，画思维导图，做手抄报，在课堂中进行分享辩论。在这个过程中学生先要把读的内容内化，再把它表达出来。这样孩子知道以什么形式读，怎么样去展示，有了思考才读得有味道。

老师最开始是博读，倡导所有老师看自己爱看的，然后学校从另外一个层面去引领，由最开始的博读，到专读，到精读。当工作进入瓶颈期，老师们读窦桂梅、读苏霍姆林斯基、读于漪，寻找再出发的力量。

我们引领家长从愿意阅读，到能够读，最后到会读，最终阅读从量变到质变。这是我们在阅读高质量探索中提出的进阶式阅读法。

（4）阅读长效机制的探索。"三化"机制是我校长效阅读的保障，即活动的常态化，展示的多样化，评价的多元化。

一路走来，我们的阅读从内容、形式、时间和空间方面探究，以及进阶式探究，我们将其称为经纬进阶式阅读法。我个人的感悟是：事要在做中思，思中去提升；行，一定要有一批志同道合的人，同在共行；人，在你的身后一定要有不断扬鞭促你成长的人。

只要有方向，只要在路上，一定会有隆重的庆典。

后　记

　　有高质量的教师，才会有高质量的教育。我们一直认为教师培训既要做"看得见""摸得着"的活动，更要做"润物细无声"的事。为全面提高教师队伍的师德涵养、教育素养和幸福能力，遵循教师成长规律，2022年伊始我们启动了"走进经典·精品阅读"系列活动。为把"读书和培训相结合、读书和解决问题相结合、读书和教师的自我专业持续成长相结合"，把"读经典、学经典、悟经典"阅读输入转化为"践经典、仿经典、创经典"写作输出，不断触发教师"走进经典"的成长自觉，唤醒教师生长的内动力，我们努力使经典阅读和教育创造成为校长和教师自觉的行为习惯。阅读涵养情趣，经典滋养心灵。为更好引领广大教育工作者走进教育经典，传承大师遗风，我们将"学陶师陶研陶做陶""争做新时代'好老师''大先生'"主题活动有机嵌入，并希望把教师阅读、行走、思考的痕迹用文字记录下来，让教师抬头有方向、低头有汗珠、回头有故事。

　　经历的只是风景，留下的才是人生，让努力生根！在这里，教师分享自己的教育故事，在故事中笃定职业信仰，在故事中涵养专业学识，在故事中厚植教育情怀，在故事中追寻至臻创新。众多教育思想、理念、实践、智慧在这里相遇、凝固。本书取名《遇见美好》，希望教师在阅读中遇见更好的自己！也希望教师在教学实践中遇见更好的孩子！更期待教师在平凡的岗位上遇见更多属于自己的有生命的故事！教育故事也许形式会不同，但内涵的品质是一致的——大爱铸根魂，赓续育新人。所有的遇见，都恰逢其时；所有的相处，都温暖可亲，在温暖自己的同时，也照亮了他人。

　　教育的品质取决于教师的品质，教师的站位有多高，课程的育人价值就有多大。教师的站位决定了学校课程育人的眼界和格局。我们始终相信每一位老师都是变革的力量。教师培训要做的就是给他们一个支点，唤醒每一位老师的内心动力，以内源性变革去落实立德树人，撬动师生的整体发展，撬动教育的高质量发展。钱理群说："中小学教师工作的意义和价值，就在于成为学生童年和青少年记忆中美好而神圣的瞬间。"于漪老师说："做教师站在讲台上就是生命在闪光！"教师勤于读、敏于思、笃于行、乐于写，这就是一种积极而旺盛的生命力。这种生命状态带着温暖力、生长力、研究力、创新力、坚持力，给孩子无限生长的力量……在教师专业成长中植入阅读写作基因，让阅读写作成为一种习惯、一种生活方式，让教师在阅读写作中遇见教育的理想样态，用实际行动将梦想变成现实，遇见更美好的自己，这是我们培训者的执着追求。

学生的成长是对教师最大的肯定，教师的成长是对培训者最大的安慰！"好老师"是"养"出来的，"大先生"是"长"出来的，教育家是"冒"出来的。"走进经典·精品阅读"着力提升教师职业幸福指数，让更多学生人生幸运、更多学校历程光荣。用阅读写作点亮更多教育工作者走向"好老师""大先生"的希望！践行陶先生"真做教育，才能惠及社会；做真教育，才能无怨无悔；教育做真，才能境界全出"的教育理念。"教育的作用，是使人天天改造，天天进步，天天往好的路上走；就是要用新的学理、新的方法来改造学生的经验。"文字是有力量的！以阅读写作为契机，让教师点燃生命里的那束光，体验一个个生命的唤醒和自我精神的觉醒，亲历与孩子一起拔节生长！

"走进经典·精品阅读""学陶师陶研陶做陶"活动的深入持续开展给教师带来的改变，成果或许暂时还无法衡量，但这份由内而外的改变，一定会伴随着时间的推移而持续累积，指向更长远的美好未来。文化自信背后，是我们每一个人的奋斗与坚守。你若前行便是教育的力量，你若屹立便是教育的脊梁，你若讲述便是教育的故事。故事中凝聚着属于教育人的幸福符号！相信种子，相信岁月……

胡来宝

2024 年 3 月 12 日